Basic Black

Guía esencial

para triunfar en el

trabajo (y en la vida)

Basic Black

Cathie Black

Presidenta de Hearst Magazines

© De esta edición:
2008, Santillana USA Publishing Company, Inc.
2105 NW 86th Avenue
Doral, FL 33122
(305) 591-9522
www.alfaguara.net

Primera edición en español: junio de 2008

Diseño de cubierta: Antonio Ruano Gómez
Adaptación de interiores: La Buena Estrella Ediciones

ISBN-10: 1-60396-211-5
ISBN-13: 978-1-60396-211-7

Printed in the United States by HCI Printing
Impreso en los Estados Unidos por HCI Printing

A Tom, Duffy y Alison,
con amor y afecto

CONTENIDO

Black sobre Black

Pensaba que mi primer trabajo al salir de la universidad era una adquisición bastante buena. Me había contratado la revista *Holiday* en la ciudad de Nueva York y estaba emocionada de tener un trabajo verdadero, acompañado del título "asistente de ventas". Para una mujer joven de la parte sur de Chicago era el principio de la vida glamorosa con la que había soñado. Aun con lo emocionante que era, estaba ansiosa por escalar pronto, así que poco después ya estaba en busca de mi siguiente trabajo, más importante y mejor.

Entonces, una mañana en el trabajo, sonó mi teléfono.

—¿Es Cathleen P. Black? —preguntó un hombre del otro lado de la línea. Dije que sí.

—¿Cathleen P. Black, la que vive en el número 215, departamento 14-F, de la Calle 80 este? —continuó el hombre, con el esbozo de una sonrisa de satisfacción en la voz.

—¿Graduada del Trinity College en Washington, D.C., y que en la actualidad trabaja para la revista *Holiday*?

Mis mejillas se ruborizaron. Quienquiera que fuera este hombre, estaba leyendo mi currículo, que yo había pulido y del que había hecho copias la noche anterior después del trabajo.

—¿Quién habla? —pregunté.

—Soy Harry Egner —contestó. ¡Un alto ejecutivo de la compañía! Empecé a tartamudear una disculpa, cuando escuché que se reía.

—La próxima vez que reproduzca su currículo, señorita Black —dijo—, le sugiero que recuerde sacar el original de la fotocopiadora. Le agradecí el consejo y colgué, moviendo la cabeza en señal de lo estúpido de mi error y de lo afortunada que había sido de que Harry Egner no hubiera sido tan duro conmigo.

Cuando pienso en esa historia, me recuerda no sólo lo verde que estaba en mi primer trabajo sino, aún más trascendente, la poca importancia que le di a ese hecho en ese momento. No sabía qué era lo que no sabía y, de cierta forma, eso se convirtió en algo útil. Pero como en esa época me dejaba llevar por mis instintos, en verdad pude haberme beneficiado de algunas sugerencias y consejos prácticos que me hubieran dado.

De eso se trata este libro. Como alude el título, está lleno de consejos simples y sencillos para ayudarte no sólo a navegar por el mundo del trabajo, sino también a balancear el trabajo con tu vida personal. Algunas sugerencias son verdaderamente básicas, observaciones de sentido común que pueden producir mejoras reales e inmediatas en tu vida laboral. Otras profundizan más y exploran temas como la ambición y la confianza en sí mismo. Si apenas estás comenzando, escalando o deseando mejorar tu capacidad de gestión y liderazgo, aquí te ofrezco algo de interés.

El libro contiene tres ejes:

1. **Capítulos.** Se centran en los elementos más importantes de la vida en el trabajo y se ilustran con historias de vida reales. Ofrecen una amplia mirada a las llaves del éxito, tales como el instinto, el poder y la pasión.

2. **Estudios de caso.** Ofrecen una mirada más profunda sobre algunos "momentos de enseñanza" de la vida real, así como una hojeada a cómo las leyendas de los mundos corporativos y mediáticos —personas como Oprah Winfrey y el magnate del cine Harvey Weinstein— hacen negocios.

3. **Secciones Blanco y Negro.** Ofrecen consejos prácticos en verdad, desde cómo conducir una reunión hasta los *sí* y los *no* de las entrevistas. Los consejos **Blanco y Negro** brindan sugerencias concretas que puedes seguir todos los días, ya sea que te digan algo nuevo o refuercen lo que ya sabes.

Pero antes de empezar a ofrecerte recomendaciones, probablemente deba contestar una pregunta: ¿Quién soy yo para ofrecer consejos?

He sido muy afortunada de trabajar en el negocio de los medios de comunicación durante toda mi carrera, empezando por aquel puesto de asistente de ventas de publicidad en la revista *Holiday,* hasta terminar en mi puesto actual como presidenta de Hearst Magazines, una de las editoriales de revistas de publicación mensual más grandes del mundo, entre las que se incluyen *Cosmopolitan, Esquire, Harper's Bazaar* y *O, the Oprah Winfrey Magazine.* A lo largo del camino, he tenido muy buena suerte al trabajar con algunas de las más carismáticas y fascinantes personas de los medios de comunicación. Por supuesto, también he trabajado cotidianamente con tipos divertidísimos, quienes encarnan algunas historias pícaras en este libro.

Después de varios años de trabajar en *Holiday,* empecé mi ascenso en la cadena como vendedora de publicidad. En mis siguientes dos trabajos, fui una representante de ventas de publicidad hecha y derecha —primero en la revista *Travel + Leisure,* después en la revista *New York*— donde llevaba cuentas cada vez más grandes e importantes. Aprendí de manera improvisada, cometiendo muchos errores y más de una vez metiendo la pata, pero con cada llamada a un cliente y con cada trato cerrado, gané más y más confianza. En verdad me gustaban las ventas y supe que era buena en eso, y después de seis años de aprender los secretos de la publicidad, me sentí lista para un nuevo reto. Eso fue un buen antecedente, porque en mi siguiente trabajo definitivamente llené los requisitos.

Me contrataron como gerente de publicidad en una flamante revista llamada *Ms.* A pesar de que la palabra innovación se ha sobreutilizado hasta el punto de ser un cliché, eso es exactamente lo que era *Ms.*: la primera revista para mujeres que osaban aventurarse a tratar más allá de los temas "tradicionales" que con frecuencia se encontraban en las revistas femeninas. Fundada por Gloria Steinem, ícono legendario del movimiento feminista, *Ms.* era un producto editorial pionero, que impulsaba a una generación de mujeres y establecía un diálogo nacional —pero era un trabajo de venta endemoniadamente difícil para el equipo publicitario.

Tal como aparece la entrada para *Ms.* con cierta delicadeza en la *Wikipedia,* la revista "no siempre lograba reconciliar sus preocupaciones ideológicas con las consideraciones comerciales". Traducción: nuestro equipo publicitario de

ventas gastaba muchas horas dándose de topes contra la pared, en el intento de convencer a anunciantes escépticos. Esta
nueva idea de "feminismo" era sumamente controversial, así
que cada vez que nos presentábamos en las oficinas de los
anunciantes potenciales con nuestro material promocional
(impreso en papel de color rosa chillante), no había manera
de predecir si nos iban a dar entrada, nos iban a mostrar la
puerta de salida o algo peor (como podrán ver más adelante
en otro capítulo). La adversidad es una gran maestra, así que
definitivamente aprendí mucho con *Ms.* Probablemente, y
no por mera coincidencia, también fue uno de los trabajos
más gratificantes que jamás tuve.

Sin embargo, tras vivir cerca de una década en la ciudad
de Nueva York, decidí afrontar nuevas aventuras en el lado
oeste. El panorama: una revista con base en San Francisco,
cuyo proyecto inició el director de cine Francis Ford Coppola.
Suena bastante atractivo, ¿verdad? ¿Una nueva y moderna revista semanal fundada por uno de los directores más famosos
de Hollywood? Eso pensaba yo también, pero a los pocos meses de haber llegado a California, me di cuenta de que la revista
no iba a funcionar tal y como Coppola lo imaginaba. No era la
primera vez en la historia y seguramente no sería la última, que
la realidad no podía mejorarse a pesar de contar con una publicidad exagerada. Sin anuncios ni circulación suficiente para
triunfar, la revista se vino abajo después de seis meses; así que
di media vuelta y me dirigí de regreso a Nueva York y a la revista *Ms.* Entonces, en pocos años, mi carrera despegó cuando
me nombraron directora general de la revista *New York*, y por
lo tanto me convertí en la primera mujer a cargo de la dirección editorial de una revista de publicación semanal.

Pero momento, ya es suficiente hablar de mí, mejor hablemos de ti. No toda persona que se inserta en la fuerza
laboral (o compra un libro de negocios) lo hace con la meta

de convertirse en un alto ejecutivo, presidente o director general. Tal vez sólo quieras triunfar en tu trabajo con un mínimo de estrés y tensión. O mejor aún, sólo estés buscando un consejo para saber cómo lidiar con un jefe o empleado problemático. Es posible que estés buscando caminos para mantener una vida personal feliz, además de un trabajo gratificante. Este libro pretende ayudarte a *ti* a alcanzar *tu* meta, cualquiera que sea, sin importar qué tan ambicioso puedas ser en tu lugar de trabajo.

De hecho, uno de los temas que nos concierne es esa vieja idea de "tenerlo todo". Después de una década de que se convirtió en la frase de moda, ¿qué es lo que en realidad significa para ti ahora? ¿Deberías tratar de "tenerlo todo": ascender por la escalera corporativa y al mismo tiempo criar una familia y tener una vida plena más allá de la oficina? ¿O es descabellado pensar que puedes hacer todo al mismo tiempo? Exploraremos la idea de crear para ti lo que yo llamo una Vida de 360°, centrándote en aspectos de tu vida diaria, incluyendo el trabajo, las relaciones personales, la vida en el hogar y la familia.

Encontrar las respuestas correctas inicia con el conocimiento de qué preguntas formular. A lo largo de este libro veremos algunas de las preguntas importantes que pueden ayudarte a planear y dar forma a tu vida laboral. Por ahora empecemos con estas tres que son básicas:

- ¿Cuáles son los tres problemas que te gustaría arreglar en tu trabajo?
- ¿Qué tan arriba de la escalera te ves en dos años? ¿Y qué tal en cinco?
- ¿Cuáles son los castillos en el aire con los que sueñas en secreto?

Si no puedes contestar estas preguntas de inmediato, no te preocupes. Sólo tenlas en mente y las respuestas se irán aclarando mientras continuamos. Recuerda, las metas son más fáciles de alcanzar cuando están definidas con claridad, así que una de las cosas que haremos es ayudarte a definir tus propias metas.

El siguiente paso en mi carrera después de la revista *New York* es una gran lección sobre lo que puede marchar mal cuando fallas al definir tus límites en el lugar de trabajo. Aprendí esto de la manera difícil, después de iniciar mi nuevo trabajo volando muy alto.

UNA mañana del otoño de 1983, una larga limusina se paró en frente de las oficinas de la revista *New York*. Salí por la puerta principal del edificio y me subí en el asiento trasero para un corto viaje al aeropuerto de La Guardia, donde me escoltaron a un jet privado para un vuelo de 45 minutos a Washington D.C.

Apenas me habían contratado como presidenta del *USA Today*, que en ese momento era un periódico novato de publicación diaria, aporreado por los críticos y luchando por sobrevivir. Mientras miraba con atención por las ventanas del lujoso jet Gula-stream y observaba cómo iba quedando Manhattan a la distancia, de pronto me sentí un poco mareada al darme cuenta de dónde estaba y a dónde iba. ¡Habían mandado este jet sólo por mí, y con mi propia sobrecargo! Nunca antes había estado en un avión ejecutivo, y mientras estiraba las piernas y miraba fijamente alrededor de los lujosos asientos y del interior tapizado, me sentí como el personaje de Dorothy mirando boquiabierta y con asombro el Mundo de Oz.

Desafortunadamente, ese estremecimiento pronto se colapsó con un golpe seco. Cuando el avión aterrizó, otra limusina me condujo a la torre del *USA Today* en los bancos del río Potomac, donde rápidamente me llevaron *hasta el cielo*. Llegué a un comedor repleto de decenas de periodistas, editores y ejecutivos; todos ellos estaban reunidos en un almuerzo especial para presentarme como la nueva presidenta del *USA Today*. Se escuchaba un murmullo en el lugar. El equipo había estado trabajando duro durante un año para sacar al periódico del hoyo y yo era la tercera persona a quien nombraban presidente en un corto plazo. También era mujer, no pertenecía al medio periodístico y era una perfecta desconocida para esta gente, mucha de la cual apenas supo de mi contratación momentos antes. Mientras miraba alrededor del salón, podía sentir las preguntas en el aire: ¿Era yo una salvadora, una genio de la mercadotecnia que podría darle la vuelta al asunto? ¿O sería un fracaso?

No iba precisamente hacia la guarida de un león, pero aun así era en verdad angustiante. Y sentí más angustia cuando saludé a Joe Welty, un hombre corpulento de rostro colorado, y ejecutivo de publicidad que parecía 15 años mayor que yo. Joe me estrechó la mano con brusquedad, al tiempo que me decía:

—Bienvenida al *USA Today*, Cathie. —Empecé a agradecerle, pero antes de que pudiera decir una palabra, me jaló a su lado y dijo:

—Sólo quiero decirte de frente que no esperes que te reporte a ti.

Lo miré fijamente, muda de asombro. Por dentro estaba furiosa. ¿Qué significaba esto? ¿Qué diablos significaba el título de "presidenta" si los ejecutivos clave no iban a reportarse conmigo? Con una sensación de náusea, me di cuenta de que nunca había establecido por escrito cuáles serían mis actuales obligaciones. Aquí estaba, muy emocionada por mi nuevo y elevado puesto —y título—, pero preguntándome cómo no había pensado en planear los detalles más importantes por adelantado; tal vez terminaría siendo nada más que una líder sin poder real. No podía creer que, a estas alturas de mi carrera, había olvidado un consejo tan básico como *Asegúrate de que tus responsabilidades en el trabajo estén bien definidas*.

Todo esto sólo quiere demostrar que, sea cual fuere el nivel de tu carrera, puedes beneficiarte de un curso que te actualice sobre lo básico. Revelaré más adelante en el libro cómo esa situación con Joe Welty se resolvió, pero por ahora sólo digamos que al ignorar un paso de sentido común, añadí una serie de complicaciones a mi transición. Éste es el tipo de dolor de cabeza que quisiera evitarte.

Para terminar con mi corta biografía (que tiene un final feliz), pasé ocho años fantásticos en el *USA Today*. Después fui a encabezar la Newspaper Association of America por cinco años, antes de aceptar el puesto de presidenta de Hearst Magazines, cargo que tengo hoy día.

Siempre me encantó trabajar en el negocio de los medios de comunicación porque es una industria de ideas y gente creativa; pero debo aclarar que este libro no es acerca de los medios de comunicación. Lo he escrito teniendo en mente una audiencia mucho más amplia; después de todo, mucha de la experiencia de lo que llamamos "trabajo" es universal, y el mejor consejo son las sugerencias simples, con un común denominador válido más allá de las fronteras. Así que, con independencia de que trabajes en los medios de comunicación o en un ambiente corporativo o sin fines de lucro, existen lecciones que puedes aprender y que podrás aplicar a ti mismo.

ANTES de entrar al corazón del libro, no puedo resistir contarles otra historia. Cuando por primera vez mencioné a Victor Ganzi, presidente y director general de la Hearst Corporation (y mi jefe), que estaba escribiendo un libro, su respuesta fue:

—No va a ser acerca de la Hearst Corporation, ¿o sí?
—Una compañía privada, la Hearst Corporation ha mantenido tradicionalmente su funcionamiento de manera confidencial y mientras Vic suponía que yo no tramaba ningún tipo de revelación, obviamente pensó que era mejor saber exactamente cuáles eran mis planes.

Por supuesto, escribiré sobre algunas de mis experiencias en Hearst, ya que mi tiempo aquí me ha brindado suficientes "lecciones de provecho", junto con algunas historias internas de cómo lidiar con leyendas de los negocios estadounidenses. Pero le aseguré a Vic que, en efecto, no estaba planeando un libro sobre la compañía.

—De hecho —le dije—, está más orientado para tus hijas. —Hermanas gemelas que se acercaban a los treinta; una, abogada y la otra, recién egresada de la maestría en administración de empresas. Las hijas de Vic se encuentran en las primeras etapas de su camino por la vida laboral. Imaginaba este libro como un tipo de guía de turismo hacia un lugar desconocido por ellas y por otros como ellas, sin importar la edad o el grado de desarrollo personal.

Está bien, ya es suficiente de preámbulos. Pasemos al verdadero asunto de este libro. Ahora que he compartido mi historia laboral y personal en dos minutos, tal vez debamos empezar el capítulo 1 con una historia de alguien más: una mujer joven que escribió su paso por la historia de las revistas con un lápiz de labios y una idea audaz.

CAPÍTULO 1

Empuje

Una mañana brillante de diciembre, una mujer joven con una melena alborotada de color negro, pantalones de mezclilla apretados, tacones de aguja de 10 cm y aretes de plumas, entró en mi oficina en Hearst. Con una altura de 1.80 m, un cuerpo espectacular y llamativos ojos oscuros, pudo haberse pavoneado ahí mismo como una amazona. Sin embargo, podía ver que estaba nerviosa: ¿y por qué no habría de estarlo? A los 26 años, Atoosa Rubenstein, una editora de modas de *Cosmopolitan,* había venido a lanzarme su idea de una nueva revista.

No se escucha con mucha frecuencia en este negocio que la presidenta de la compañía dé a una persona de veintitantos años la oportunidad de lanzar una importante revista nueva. Pero había escuchado la idea de Atoosa de lanzar una publicación para mujeres adolescentes bajo la marca de *Cosmopolitan* —ella quería llamarla *CosmoGirl*— y yo estaba intrigada. Nacida en Irán, criada en una familia conservadora, Atoosa se sentó en mi oficina y habló con verdadera pasión sobre las presiones que enfrentan las adolescentes, el tipo de consejos y consuelo que buscan, así como su visión de cómo proporcionar eso en una revista mensual.

Me gustaba lo que estaba escuchando y se lo dije.

—Bueno —respondió—, ¿cuál es el siguiente paso?

—Deberías conformar un prototipo o *dummy* —dije—. Ve al puesto de periódicos, compra un montón de revistas, y córtalas y pégalas hasta armar el tipo de revista que tienes en mente. No vayas y contrates un director artístico, esto debe ser *tu* visión y pasión. Tráemelo cuando esté listo.

Atoosa no dudó.

—¿Cuándo le gustaría verlo?

—Entre más pronto, mejor —le dije. Y con eso terminó nuestra reunión. Como una adolescente desgarbada, Atoosa dio un salto fuera de mi oficina diciendo adiós con la mano, emocionada de empezar.

Ahora bien, para ser honesta, Atoosa no estaba precisamente rompiendo el molde al lanzar una revista dirigida a jóvenes adolescentes; cualquier vistazo a los estantes de revistas de los supermercados lo podía demostrar. De hecho, habíamos estado discutiendo la posibilidad de iniciar una revista para adolescentes en Hearst, tiempo antes de que Atoosa hiciera su lanzamiento. Pero había otras cosas que diferenciaban a Atoosa y a su presentación. Por un lado, de inmediato era claro que tenía una conexión real y sensible con las adolescentes, sabía y recordaba bien sus angustias, inseguridades y esperanzas. Pero, más importante, había demostrado el único y más importante elemento que necesitaría para triunfar en su búsqueda: **empuje**.

Atoosa lo había demostrado de tres maneras:

- Para tener una reunión conmigo, plantó la semilla al decirle a su jefa, la editora en jefe de *Cosmopolitan*, Kate White, sobre su idea de la revista.
- Una vez que logró la reunión, no sólo demostró pasión verdadera por el tema, sino que fue un paso más adelante al preguntarme cuál debería ser su siguiente movimiento.
- Preguntó por una fecha límite, para que pudiera entregarme el prototipo cuando yo así lo deseara.

Todo estaba bien, y yo tomé nota. Pero entonces Atoosa dio incluso un paso más adelante.

Después de nuestra reunión, se fue directo a un puesto de periódicos y compró docenas de revistas; las llevó a casa y empezó a recortarlas como loca. Se plantó en su cama, rodeada de revistas que cubrían el piso y las mesas, y empezó a pegar páginas izquierdas y derechas. Escribió el nombre *CosmoGirl* una y otra vez con 27 diferentes tonos de lápiz labial, tratando de captar exactamente la imagen juvenil correcta, hasta que se quedó dormida exhausta. El lápiz labial manchó permanentemente su nueva colcha blanca (con el disgusto de su esposo).

En el curso de 48 horas, Atoosa casi no durmió, con lo determinada que era, para terminar su *dummy* al cierre de los días laborables que culminaban el viernes en la tarde. Supo por mi asistente que yo tenía programado salir de la oficina a las 5:30 p.m., y estaba ansiosa de que yo lo tuviera para revisarlo el fin de semana. Entonces, justo cuando estaba lista para imprimir las páginas finales, ocurrió una inevitable falla en el sistema: la impresora de su oficina se descompuso. Observó consternada cómo el tic-tac del reloj rebasaba el tiempo límite que ella misma se había impuesto.

Cuando la máquina volvió a funcionar, imprimió la versión final. Decepcionada de haber perdido la oportunidad de dármela para el fin de semana, pidió a su asistente que llamara a mi oficina. Para entonces, se imaginaba que sólo enviaría el trabajo vía correo interinstitucional y que lo tendría en mis manos para el lunes. Pero, para su sorpresa, todavía no me había ido.

—¿Por qué no vienes ahora mismo? —le dije—, y me enseñas lo que tienes.

Como las oficinas de *Cosmopolitan* estaban a cinco minutos caminando, Atoosa llegó sin aliento unos dos y medio minutos después de que colgó el teléfono. Entró, me entregó el *dummy* y empezó a decirme emocionada lo que había hecho.

—Cálmate —le dije—. No me voy a ningún lado. Y de hecho no me iba. Estaba demasiado ocupada hojeando el prototipo de lo que ya sabía sería la próxima nueva revista de Hearst.

Era fantástica, tan llena de energía y sentimiento, y diferente de otras revistas para adolescentes; tenía el toque personal y más emotivo de Atoosa. Ella había sido, en sus propias palabras, el clásico "patito feo" durante su crecimiento, torpe, vacilante, una chica con constelaciones de espinillas y un arraigado sentimiento de ser la *nerd*. La revista que concibió era lo que ella misma había anhelado como adolescente. Para ella, *CosmoGirl* sería más que una revista, sería una misión. Ella sería la "hermana mayor".

Puse el *dummy* en un estante-exhibidor de mi oficina, junto con los últimos ejemplares de todas las revistas Hearst, desde *Cosmopolitan*, pasando por *Harper's Bazaar, Marie Claire,* y *Esquire*, hasta *Mechanics*.

—Atoosa —le dije—, parece como que podemos tener una nueva revista. Después me dijo que no supo en realidad lo que eso significaba, ¿sería ella la editora? ¿O Hearst tomaría su idea creativa y contrataría a alguien con más experiencia? Eso hubiera sido abrumador, pero al menos sabía que cualquiera que fuese el caso, su revista se convertiría en una realidad. Y estaba tan emocionada, que cuando se acercó a estrechar mi mano, en su lugar tomó mi muñeca y la agitó con entusiasmo de arriba para abajo.

El Diccionario define la palabra empuje con dos acepciones:

- Brío, arranque, resolución con que se acomete una empresa.
- Fuerza o validamiento eficaces para empujar.

Así es como lo defino yo: hacer lo que sea necesario para impulsarte a ti mismo a llegar al siguiente nivel, ya sea que esté dirigido a un ascenso en el trabajo, buscar uno nuevo, aceptar un cambio, empezar toda una nueva carrera o sólo el hecho de imaginar el siguiente paso de un proyecto. Empuje es el acto de ir hacia adelante de acuerdo con tu propia iniciativa y es uno de los valores más importantes que debes tener si deseas triunfar en tu trabajo y en la vida.

Sin embargo, no tienes que proyectar una idea de un negocio nuevo, como una revista o un programa de televisión, como en el caso de Atoosa, para probar que tienes empuje. En su nivel más básico, el empuje involucra estar lo suficientemente motivado para localizar la información que necesitas para llevar a cabo las tareas que se te presentarán, para que no tengas que cometer errores obvios. Es tan simple como esto:

> **Haz como los niños exploradores:**
> **¡Debes estar preparado!**

Si estás bien preparado para las juntas, presentaciones o sólo las tareas diarias, estás más cerca de avanzar en tu trabajo. Si no lo estás, no sólo frustrarás tu propio progreso, sino que es casi seguro que terminarás cometiendo errores penosos.

Veamos un ejemplo perfecto: Cuando apenas salí de la universidad, y trabajaba en la revista *Holiday*, compartía un departamento con una chica que trabajaba como asistente del editor de caricaturas en otra revista. Ella había estado ahí como por una semana, y una noche cuando regresó al departamento, empezamos a hablar sobre nuestro día, sobre lo que habíamos hecho, así como diferentes aspectos de nuestros trabajos, incluido el hecho de enviar correspondencia.

—Mi jefe escribe sus cartas en papel oficio amarillo —me dijo.

—¿Entiendes su letra? —pregunté.

—¿Por qué?

—Bueno —le dije—, descifrar la letra de alguien para transcribir una carta es siempre difícil.

Me miró con los ojos en blanco.

—Yo no las transcribo —me dijo—. Yo sólo las doblo, las meto en los sobres y las mando.

Ahora bien, yo tenía muy poca experiencia en aquel momento, pero supe que mandar cartas garabateadas en papel rayado amarillo no podía estar bien.

—No creo que eso sea lo que tu jefe tenía en mente —dije—. Estoy casi segura de que él está esperando tenerlas de regreso, mecanografiadas, para poderlas firmar.

Se puso pálida.

—¡Dios mío! —gritó—. ¡Nunca me dijo eso!

Bueno, no, no se lo dijo, porque no era su trabajo asegurarse de que ella entendiera sus deberes básicos. Esa historia es chistosa ahora, pero te garantizo que no fue chistosa para mi compañera cuando fue al siguiente día a trabajar y tuvo que decirle a su jefe lo que había estado haciendo. En cualquier ambiente de trabajo, es esencial saber lo que se espera de uno, los "sí", los "no" y los "no olvides". Y si hay algo sobre lo que te sientes inseguro:

Pregunta a alguien que sepa.

El hecho de preguntar es uno de los elementos más importantes del éxito. Muy a menudo, la gente teme que preguntar revele ignorancia; sin embargo, la verdad es que significa todo lo contrario. La raíz de la palabra *ignorancia*, después de todo, es *ignorar*. Al momento de preguntar algo, has dado un paso hacia entenderlo. Por otro lado, si sólo ignoras el hecho de que no sabes, créeme, no te saldrás con la tuya por mucho tiempo.

Hay otro beneficio, menos obvio, de ser la persona más preparada en una sala. No sólo sabrás qué demonios estás haciendo, sino que otros, tu jefe, tus colegas, tus clientes, tus usuarios e incluso tus competidores, tomarán nota de ello y te percibirán de manera diferente. Algunas veces, eso puede ser lo más importante, como lo muestra la siguiente historia.

Una mañana, durante mi paso por el *USA Today,* teníamos una reunión programada con una agencia de publicidad que estaba tratando de conseguir nuestra cuenta. En ese momento, en los primeros años, gastábamos dinero como locos tratando de promover el periódico. Así que quedarse con nuestra cuenta sería "algo" enormemente lucrativo para cualquier agencia que lo consiguiera.

Justo antes de que la reunión comenzara, caminé hacia el área de recepción para saludar al hombre de mayor rango de la agencia de publicidad. Estaba sentado en un sillón, hojeando sin prestar atención el ejemplar de esa mañana del

USA Today. Cuando me vio, soltó el periódico en la mesa de centro y dijo algo así como:

—Bueno, ésa es una buena y rápida lectura —y se levantó a estrechar mi mano. Lo único que pude pensar fue: *Idiota. No hay manera de que puedas conseguir nuestra cuenta.*

Este hombre había venido para intentar representar nuestro producto y ¿ni siquiera se había molestado en leer el periódico de esa mañana hasta que pudo tomar un ejemplar gratis de nuestra recepción? Para estar verdaderamente preparado, debió haberse devorado al menos los ejemplares de las últimas dos semanas, así como los de nuestros más grandes competidores. ¿Cómo era posible que supiera qué era lo que diferenciaba al *USA Today* de otros periódicos, si no se había tomado la molestia de leerlo? Y si no lo sabía, ¿entonces cómo era posible que se lo comunicara a otros? ¿Era él, y por extensión su agencia, alguien en quien pudiéramos confiar para crear la imagen de marca correcta para nuestro periódico? En ese primer minuto ya sabía que la respuesta era no.

Asegurarte de que te has preparado con la información que necesitas es el Paso Uno. Reasegurarte de que esa información es correcta es el Paso Dos, y es no menos importante. Recuerda:

> **Revisa y vuelve a revisar (si todavía no estás seguro, entonces revisa otra vez)**

Hay un viejo dicho entre los periodistas: "Si tu madre dice que te ama, compruébalo". Y de hecho, puedes estar seguro de que al momento de dar algo por cierto, no será lo que tú creías que era. Toma mi nombre, por ejemplo. Cuando estaba en secundaria, una flacucha, rara preadolescente con grandes sueños, decidí que quería ser diferente, así que un día cambié la ortografía de mi nombre: de "Cathy" a "Cathie". Suena tonto, lo sé, ¿pero qué puedo decir? Cuando tienes 12 años, este tipo de cosas parecen desesperadamente importantes.

No te puedo decir cuántas veces a lo largo de los años he recibido cartas dirigidas a "Cathy Black", o "Kathy Black" o "Kathleen Black". No parece gran cosa, pero sí lo es para mí; y es la manera más rápida de tener una opinión sobre quien escribe la carta. Después de todo, toma cerca de cinco segundos consultar en línea o llamar a Hearst para averiguar cómo se escribe mi nombre y cuál es mi puesto exacto. Alguien que no puede dedicar ese tiempo tan corto para evitar cometer un error tan básico, en realidad echa a perder sus oportunidades. No permitas que errores pequeños y fáciles de corregir arruinen tus oportunidades de conseguir un trabajo, ganar una cuenta o que te tomen en serio justo antes de que por lo menos puedas presentar tu caso.

Mostrar empuje y persistencia durante el proceso de contratación es la mejor manera de aumentar tus posibilidades de lograr esa gran entrevista o trabajo soñado. Sin embargo, por alguna razón la gente a menudo escoge la ruta más pasiva posible cuando persigue un nuevo trabajo. Sueles:

- ¿Enviar una carta con tu currículo y esperar (en vano) a que alguien te llame?
- ¿Asumir que no deberías llamar para dar seguimiento porque, bueno, ellos te llamarán si desean hablar contigo?
- ¿Decidir no pedirle ayuda a nadie, para poder tener entrada a algún lugar, porque quieres hacerlo a tu manera?

Si has estado en cualquiera de los casos anteriores, seguramente no eres el único; estos son errores muy comunes.
Pero, ¿qué mejor manera de llegar a la pantalla del radar de
un empleador que una llamada para dar seguimiento, que
en un segundo demuestra valor, iniciativa, interés y empuje?
Sentarte y esperar a que alguien te llame demuestra lo contrario. Así que no temas:

> **Levanta el teléfono.**

Créeme, los empleadores *no* pierden el interés cuando llamas
y de manera educada preguntas si recibieron tu currículo. Y
honestamente no les importa si en ese momento aprovechas
la oportunidad para reiterar lo interesado que estás en un
puesto. Aun si no existen posibilidades, el hecho de que hayas llamado te va a diferenciar de otros candidatos que están
solicitando el puesto.

Si alguna vez has trabajado en una oficina, conoces el
tipo de cosas que suceden. La correspondencia está mal co-
locada. Las juntas se amontonan. Las fechas límite se resba-
lan. Cuando envías un currículo y no recibes respuesta de inmediato, las posibilidades son altas de que no tiene nada que
ver contigo. Así que tómate un minuto y realiza esa llamada;
no duele, y seguramente puede ayudar (para más consejos
sobre currículos, entrevistas y formas de dar seguimientoa
los asuntos, consulta la sección Negro y Blanco denominada
"Materializar el trabajo de tus sueños", más adelante en este
libro).

Así que, no tengas miedo de llamar y preguntar a amigos, colegas, antiguos jefes —cualquiera que pueda tener
influencias— para ayudarte a conseguir una entrevista de

trabajo. ¿Qué es lo peor que puede pasar? Que alguien no pueda ayudarte; en cuyo caso no has perdido nada. Con frecuencia, buscar una pequeña ayuda dentro es la manera más inteligente y rápida de tener acceso a la persona que posiblemente pueda contratarte.

Una mañana, muy temprano, cuando estaba trabajando en la revista *Ms.*, hice una llamada a George Hirsch, mi antiguo jefe y el experimentado editor de la revista *New York*. No había trabajado para George en varios años, pero me hice el propósito de mantenerme en contacto con él y pedirle consejos de vez en cuando. Esa mañana lo llamé desde mi casa, antes de irme a la oficina, con una petición muy específica.

—¿Nos podemos ver? —le pregunté—. Hay algo de lo que quiero hablar contigo.

—Bueno —dijo George—, salgo hoy de la ciudad. ¿Nos podemos ver cuando regrese?

Lo más educado, por supuesto, hubiera sido decir "Seguro George. Que tengas un buen viaje", y dejarlo que partiera. En cambio, le dije:

—¿Podemos vernos antes de que te vayas? ¿Qué tal si nos tomamos rápido una taza de café, o desayunamos?

George, quien no sólo es una leyenda en el mundo de las revistas sino también una de las personas más inteligentes y atentas que jamás he conocido, pudo escuchar la urgencia en mi voz.

—Está bien —dijo—. ¿Dónde?

Media hora después, George y yo estábamos escondidos en un gabinete en un restaurantito, ordenando huevos y café.

—Tengo un favor que pedirte —le dije, y tomé un gran respiro—. ¿Puedes presentarme con Francis Ford Coppola?

Ahora, un poco de antecedentes. Recientemente había escuchado que el director de cine Francis Ford Coppola estaba diversificando sus negocios cinematográficos para lanzar una nueva revista en San Francisco; noticias que llegaban justo cuando yo estaba alcanzando el punto, tanto personal como profesional, en que deseaba un cambio. Había pasado la última década en la ciudad de Nueva York y, a pesar de que me encantaba mi trabajo y mi vida, mi matrimonio estaba por terminar y yo quería un nuevo inicio. En un viaje reciente a San Francisco, me encontré totalmente encantada por la ciudad. Sorprendentemente rápido, decidí que quería mudarme ahí.

Conseguir una posición en la nueva revista de Coppola sería la mejor manera de reubicarme: con un gran trabajo en la mano y además con una gran figura del medio. Y ya que sabía que George Hirsch conocía a Coppola, mi siguiente paso estaba claro. Por supuesto, pude haber insistido en hacerlo sin su ayuda, pero ¿por qué? George podría facilitarme la entrada, y el hecho de que Coppola lo conociera y confiara en él actuaría en mi favor.

George no lo dudó.

—Por supuesto, —me dijo—. Déjame echarle una llamada. Por lo visto, Coppola estaba en Nueva York ese día y, en unas horas, estaba en camino para reunirme con él en una gran suite del elegante Hotel Pierre en la Quinta Avenida. Un par de días después, tenía una oferta real de trabajo. La verdad es que, si hubiera dependido sólo de mí misma, probablemente jamás hubiera traspasado a sus guardias para conseguir esa primera reunión.

Así que no te dé pena usar tus contactos. La mayoría de la gente se siente halagada cuando le pides ayuda. Amigos y antiguos empleados me han pedido ayuda muchas veces a lo largo de los años, y te puedo decir que se siente bien ayudar a alguien en quien crees por sus habilidades y reputación. Y además, puede ser un buen negocio. Después de todo, si te recomiendo para un trabajo y resulta que fuiste una gran contratación, he ganado puntos con tu nuevo jefe. Hacerle un favor a alguien puede, en muchos sentidos, ser tan benéfico como que alguien te lo haga a ti.

Pero ¿qué puedes hacer si no tienes esos contactos que te ayuden a facilitarte el camino? Bueno, podrías hacer lo que una joven mujer llamada Bonnie Fuller hizo al principio de su carrera, cuando quería llamar la atención de una legendaria editora de la revista *Cosmopolitan*, Helen Gurley Brown:

> **Véndete como si creyeras en el producto.**

A finales de la década de los ochenta, Helen Gurley Brown estaba en su tercera década como editora de la revista *Cosmopolitan*, la cual había transformado de una moribunda edición mensual a una de las revistas más exitosas de la historia para mujeres jóvenes. La autora de *Sex and the Single Girl*, el manifiesto que dio el arranque a la revolución sexual femenina, Helen (quien todavía trabaja para Hearst como editora en jefe de las ediciones internacionales de *Cosmopolitan*), era una celebridad de buena fe. Con sus faldas cortas Pucci, su voz de ronroneo y el pelo perfectamente peinado y abultado como marca registrada, Helen era tan famosa como quienes forman parte del mundo de las revistas. Y a ella le encantaba todo eso.

Bonnie Fuller, por otro lado, era la desconocida editora joven de una revista de modas canadiense llamada *Flare*. No provenía de una familia adinerada y no tenía muchos contactos en el mundo de las revistas de Nueva York, pero lo que sí tenía de sobra era **empuje**. Y como Canadá no es precisamente el centro de atención del mundo de la moda, Bonnie estaba determinada a ir adonde estaba la acción.

Al no tener un fácil "acceso" al enrarecido mundo de Helen Gurley Brown, Bonnie decidió enviar, con sus propios recursos, un ejemplar —que nadie le solicitó— de su revista a Helen y también a otros tantos editores de revistas importantes. Cada mes. Por varios años.

Había escrito una nota corta. "¡Sólo pensé que le gustaría ver el ejemplar de marzo!" Luego lo metía en un sobre y lo enviaba por correo. Nunca preguntó si Helen quería recibir la revista; ni siquiera si la veía o no. Bonnie simplemente creía suficientemente en ella para hacer el envío. No presionó ni provocó. No hizo 23 llamadas en una semana para pedir una respuesta. Simplemente se puso en acción para asegurarse de que la notaran. Y Helen definitivamente la notó.

En 1994, Bonnie se había conseguido un trabajo en Hearst como la editora de *Marie Claire*, una oportunidad en el mundo de las revistas de moda. Y tres años después, justo cuando yo iniciaba mi trabajo en Hearst, tomó uno de los trabajos más emocionantes en el negocio de las revistas, siguiendo los pasos de Helen Gurley Brown, quien fue la editora en jefe de la revista *Cosmopolitan* durante 30 años. El surgimiento de Bonnie es una historia sorprendente, y nunca habría sucedido si ella no hubiera tenido la iniciativa de venderse.

Después de todo, si *tú* no te vendes, ¿quién lo hará?

PREPARARSE ferozmente y venderse son formas clave de mostrar empuje, pero la forma de hacerse importante —y avanzar como corresponde— es hacerlo un hábito para llegar todavía más lejos y hacer lo inesperado. Así:

**Da el 110% o incluso
el 115%.**

Cualquiera puede dar un poco más: estudiantes buscando trabajo para el verano, asistentes deseando escalar un mejor puesto, ejecutivos de compañías buscando mantener buenas relaciones con clientes y usuarios. Cualquiera que sea tu puesto, trata de hacerte el hábito de tomar el siguiente o los siguientes pasos, más allá de lo que se te ha pedido que hagas. Tus esfuerzos serán más que recompensados al final.

Hace un par de años, un artículo en una de las revistas Hearst, llamada *Hearst Beautiful,* identificó de manera incorrecta al propietario de cierta casa en Aspen como el "presidente del consejo de las compañías Esteé Lauder", Ronald Lauder y "su esposa Evelyn". Desafortunadamente, Ronald no es el presidente de Lauder y tampoco Evelyn es su esposa. El artículo se refería al hermano de Ronald, el legendario Leonard Lauder, quien es muy conocido en Nueva York en círculos que oscilan desde el arte hasta los medios de comunicación y filantropía, y quien está casado con Evelyn.

¡Grrr! Fue un error inocente, pero increíblemente estúpido. Cuando me lo dijeron, supe que necesitábamos confesarnos de inmediato. Las compañías Lauder, que gastaban muchas decenas de millones al año en publicidad y promoción, son de los más grandes anunciantes en nuestras revistas. No podía arriesgarme a que nuestra metida de pata dejara un mal sabor de boca en su presidente de consejo. Ya que conocía a Leonard Lauder hace años, quería disculparme personalmente con él.

Era un viernes previo a un fin de semana festivo. Me comuniqué a la oficina de Leonard y supe por su asistente que él y Evelyn estaban de viaje en Francia. No tendría ni la menor idea todavía de nuestro error, así que era mi oportunidad de acercarme a él antes de que escuchara sobre el asunto por medio de su departamento de relaciones. Al oír mi desesperación, la asistente me dio el número de su hotel en París.

Le dije de nuestro error.

—Leonard, lo siento —dije—. Y más que eso, estoy apenada.

Leonard se rió y me dijo que todo estaba perdonado. Le pasó el teléfono a Evelyn, quien también era muy cortés. Y como después le dijo a un entrevistador que trabajaba en un artículo de revista sobre mí, se alegraba de que me hubiera tomado la molestia de rastrearlo para disculparme.

—Mis respetos para ella —dijo—, directo a la estratosfera. Al hacer ese esfuerzo extra, logré no sólo limar cualquier aspereza sobre los efectos del error, sino convertirlo en un punto a mi favor.

A menudo, lo que los clientes y usuarios en verdad desean es el simple reconocimiento de que alguien está pendiente de ellos. En el *USA Today* tuve el hábito de llamar a grandes anunciantes por si acaso alguna historia poco halagadora sobre sus productos aparecía en el periódico. Una vez, un anuncio que abarcaba una página completa, a cuatro colores, del whisky escocés Dewar apareció junto a una historia sobre el alcoholismo y su impacto negativo en la economía estadounidense. En otra ocasión, la juguetería Toys "R" Us habían adquirido un espacio significativo para el mismo día en que el periódico cubría un reportaje de la Comisión de Seguridad en Productos para Consumidores, sobre juguetes peligrosos.

Es responsabilidad del periódico reportar noticias, por supuesto, así que no tuve problemas con eso. Pero era mi responsabilidad asegurarme de que nuestros anunciantes no estuvieran molestos con nosotros por el posible daño colateral a sus compañías o a sus productos. Así que me aseguré de llamar para limar asperezas, o incluso tomar un avión para visitar al anunciante y así dar el 110% para hacer las cosas bien.

En una ocasión, sin embargo, en un día en que Chrysler puso un anuncio a cuatro colores en una página completa, casi no tuve tiempo para reaccionar. Apenas había llegado a mi oficina y cuando estaba hojeando la página sobre automóviles, vi que uno de nuestros reporteros había criticado severamente uno de los coches producidos por Chrysler, en una de sus clasificaciones sobre "los mejores y los peores nuevos modelos". *Oh, oh,* pensé. Y justo en ese momento, sonó mi teléfono.

Era Lee Iacocca, el presidente del consejo de Chrysler y el hombre que había ganado fama por darle la vuelta a la compañía que estaba debilitada. Estaba furioso y me hizo saber, en una total diatriba de lenguaje florido, lo que pensaba sobre nuestro reportero en asuntos de automóviles, sobre nuestro periódico y, en buena medida, sobre nuestras obvias deficiencias intelectuales. De alguna manera, sabía que todo lo que quería Iacocca era descargar su rabia —probablemente estaba luciéndose con la gente que estaba en su oficina en ese momento—, así que me tomé el tiempo de escucharlo con atención, luego le dije algunas palabras de sosiego antes de que golpeara el teléfono en el escritorio. Chrysler no iba a dejar de anunciarse en el *USA Today*, y era un hecho que Iacocca no podía pedirnos que cambiáramos a nuestros reporteros sobre automóviles para complacerlo.

Tener la reputación de hacer ese esfuerzo extra es una gran manera de hacerse notar. Y dar el 110 % por ti mismo también puede ser lucrativo. Descubrí eso personalmente cuando me tomaba el tiempo de:

Cosechar el tomate presidencial.

Una lluviosa mañana cuando era editora en la revista *New York,*
estaba en nuestra cabaña de fin de semana en Connecticut,
trabajando con manos y pies en el jardín. Vestida con pantalones cortos recortados de un pantalón y una camiseta, y una
cachucha para protegerme el pelo, estaba rascando la tierra
sin preocupación cuando levanté la mirada y vi una limusina
negra que se estacionaba en el camino de entrada a nuestra
casa. El chofer se bajó y sacó una canasta enorme de hierbas
de la tienda de abarrotes de especialidades Dean & DeLuca,
junto con una botella de Dom Perignon. Lo miré con sorpresa, sudando bajo mi gorra.

—Esto es para usted —dijo.

Llevé la canasta a la casa y saqué una tarjeta. Era de Al
Neuharth, el presidente del consejo y director general de la
Gannett Company, una de las editoriales de diarios más grandes del país. En esa época, Neuharth estaba tratando de per-
suadirme de aceptar un puesto corporativo de mercadeo con
Gannett, pero hasta el momento no había mordido el anzuelo:
el trabajo que él tenía en mente no era exactamente para mí.
Estaba intrigada con la idea de trabajar para la nueva empresa
de Gannett, el *USA Today,* pero Neuharth no había sugerido
nada ahí, así que parecía que estábamos estancados.

Aun así, Neuharth siempre se las arreglaba para mantener nuestra conversación en otra nueva reunión o cena,
y estábamos involucrados en el juego del gato y el ratón ya
por varios meses. La canasta de hierbas y champaña, que
también contenía una copia del reporte anual más reciente
de Gannett, era su manera de decirme "Vamos a darnos otra
oportunidad, para ver si podemos encontrar el trabajo ade-
cuado para ti".

Estaba impresionada y divertida por el gran gesto de
Neuharth. También avivó un fuego competitivo en mí.
Decidí que sería divertido tomar ventaja sobre él y, afortu-

nadamente, ya tenía el medio perfecto para hacerlo. El día anterior, había cortado un tomate rojo gigantesco de una de nuestras enredaderas; y me refiero a que era un monstruo, un verdadero "Frankenstein vegetal". Debió haber medido 15 cm de largo. Nunca antes había cosechado un jitomate de ese tamaño, y dudaba que lo volviera a hacer jamás. Así que cuando accedí a reunirme con Neuharth y otros ejecutivos en la semana, decidí llevarlo como obsequio.

Envolví el tomate en papel de china, lo puse en una caja con un moño azul, como si fuera el ganador en una feria del condado. En nuestra reunión —durante la cena en el ostentoso restaurante del Hotel Four Seasons— lo mostré con grandes fanfarrias.

—Al —anuncié—, sé que crees que jamás paso un minuto en el jardín, pero sembré y coseché esto especialmente para ti. Nadie podía creer que yo lo hubiera cosechado o que realmente hubiera traído un vegetal gigante como regalo para el presidente del consejo de una compañía de 2 mil millones de dólares.

Más tarde en la velada, cuando casi todos los del grupo se habían ido, la vicepresidenta de recursos humanos de mayor antigüedad de Gannett, Madelyn Jennings, me preguntó lo que había estado esperando oír: —¿Qué es lo que realmente quieres hacer en Gannett?

—Bueno, ocupar el puesto que tiene mayor sentido en el *USA Today* —le dije—. Pero sé que los puestos de presidente y de director general están ocupados, y ésos son los únicos que me interesan.

Y eso fue todo. Una semana después, Neuharth me invitó a su suite en el Hotel Waldorf Towers. Después de unos minutos de charla educada, me ofreció el puesto de presidenta del *USA Today*, al tiempo que decía que había hecho varios acomodos para abrirlo. —Pudiste haberte ahorrado muchas cenas lujosas si tan sólo me hubieras ofrecido eso desde el principio —le dije con una sonrisa cuando nos estrechamos las manos.

No me ofrecieron ese trabajo sólo por aquel tomate gigante, por supuesto. Pero supe desde el principio que Neuharth era el tipo de persona que respondería bien a una réplica confidencial. Extraño, como puede parecer, le mostró que yo estaba lista para el juego, lo suficientemente segura de mí misma para comprometerme de una manera inusual y audaz. Y en verdad creo que fue la "punta picuda" lo que lo hizo buscar una manera de contratarme, incluso si eso significó mover a otras personas de sus puestos para hacerlo. Así que desde ese día, pienso en él como el tomate presidencial.

Me sentí bastante bien sobre mi idea del tomate y, más importante, me hacían mucha ilusión mi nuevo trabajo y mi nuevo puesto. Sin embargo, por más inteligente que me haya sentido, pronto me di cuenta de que Al Neuharth había planeado un truco incluso más inteligente. Y lo supe de la manera difícil, porque fallé en dar el 110% en un aspecto muy importante, al olvidar que:

No asumas nada.

En el prólogo de este libro, escribí sobre mi rudo despertar acerca de que mi nuevo título de "presidenta" no significaba lo que yo pensaba. Cuando el ejecutivo Joe Welty anunció bruscamente que él no se reportaría conmigo, de repente me di cuenta de que nunca había ajustado la estructura de quién reportaba a quién o cuáles eran mis verdaderos deberes. Hablar sobre volar alto y caer, ¡y chocar! Cometí un clásico —y fácil de evitar— error.

Mi vergüenza pasó rápido, sin embargo fue reemplazada por el deseo de poner a Welty en su lugar, quien había, después de todo, tomado la decisión de minar mi autoridad de manera agresiva, desde nuestro primer hola. Por suerte, tuve mi oportunidad al final del almuerzo. Welty y yo teníamos programado regresar a Nueva York.

—Cathie, tú tomas el jet corporativo —me dijo Randy Chorney, asistente de Neuharth, antes de dirigirse a Welty—. Joe, tú tomas un vuelo comercial. Admitiré que tuve un sentimiento agradable de justificación al ver que los ojos de Welty se hacían chiquitos y su rostro enrojecía. Y aunque pueda parecer trivial, esto no era por el avión. Era sobre establecer rápidamente que mi puesto representaba más que un título vacío.

Al Neuharth por supuesto había mantenido poco claro cuáles eran mis obligaciones a propósito. Sabía que hubiera venido al *USA Today* sólo si podía ser su presidenta, pero también había movido de lugar a ejecutivos que tenían más experiencia que yo en muchos aspectos del puesto de presidente de un gran periódico. Así que jugó ambos juegos al darme a mí el título que quería sin cortarles las piernas a los otros.

Como pronto pude descubrir, ésta era la manera típica de Al Neuharth: astuto, manipulador y dispuesto a conseguir lo que deseaba. Me había embaucado, y ésa era sólo mi culpa. Pero ahora estaba decidida a hacer dos cosas: primero, asumir las responsabilidades como mías, incluso si me llevaba meses; y segundo, nunca más ser sorprendida así.

LAS SORPRESAS son divertidas en ciertos contextos, pero casi nunca en el trabajo, lo cual nos lleva a otras tres maneras de mostrar empuje:

- Nunca sorprendas a tu jefe.
- Anticípate a sus necesidades.
- Hazlo ver bien.

Finalmente, tu jefe es la persona que tiene la última palabra para decidir si avanzas o no. En cualquier compañía u organización, hay otros que también pueden ayudarte —vicepresidentes que pueden aportar una buena palabra, o miembros del consejo a quienes has impresionado— pero es la evaluación de tu supervisor inmediato la que tendrá el mayor peso. ¿Así que por qué no salirte del camino para asegurarte que él o ella, en particular, están satisfechos con tu trabajo?

Empecemos con la *anticipación*. Es bueno responder rápido y de manera eficiente cuando tu jefe te pide algo. Pero, ¿qué pasa cuando tú das ese paso antes y le proporcionas ese algo incluso antes de que él te lo pida? Nadie sugiere que te conviertas en alguien que pueda leer la mente, pero a menudo no es difícil imaginar lo siguiente que va a necesitar tu jefe. A veces es sólo cuestión de leer su lenguaje corporal.

En fechas recientes, estaba en una junta con nuestro director general y con un muy talentoso ejecutivo de nuestra compañía. El ejecutivo estaba revisando un plan para un gran evento, pero mientras observaba que el director general se retorcía muy suavemente, podía ver que algo lo hacía sentir incómodo. Me acerqué y sugerí un arreglo, pero en realidad lo que pensaba era: "Necesito asegurarme de que esto se resuelva de la manera que a él le agrade". Siempre que puedo encontrar la forma de quitar presión a mi jefe, ésa es mi prioridad número uno hasta que se logra. Si puedo encontrar la manera de salvar el pellejo de los otros involucrados, mucho mejor.

Imagínate al electorado que necesitas satisfacer. Si trabajas en una pequeña organización, tal vez sea a la cabeza de tu departamento. Si trabajas en una asociación no lucrativa, tal vez sea al consejo. Si trabajas por tu cuenta, tal vez sea al agente que te pueda conseguir tu próximo trabajo. Incluso Donald Graham, el hijo de Katharine Graham y sucesor de su puesto en la cúpula de la *Washington Post Company,* de manera rutinaria se daba tiempo para largas caminatas con los altos ejecutivos cuando él era director general del periódico. Se salía de su camino para asegurarse de que la gente con las mayores responsabilidades del contenido del periódico sintiera que estaba siendo escuchada.

Una vez que sabes a *quién* necesitas satisfacer, busca exactamente *cómo* hacerlo. Si nunca has preguntado a tu jefe cómo preferiría trabajar contigo, busca cómo hacer eso. Haz preguntas básicas como éstas:

- ¿Con qué frecuencia le gustaría reunirse para actualizar proyectos?
- ¿Desea reportes internos por correo electrónico?
- ¿Prefiere reportes de los proyectos en hojas de cálculo o resumidos en formato de memorando?
- ¿Desea ver correspondencia relevante en un proyecto, o prefiere recibir de mi parte un resumen general?

Estos aspectos pueden parecer pequeños, pero tomarse el tiempo de aprender las preferencias de tu jefe puede pagarte con creces. Es como estar en un hotel donde todos los detalles pequeños están bien dispuestos: chocolates en la almohada, toallas esponjadas. Toda la experiencia es enormemente intensificada. Asegúrate de que estás intensificando la vida profesional de tu jefe tanto como puedes.

También recuerda que esto incluye aprender lo que tu jefe *no* necesita de ti. Cuando Atoosa Rubenstein se convirtió en editora de *CosmoGirl*, brincó la jerarquía de Hearst. En *Cosmo*, ella le reportaba a la editora, Kate White. Ahora, me reportaba directamente a mí. Joven y sin experiencia, Atoosa continuaba actuando de manera más adecuada para una empleada de nivel medio que para una editora en jefe.

Cuando le reportaba a Kate White, se aseguraba de enviar rápido correos electrónicos para hacer saber a Kate cuándo iba a salir del edificio o cuándo no podía ser contactada. Y en la primera semana, más o menos, después de su gran ascenso, hacía lo mismo conmigo.

—Salí a almorzar, regreso en una hora —o— Voy a una cita, llámame si me necesitas. —De lo que no se daba cuenta era de que yo no necesitaba recibir esos mensajes. Ella había sobrepasado el punto de tener que reportarse constantemente con su superior. Tan sólo echaba un ojo a sus mensajes, me reía entre dientes y los borraba, pero antes de tener la oportunidad de decirle que ya no los enviara, aparentemente ella misma se dio cuenta que eran innecesarios. Nunca más recibí otro. Quieres verte bien ante tu jefe, por supuesto, pero no olvides el corolario:

Haz quedar bien a tu jefe.

Cuando vi la película *The Devil wears Prada*, una escena que se me quedó en la cabeza fue cuando la asistente de Miranda Priestly, Andy, se paró junto al hombro de su jefa en una fiesta, murmurando los nombres de los invitados a medida que se acercaban. Tan suave como el satén, Miranda saludaba a cada persona, apareciendo como una anfitriona atenta y cuidadosa, más que la fría, aburrida esnob que realmente era.

No hay manera más rápida y fácil de ganarte el respeto y gratitud de tu jefe que ayudándolo a quedar bien. Cuando trabajas para una persona, en ocasiones es fácil olvidar que ella está trabajando para alguien más que se encuentra más arriba en la cadena, y que está tan preocupada como tú por impresionar a sus superiores. Todo lo que puedas hacer para ayudarla, te será bien retribuido.

Después de haber trabajado casi dos años para el *USA Today*, tenía una desesperada necesidad de vacaciones. A Al Neuharth no le entusiasmaba mucho la idea de que tomara dos semanas de vacaciones, pero mi esposo y yo de todos modos habíamos rentado un pequeño departamento en el sur de Francia (puedes ver más sobre este tema en el capítulo 7). Cuando llegamos ahí, pronto nos dimos cuenta de que estábamos completamente fuera de contacto con el resto del mundo, sin teléfono, sin fax, sin correo electrónico. Estaba orgullosa de mí misma por haber insistido en mis vacaciones, pero esto no era en realidad por lo que había regateado. Si algo malo pasaba y en la oficina necesitaban contactarme, no había manera de hacerlo con facilidad.

Cuando regresé al trabajo dos semanas después, bronceada, descansada y ligeramente ansiosa de saber cómo se habían dado las cosas en mi ausencia, aprendí que nuestra directora de publicidad, Valerie Salembier, me había cubierto en medio de una mini-crisis. Neuharth había exigido saber si me había puesto en contacto mientras estaba lejos y ella respondió brillantemente.

—Hablo con ella uno que otro día. Todo está bajo control. —Gran sonrisa.

Sí, ella de plano mintió por mí. Y no, no necesariamente estoy evocando la mentira como una estrategia en la oficina. Pero en este caso, Valerie sopesó si podría provocar algún daño si me cubría, y tomó su decisión en consecuencia. Sabía que me beneficiaría con su decisión y, por extensión, ella también. Y créeme, estuvo en lo correcto, nunca olvidé ese gesto de lealtad.

Por último, nunca sorprendas a tu jefe. Si tienes malas noticias, dilo. Si tienes buenas noticias, compártelas. Por alguna razón, a nadie le gusta sentirse fuera de la jugada. Y por otra, esconder una crisis a alguien que necesita saberlo, virtualmente garantiza que el problema se agravará. Piensa en tu jefe como un pequeño bosque de animales, no hagas movimientos sorprendentes o gestos extraños.

Eso es algo que definitivamente no hice en uno de los infames episodios con Al Neuharth. Fue uno de los momentos más vergonzosos de mi trabajo en el *USA Today*, un pequeño error que jamás debí haber cometido, involucrando un avión, un platón de costillas estilo *barbecue* y una personalidad notoriamente fastidiosa. Sigue leyendo para que conozcas toda la apestosa historia.

No aceptes un no como respuesta: Al Neuharth

En mi primer año en el *USA Today,* me la pasaba tanto tiempo en el aire que sentí que me podrían salir alas. El periódico apenas había despegado, y parte del trabajo de mi equipo era volar por el país, a menudo con Al Neuharth, para promover el periódico y tratar de estimular las ventas de anuncios.

Bien fuera para reuniones, recepciones o cenas, nuestro horario siempre estaba apretado. Teníamos que volar a una ciudad, tomar un coche directo a nuestro destino y pasar el próximo par de horas tratando de convencer a un cliente potencial. Neuharth hacía la "venta por persuasión sutil", al explicar cómo el *USA Today* era un tipo diferente de periódico y ensalzar su atractivo para las masas, y entonces yo me tiraba a matar, pescando el compromiso para que compraran anuncios. Incluso en cenas y recepciones, era casi imposible comer, ya que teníamos el tiempo limitado para realizar nuestra venta, y dirigirse a alguien con la boca llena de ensalada es menos que efectivo.

Por lo regular, regresábamos del aeropuerto cansados y hambrientos, y a pesar de que el avión normalmente tenía un bar lleno y comida, en esta ocasión tramamos lo que pensamos que era un plan brillante.

—¿No es Kansas City famosa por sus costillas *barbecue*? —alguien preguntó al momento de que el avión tocó tierra—. ¿Por qué no le pedimos al chofer de la limusina que vaya por unas mientras estamos en la recepción?

Bueno, eso sonaba perfecto. Nos estaríamos muriendo de hambre para cuando regresáramos al aeropuerto, así que ¿por qué no permitirnos un lujo con una especialidad local para el vuelo de regreso?

Neuharth no escuchó nuestra conversación, así que no supo de nuestro festín a la parrilla hasta que todos regresamos al aeropuerto al final del día, cargando grandes bolsas de costillas picantes en los escalones para subir al avión. A *su* avión. Hacia el inmaculado *interior blanco de piel* de su amado Gulf-stream. Mmm… poniéndolo de esa manera, debí haber anticipado lo que vino después.

Nos clavamos en esas costillas sin preocupación y comimos como si no hubiera un mañana. Fue un perfecto festín de costillas, con salsa ácida, cerveza fría y mucho ruido de dedos chupados. No estábamos comiendo como salvajes —no había salsa *barbecue* volando por todo el interior del avión— pero sí lo éramos por completo, podría decirse, en ese momento.

Justo entonces, Neuharth asomó la cabeza de su cabina privada en la parte trasera del avión, donde le

gustaba trabajar o descansar durante los vuelos. Se esforzaba por ver brevemente, con un extraño aspecto en la cara, y enseguida cerró la puerta. No lo volvimos a ver por el resto del vuelo. Pero su asistente, Randy Chorney, remarcó:

—No creo que Al esté contento. Parece que está de mal humor. —Nada más salió de ahí, y para cuando el avión aterrizó en Nueva York, habíamos limpiado los remanentes de nuestra cena y ya estábamos listos para dirigirnos a casa para un sueño bien merecido.

La mañana siguiente, Neuharth me llamó.

—Nos vemos hoy a las 5:00 p.m. en el Sky Club —dijo, un restaurante ubicado en un club privado en un rascacielos en Park Avenue.

—Seguro —contesté—. ¿Qué sucede?

—Sólo ve ahí —dijo.

Neuharth nunca me había invitado a tomar una copa, así que supe que algo pasaba. Llegué al club, fui a su mesa y apenas tuve tiempo de escoger mi silla cuando él se inclinó para dármela.

—¿Quién, en el nombre de Dios, tuvo la idea de llevar esas grasosas y apestosas costillas a la parrilla para ensuciar mi avión? —reclamó, con los ojos destellando irritación.

Vaya, lo miré con sorpresa y entonces decidí en un instante que sólo había una manera de responder.

—Fue mía, Al —dije—. Y sabes, simplemente no estaba pensando. Nunca se me ocurrió que llevar las costillas a bordo pudiera molestarte. Pero no es mi avión, es tu avión. Lo siento. —Pude haberme defendido, pero eso sólo hubiera complicado el problema. Mi jefe estaba molesto por el resultado directo de una decisión que yo tomé, así que lo mejor era arreglarlo. *Haz feliz a tu jefe* (y por amor de Dios, conoce también lo que podría hacerlo infeliz).

Como salió a relucir, Neuharth se había sentado echando humo en su cabina privada todo el camino de regreso. Por supuesto, podrías argumentar que su enojo estaba fuera de toda proporción. Después de todo, nosotros mismo limpiamos y el interior del avión no tenía ni rastro de la salsa de las costillas. Pero Neuharth es un hombre fastidioso. Es uno de sus muchos rasgos distintivos, algunos de ellos simplemente extraños y otros que lo hicieron una de las personas más eficaces con las que jamás he trabajado.

Vale la pena pintar un retrato más amplio de Neuharth, porque no sólo es un hombre fascinante, sino un verdadero profesional del mercadeo. Aprendí mucho de él a lo largo de los años, lecciones que han continuado ayudándome en mi carrera. De todas ellas, la más importante fue una que podría servir como el mantra de Neuharth:

> **No aceptes un no como respuesta.**

Hay una vieja adivinanza sobre física que dice: "¿Qué pasa cuando una fuerza irresistible se encuentra con un objeto inamovible?" Descubrimos la respuesta a esta pregunta en aquellos primeros días del *USA Today*.

Al Neuharth era la fuerza irresistible. Criado en una granja por su madre viuda en Dakota del Sur, Neuharth estaba absolutamente dirigido a triunfar. Después de obtener el título de periodista por la Universidad de Dakota del Sur, trabajó durante dos años como reportero asociado de prensa antes de lanzar su propio tabloide semanal, el *SoDak Sports*. Ésta fue una audaz empresa para un joven en sus veinte y al principio fue exitosa. Pero después de dos años, el periódico de reciente creación quebró. Sin intimidación, Neuharth aceptó un trabajo como reportero del *Miami Herald* y se mudó a Florida.

En siete años, Neuharth trabajó en su escalada hasta llegar a ser asistente de director general del *Herald*. Entonces se fue al *Detroit Free Press*, y trabajó para llegar al escalón más alto entre los editores antes de unirse a la Gannett Company en 1963, como director ejecutivo de sus dos periódicos en Rochester, Nueva York. Neuharth era un gerente capaz, pero en el corazón era un empresario. Y en Gannett ahora estaba siendo capaz de satisfacer su lado empresarial, empezando por un nuevo periódico en el norte de Florida.

Neuharth decubrió que no había ningún periódico que atendiera la "costa espacial" de Florida —el área entre Palm Beach y Jacksonville—, hogar de Cabo Cañaveral y sus muy bien educados empleados y contratistas. Así que Neuharth inició un periódico de circulación diaria llamado *Today*, el cual después se llamó *Florida Today*. El periódico fue un éxito, pero apenas fue el precursor de la gran idea de Neuharth, tramada en 1979 cuando había ascendido a presidente del consejo y director general de Gannett. Quería iniciar un periódico nacional de circulación diaria, decisión a la que nadie antes se había atrevido. Decidió llamarlo *USA Today*.

Desde el principio, los escépticos vieron esto como una empresa imposible y enorme: ¿imprimir y distribuir un periódico a cuatro colores que pudiera estar disponible todos los días de la semana en la mañana, por *el país entero*? ¿Cómo podía ser eso algo más que castillos en el aire? Pero en donde casi todos veían obstáculos, Neuharth veía oportunidades. Fue pionero en el uso de color en la época en que los periódicos eran en blanco y negro, y apenas estaban empezando las portadas a color. Y él sabía que la nueva tecnología permitiría a Gannett enviar vía satélite el contenido del periódico a las imprentas locales, lo cual haría posible insertar en el periódico noticias y resultados deportivos de último momento. Como fanático de los deportes, Neuharth vio un mercado ahí. En esos días previos a internet, los fanáticos de los deportes podrían tener los resultados de sus equipos favoritos y la cobertura de los partidos, sin importar dónde estuvieran en el país.

Aun así, la gente pensó que Neuharth estaba loco, pero era una percepción que él parecía disfrutar. Siempre había sido un intruso en el cerrado mundo de la élite de los periódicos, y él hacía ese papel. Vestido en pulcros trajes de seda, siempre con lentes obscuros de aviador, hubiera encajado en un casino de Las Vegas. Usaba un anillo con una piedra preciosa incrustada tan grande, que pudo haber servido como manopla de hierro[1] (hasta donde sé, así se utilizó una o dos veces). Y mientras la élite de los medios de comunica-

---

[1] N. del T. En inglés: *brass knuckles*. Artefacto de bronce que se pone en la mano, a la altura de los nudillos, utilizado para golpear en peleas callejeras.

ción de Nueva York se transportaba en coches Lincoln Town, él se movía en una limusina blanca.

Neuharth era un hombre de muchas peculiaridades. En los restaurantes, como si fuera algún mafioso, se negaba a sentarse dando la espalda a la puerta. Escribía notas a sus colegas y empleados en su máquina de escribir Royal, en papel especial color durazno. Le encantaba apostar a cualquiera cosa que se le ocurriera. En un partido de futbol americano, no sólo apostaba al marcador, sino si el cantante de *The Star-Spangled Banner* iba a llegar a aquella nota súper alta en la palabra *free*. Si alguien no pagaba después de perder la apuesta (las cantidades típicas iban entre cinco y diez dólares), Neuharth enviaba notas de cobro los siguientes tres días sin importar si eran amigos, empleados o anunciantes.

Lo más extraño era cuando Neuharth escogía como su hogar base no la ciudad de Nueva York o Washington, D.C., sino la dormilona ciudad de Cocoa Beach, en Florida. Hacía esto por una razón: quería crear un nuevo periódico que se pudiera convertirse en un negocio periodístico dinámico que hiciera la diferencia, y quería hacerlo lejos de los ojos inquisidores críticos. Neuharth no quería su escrutinio y no quería que los editores y reporteros estuvieran encerrados en el mundo de los medios de comunicación de Nueva York.

—¿Sabes? —me dijo una vez—, estos editores de periódico esnobs de Nueva York viven en sus torres de marfil, predicando al mundo lo que ellos creen que es importante. Pero el *USA Today* es un periódico para los lectores. Cubrimos los temas en que la gente más se interesa, las cosas que afectan a sus comodidades, intereses, familias y trabajos.

Como el *USA Today* es tan exitoso ahora, es difícil recordar que en sus inicios casi todo el mundo esperaba que fracasara. Los críticos de medios de comunicación se burlaban de su lenguaje sencillo y gráficas a color. Los comentaristas lo ridiculizaban llamándolo *McPaper*. Otros periódicos se burlaban tanto de él que Neuharth dijo:

—Esta prensa es la única especie, además de las ratas, a la que le gusta comerse a los más jóvenes—. Pero aun así siguió empujando. La verdad es que Neuharth no podía concebir la posibilidad de un fracaso.

Con la crítica acechando por todas partes, Neuharth enfrentó la tarea de cambiar la propia percepción de su nuevo periódico. Éste era su objeto inamovible. ¿Podría ganar suficientes lectores y anunciantes para convertir el *USA Today* en un periódico financieramente viable y respetado periodísticamente? ¿O sería su gran apuesta que al final fracasaría?

Si alguien más que no fuera Al Neuharth hubiera estado a la cabeza durante esos años, el *USA Today* hubiera fracasado. Pero Neuharth nunca aceptó un no como respuesta. Empujó, señaló y animó a encontrar los caminos y recibir un "sí". Su mensaje para nosotros en esos años iniciales nunca flaqueó:

> **Encuentra la manera de hacerlo. ¡Sin excusas!**

Neuharth era un genio para imaginarse cómo crear ventajas extraordinarias con recursos ordinarios. Más importante aún: su pensamiento nunca se vio limitado por cómo las cosas se habían hecho en el pasado. Todos hemos escuchado el dicho: "Ver más allá de tu nariz", pero no fue sino hasta que observé a Al Neuharth de cerca que en realidad empecé a comprender lo que significaba.

Desde su origen, el *USA Today* era financieramente un hoyo negro. Gannett había invertido cientos de millones de dólares en ese proyecto, un costo inevitable para un inicio de esa magnitud. Pero Neuharth sabía que tenía que mantener los costos bajos en la medida de lo posible, para darle más tiempo al periódico para triunfar. Contratar 200 nuevos reporteros para cubrir todo el país hubiera sido muy caro, así que instituyó el sistema de "pedir prestado" reporteros de otros periódicos, propiedad de Gannett. Cuando el *USA Today* despegó, 141 de sus 218 periodistas estaban "en préstamo" de otros periódicos, y en sus nóminas, no en la del *USA Today*.

Éste fue un movimiento audaz, ya que los periodistas que quedaban en los otros periódicos de Gannett tenían que cargar con el muerto. Los periodistas "prestados" al *USA Today* tenían la opción de regresar a sus periódicos si esto no les funcionaba; pero a los que destacaran en el *USA Today,* finalmente se les ofrecerían puestos de tiempo completo. Mientras tanto, Neuharth planeó subirse a esta ola de pedir prestado periodistas tanto tiempo como se pudiera. Era una solución sencilla a lo que en un inicio había parecido un problema insuperable.

Neuharth también se imaginó maneras creativas de promover el periódico. Era como P. T. Barnum, sin miedo a emplear un truco o dos si eso llamaba la atención hacia el *USA Today*. Incluso detalles que parecían insignificantes como las máquinas expendedoras de periódicos, llamaban su atención. Hasta ese momento, eran horribles artefactos utilitarios con forma de caja. Pero Neuharth decidió que quería cambiar eso.

—El *USA Today* es el periódico del futuro, decía, así que la máquina expendedora debe ser la caja del futuro. El diseño ganador parecía como una televisión, con esquinas redondeadas y la palabra Gannett estampada en los cuatro lados. Cuando camines por la calle, busca una caja del *USA Today*, entonces reconocerás el diseño antes de que tengas oportunidad de leer las palabras de los lados.

Y Neuharth se lanzó a la mercadotecnia. Cuando el periódico se enrollaba, decidió hacer fiestas de lanzamiento en diferentes ciudades y en distintos momentos. Esto le dio oportunidades ilimitadas de promoción durante el primer año y en verdad hizo caso a sus instintos. En cada ciudad, invitaba a políticos locales, gente de negocios, anunciantes y celebridades a una enorme fiesta que satisficiera las necesidades del buen gusto local: platos de cangrejo en Maryland, crema de almeja en Boston, filetes de queso en Filadelfia. La fiesta era una gran historia por sí misma y daba información a los periódicos locales para el día siguiente y nos exponía más.

Pero el punto álgido estuvo en la primera fiesta de lanzamiento, en Washington, D.C. De alguna manera, Neuharth se las ingenió para persuadir al presidente Ronald Reagan, al vocero de la Casa Blanca, Tip O'Neill, y al líder de la mayoría en el Senado, Howard Baker, para que aparecieran frente a cientos de personas en el National Mall, y con el Capitolio como fondo. ¿Cuáles eran las probabilidades de conseguir que tres de los políticos más importantes del planeta aparecieran juntos, y más si se trataba de la fiesta de lanzamiento de un periódico? Si hubieras hecho esa pregunta seis meses antes, cualquier persona sensata te hubiera dicho que era imposible. Pero lograr lo imposible era la especialidad de Neuharth.

Por supuesto, nunca hubiera estado en la postura de invitar al presidente a una fiesta de lanzamiento si no hubiera apostado el pellejo para iniciar el *USA Today*. Pero tomar riesgos era otra especialidad de Neuharth (y el tema de nuestro siguiente capítulo). Continúa leyendo para que descubras cómo puedes manejar el riesgo y cómo puedes hacer que éste trabaje para ti.

CAPÍTULO 2

Riesgo

Cuando escuchas la palabra riesgo, ¿en qué piensas? ¿Atreverte a dar tu primer salto en caída libre? ¿Colocar una fuerte apuesta en un juego o dar una propina estratosférica? ¿Decirle a un amigo la difícil verdad, incluso si eso puede cambiar su relación? ¿O impulsar un gran proyecto nuevo o adquisición en el trabajo?

Tomar un riesgo es tan de dar miedo como emocionante. De dar miedo cuando te enfocas en lo que puede salir mal y emocionante cuando consideras los beneficios si todo marcha bien. El truco es pensar en el riesgo en el sentido positivo y utilizarlo a tu favor. La mayoría de la gente ve el hecho de tomar riesgos como abrirse a oportunidades innecesarias, tal vez hasta peligrosas. Pero la verdad es que evitar riesgos no te mantendrá a salvo, y tampoco te garantizará un camino suave en el trabajo o en la vida.

De hecho, lo opuesto es cierto muy a menudo. Es como la parábola del mono: Un mono vio una nuez en un hoyo y se precipitó a cogerla. Una vez que cerró su puño con ella adentro, no pudo sacar la garra del estrecho agujero. Quedó atrapado. No puede librarse a menos de que deje la nuez, pero como tiene miedo a perderla, no la soltará.

Tratar de evitar riesgos es como aferrarse a esa nuez. Puedes pensar que estás yendo sobre seguro al sostener lo que tienes, pero en realidad sólo estás entorpeciendo tu propio progreso.

Así que, ¿cómo puedes hacer que el riesgo trabaje para ti? ¿Y cómo puedes darte valor para seguir adelante y tomar riesgos? La respuesta recae en dos reglas básicas. Primero:

Toma riesgos que sean calculables, no locos.

No todos los riesgos son iguales, en el trabajo o en la vida. Existe una gran diferencia entre bajar los rápidos en una balsa, con casco y un guía experimentado y saltar con una cámara de aire para volar sobre una cascada, por capricho. Así que cuando consideres tomar un riesgo, controla el factor de riesgo tanto como puedas. Pregúntate: ¿cómo puedo maximizar mis oportunidades de éxito, al tiempo que minimizo mis posibles inconvenientes?

Como al año de estar en mi primer trabajo en la revista *Holiday*, mi jefa renunció. Ella encabezaba el departamento de anuncios clasificados, responsable de pequeños anuncios en la contraportada de la revista; anuncios cortos, de tres o cuatro líneas, de hoteles, restaurantes y campamentos de verano. Lo nuestro era una pequeña operación telefónica, con cuatro personas, separadas del grupo de los muchachos de ventas que atendían grandes cuentas como coches y aerolíneas. No estaba lista para dar el brinco a las grandes cuentas, así que tan pronto escuché que ella se iba, quise su trabajo. Podía ser un primer gran paso.

Hice una cita con el director general de *Holiday*, un alto ejecutivo que había estado en el negocio de las revistas por casi el tiempo que yo tenía de vida.

—Quiero hablar con usted sobre el trabajo de Phyllis —le dije. Y a pesar de que tenía el gran total de un año de experiencia en ventas de publicidad, algo sobre mi comportamiento y mi búsqueda del trabajo lo debió haber convencido de que estaba lista.

—Está bien —me dijo, después de una corta entrevista. —Te daremos una oportunidad. También te daremos un aumento de tres mil dólares que reflejen tu nuevo puesto.

¡Éxito! Estaba emocionada de ascender, y sin embargo había ya un punto de fricción. Sabía cuánto dinero estaba ganando Phyllis, y era considerablemente más de lo que me estaban ofreciendo. Pude haber sólo agradecido al editor y tomar su oferta, pero decidí arriesgarme y pedir más.

—Sé lo que Phyllis estaba ganando —dije al editor—. Y considero que se me debe pagar el mismo salario que ella percibía, ya que estaré haciendo el mismo trabajo que ella y con las mismas responsabilidades.

La cara del director general se puso color betabel, como si no pudiera creer que esta inexperta mujer de 24 años se pudiera atrever a pedir un salario mucho mayor justo minutos antes de haber recibido su primer ascenso. ¿Acaso no sabía que escalar de puesto no garantizaba ganar el mismo salario de la persona que sale?

Pues no, no lo sabía. Pero incluso si lo *hubiera* sabido, probablemente hubiera pedido el aumento de todos modos. La ventaja era obvia: hacer dinero. La desventaja era… ¿qué? ¿Que el director general pensara menos bien de mí o rescindiera la oferta de trabajo? Tal vez había una oportunidad de que pasara eso, pero era poco probable. Además, si no tomaba el riesgo de pedir un salario más alto, había cero oportunidades de que lo lograra. Como la leyenda del *hockey* sobre hielo, Wayne Gretzky, dijo una vez:

—Fallas 100% de los tiros que nunca hiciste.

Al final, no obtuve tanto dinero como lo que había pedido, pero el director general sí incrementó su oferta inicial. Nada perdido, algo ganado era el resultado ideal de tomar un riesgo. Así que piensa las cosas con cuidado, calcula tus riesgos, controla lo que puedas y toma tus decisiones en consecuencia. Lo anterior nos lleva a la segunda regla para hacer que los riesgos funcionen para ti. Cuando calcules las desventajas de cualquier riesgo, recuerda:

> ## El peor escenario rara vez es tan malo como piensas.

Hace miles de años, un puñado de adivinos recorría la antigua China, viajando a los palacios de los mandarines para predecir su futuro. Cuando estaban en lo correcto, los colmaban de riquezas y los agasajaban con espléndidos banquetes. Cuando se equivocaban, eran cocinados vivos.

Gracias a las leyes de trabajo vigentes, no debes preocuparte de que tu jefe te cocine vivo. Pero tampoco deberías preocuparte mucho de otros inconvenientes, porque la verdad es que el peor escenario después de tomar un riesgo y fallar, muy rara vez es tan malo como habías imaginado.

He mencionado mi incursión en el trabajo en San Francisco para trabajar en la nueva revista de Francis Ford Coppola. Era arriesgado a esas alturas de mi carrera dejar la ciudad de Nueva York, el epicentro de los negocios de revistas y publicitarios, por la Costa Oeste. Era arriesgado dejar la revista *Ms.*, donde estaba ganando experiencia valiosa y empezando a hacerme un nombre por mí misma. Y era arriesgado dejar a mis amigos y colegas por algo desconocido, a miles de millas. Pero estaba lista para un cambio y esperaba profundamente que la revista despegara y que mi nueva vida en San Francisco continuara la misma trayectoria de ascenso que había experimentado en Nueva York.

Falso.

A los tres meses de haberme mudado a San Francisco, habiéndome llevado todos mis muebles y haber firmado un contrato de renta por un año para un departamento, ya podía decir que la revista no iba a sobrevivir. Simplemente, no teníamos los números en circulación o las ventas de publicidad para obtener ganancias, y tampoco parecía que esto fuera a ocurrir en cualquier momento. De hecho, a los cinco meses, estaba tan segura de que la revista se estaba colapsando que renuncié y me fui de vacaciones a esquiar, antes de esperar a que ésta se derrumbara. Bastante segura, mientras estaba fuera, un colega me llamó para decirme que la revista había sido cerrada, con sólo una nota en la puerta de entrada que decía a los empleados que se había impreso el último ejemplar y que ya no tenían trabajo.

Háblame de un peor escenario. Mi gran empresa había explotado y ahí estaba yo ahora en California, sin trabajo y sin prospectos reales. Hubiera sido fácil hundirme en la frustración. En cambio, empecé a hacer llamadas para restablecer mis contactos en Nueva York. Por azares del destino, logré persuadir a la directora general de la revista *Ms.*, Pat Carbine, de que creara un puesto que ampliara mis responsabilidades más allá de las ventas.

Pude haber escogido enfocarme en los aspectos de "fracaso" de mi riesgo, pero ¿por qué? Ultimadamente, en realidad no estaba peor con mi experimento de seis meses que si me hubiera quedado en Nueva York; en algunos sentidos significativos, estaba mejor. De hecho, cerca de 18 meses después de mi regreso, el director general de la revista *New York*, Joe Armstrong, me pidió que me uniera a su nuevo equipo como directora general asociada. Ésta era una oportunidad fantástica y, en otros dos años, sucedí a Joe en el puesto como directora general.

Poco tiempo después de unirme a la revista *New York*, tuve una conversación con el nuevo dueño, Rupert Murdoch. En ese momento, Murdoch era dueño de un puñado de propiedades de los medios de comunicación en Estados Unidos, aunque ahora es tal vez el más grande magnate de los medios de comunicación en el mundo, con una empresa global de medios de comunicación que incluye radio, televisión (Fox), internet, y periódicos alrededor del mundo. Quería saber sobre mi incursión en California.

—¿Dirías que es el error más grande que has cometido?, me preguntó.

—No —le dije—, no creo que para nada haya sido un error.

Murdoch me miró con sorpresa. Pero en realidad no pensaba eso, ni entonces ni ahora. Tan fácil que hubiera sido reprenderme a mí misma por seguir una empresa que a última hora fracasó, pero incluso así saqué mucho de esa experiencia. Me quité la espinita de irme al Oeste e intentar algo nuevo, hice algunos contactos valiosos y en verdad disfruté mis seis meses en San Francisco.

Así que no te perjudiques al enfocarte en los aspectos de la apuesta que hiciste y que no funcionaron. En cambio, enfócate en lo que aprendiste de las cosas que no funcionaron y cómo puedes utilizar ese conocimiento en tu favor.

Esto nos lleva a la máxima ley sobre tomar riesgos:

> **Llegar a la meta es lo único que cuenta.**

Digamos que has decidido tomar un riesgo en tu trabajo: haces una contratación poco ortodoxa o propones una nueva manera de dirigir un proyecto. Cada vez que mueves el *statu quo*, vas a enfrentar oposición. A la gente no le gusta el cambio, en especial si ese cambio involucra asumir nuevas tareas sin certeza alguna de éxito.

Es probable que haya repercusiones negativas inmediatas, por ejemplo un inicio lleno de baches para el nuevo empleado o los colegas refunfuñando todo el tiempo que no quieren aprender una nueva manera de hacer las cosas. Pero sigue en el mismo camino, recuerda que el único resultado que importa es el *resultado final*. Aprende a escaparte de los tiroteos que recibes en el ínterin porque las actitudes van a cambiar rápido cuando, al final, tu riesgo se convierte en algo bueno.

Aprendí esto apenas empecé a trabajar en el *USA Today*, cuando eché una mirada atenta a la campaña de publicidad que el periódico estaba promoviendo a los lectores y me di cuenta de que eso no era suficiente. Éramos un periódico dinámico y joven, reestructurando las nociones tradicionales del periodismo y, sin embargo, nuestros anuncios no comunicaban eso para nada. A pesar de que nuestra agencia de publicidad Young & Rubicam era una de las más grandes y prestigiosas del país, simplemente no estaba captando el mensaje que queríamos hacer llegar.

Un lunes almorcé con un tipo llamado George Lois, un hombre de la publicidad en Nueva York por mucho tiempo, quien en fechas recientes había iniciado su propia agencia creativa. Más temprano, en la agencia Doyle Dane Bernbach, él se había ganado fama por una brillante campaña para el Volkswagen Beetle y, recientemente, había hecho un gran trabajo para el canal de reciente creación, MTV. George era casi tan colorido, profano y ruidoso como lo que podías conseguir sin cruzar la línea entre la exuberancia y la locura. Mi meta para el almuerzo era persuadirlo de que comprara anuncios en el *USA Today* para las campañas publicitarias de sus clientes, pero la conversación dio un giro algo diferente cuando le pregunté sobre lo que opinaba de la publicidad del *USA Today*.

—¡Apesta! —casi gritaba y su voz retumbaba en el restaurante—. ¡Tu producto es fantástico, pero nunca lo sabrías al ver esos [borrado explícitamente] anuncios! ¡Yo debería estar haciendo tu campaña!

—George, probablemente tienes razón —dije—. Nuestra publicidad no está donde necesita estar. Pero, como sabes, hay mucha política involucrada en cualquier campaña publicitaria. Lo que en realidad estaba pensando era *George, la gente pensaría que estoy loca si sugiriera botar a Young & Rubicam por una pequeña agencia como la tuya.*

Sin embargo, entre más lo pensé en las siguientes 24 horas, más me daba cuenta de que no era sólo que George ardiera en deseos de llevar la campaña del *USA Today* de la manera en que Y&R no lo estaba haciendo, pero él personalmente creía en el producto. George veía el *USA Today* como un gran paso adelante, como un periódico único. Los ejecutivos de Young & Rubicam rebosaban un esnobismo de Ivy League[1] hacia el periódico. Podía imaginarlos viajando todos los días para ir al trabajo desde los suburbios de Connecticut, escondiendo el *USA Today* detrás del *New York Times* para que nadie viera lo que estaban leyendo. Ése era

---

[1] N. del T. La Ivy League es un conjunto de ocho universidades en el noreste de EUA., famoso por su prestigio académico y social.

el poco prestigio y el poco respeto que el periódico tenía en esas fechas tempranas. Pero George Lois en verdad poseía lo que el periódico necesitaba.

Entonces ¿en verdad sería una locura invitarlo a hacer una presentación? O, como empezaba a sospechar, ¿sería una locura no hacerlo? Era tan poco el tiempo que llevaba en mi puesto en el *USA Today* que mis colegas mirarían seguramente con escepticismo una sugerencia tan radical. Pero si George era capaz de crear una mejor y más apasionante campaña, ¿no era eso lo que finalmente importaba en realidad?

Le pedí a George que juntara algunos prototipos de anuncios y que en dos días me llamara para decir "Ven y echa un vistazo". Ya esto de por sí era una gran diferencia con otras grandes agencias publicitarias, que se hubieran tomado al menos tres meses para llevar a cabo estudios de marca, investigación, grupos focales, etcétera. Para este momento, había compartido mi proyecto secreto con Ray Gaulke, presidente de Gannett Media Sales quien, como yo, era nuevo en la compañía. Ray y yo éramos almas gemelas inseparables, y ya nos habíamos visualizado compitiendo con los titulares de Gannett y su cultura "al viejo estilo". También había sido presidente de su propia agencia y, por si fuera poco, director creativo, así que lo enlisté para ir conmigo a la oficina de George, para ver lo que había preparado.

Los anuncios de George eran frescos, emocionantes y audaces. Su humor provocador en verdad brillaba y, para el final, Ray y yo sólo nos mirábamos el uno al otro con grandes sonrisas en nuestros rostros. Sabíamos que habíamos encontrado a nuestro hombre y una campaña publicitaria sensacional que sería como un gancho al hígado.

Pero aquí estaba la parte delicada. Había hecho todo esto sin mencionárselo a mi jefe, Al Neuharth, así que ya me había arriesgado bastante. Ahora era el momento de avanzar un poco más. Necesitaba la aprobación de Neuharth para que George le mostrara el resto de su trabajo al equipo de Gannett/*USA Today*. Y necesitaba hacerlo rápido, ya que Young & Rubicam vendría el próximo viernes a presentar su nueva campaña.

¿Alguna vez has querido sugerir algo nuevo en el trabajo y te echas para atrás sólo por miedo a que la gente piense que es una idea tonta? ¿O te has asustado al dar una opinión o tomar una decisión cuando apenas inicias un trabajo porque no quieres hacer olas? A pesar de que éstas son reacciones naturales y comprensibles, también muestran falta de confianza en tus instintos.

Piénsalo de esta manera: Si estás convencido de que tu idea es buena, o al menos que tiene un gran potencial, que compensa los riesgos involucrados, ¿por qué esperarías a que otros la lanzaran como torpedo? Cree en tus instintos y vende tu idea. Si no lo haces tú, ¿entonces quién?

El día antes de la presentación de Y&R prevista, fui a la oficina de Neuharth.

—Al —le dije—, invité a George Lois a mostrarnos unos anuncios prototipo. Quiere nuestra cuenta. Neuharth me miró sorprendido.

—Dime más sobre este tipo —me dijo. Le expliqué quién era George y cómo fue que lo invitamos. Neuharth no dudó.

—Te trajimos a ti aquí para que aportaras nuevas ideas —dijo—. Así que trae a este tipo y echemos un vistazo.

Al día siguiente, Y&R presentó su nueva campaña. Y a pesar de la riqueza de su talento creativo, nadie estaba emocionado. Los anuncios simplemente no captaban la energía de este audaz y nuevo periódico. Al ver nuestra evidente falta de entusiasmo, la gente de Y&R empezó a sugerir cambios.

—Tal vez este titular podría ir con esta imagen o tal vez podríamos modificar la copia. —Pero como sucede con frecuencia, entre más cambios hacían, peor se ponían las cosas.

Cuando la presentación terminó —finalmente y por piedad—, y la gente creativa y de la cuenta de Y&R se fue, le dije al grupo que tenía una sorpresa.

—George Lois está aquí para hacer su presentación —anuncié. Miré alrededor de la mesa y casi todos los rostros mostraban confusión: ¿quién era George Lois? Todo en lo que podía pensar era: *Están a punto de descubrirlo*. En ese momento, George entró brincando como un adolescente de 1.90 m que se hubiera tomado un *Red Bull*.

George dio una actuación digna de un *Oscar*. Aventó su chamarra al piso, se arrancó la corbata, y pasó un prototipo de anuncio tras otro, dando piruetas alrededor de la sala y manteniendo un monólogo continuo salpicado de chistes e irreverencias. Era épico, casi de miedo. Estaba emocionada. Cuando terminó, la sala se mantuvo en absoluto silencio.

Dios mío, pensé, al tiempo que miraba todas las caras de asombro. *Les chocó.*

Eché un vistazo a Ray Gaulke, quien levantó las cejas muy discretamente al verme. Los dos estábamos pensando lo mismo: ¿cómo era posible que alguien estuviera sentado? ¡Esos anuncios eran condenadamente buenos! Mi corazón palpitaba, y todo en lo que podía pensar era: *Estamos a punto de que nos echen de esta sala, junto con el sudoroso ojos salvajes de George Lois.*

Neuharth se sentó absolutamente quieto, con la expresión escondida tras sus lentes obscuros de aviador. Entonces, afortunadamente, Charles Overby habló. Un antiguo editor de periódicos, quien ahora trabajaba como asistente ejecutivo de Neuharth. Siempre me había simpatizado Charles. Y a pesar de que nuestros antecedentes laborales eran diferentes

ya que él trabajaba en el área editorial y yo en la de mercadotecnia, siempre veíamos con los mismos ojos el *USA Today*
y casi todo lo demás. El sentido del humor de Charles había
salvado a muchos de un momento amargo, y trataba de pensar cómo rompería esta vez el hielo.

En su distintivo acento sureño, Charles arrastró las palabras.

—Bueeeno, George, no sé mucho de las agencias de publicidad de Nueva York, pero esos anuncios son los primeros que he visto que parecen exactamente apropiados para el
USA Today. —En el momento justo, como si estuviéramos
viendo un partido de tenis, todas nuestras cabezas giraron
para ver a Al Neuharth, quien hizo una pausa antes de quitar-
se los lentes. Con una sonrisa, dijo:

—Lo tenemos. —Ray y yo estábamos tan emocionados
que casi bailamos encima de la mesa de juntas, y me pro-
metí que seguiría a Charles Overby hasta un acantilado para
mostrar mi apoyo.

Contratamos a George para nuestra parte de promoción de los anuncios en nuestro negocio; un movimiento
que prediciblemente fue recibido con sorpresa y escepticismo en la industria. Una vez más nos vimos cuestionados por
una decisión inusual, por tomar un riesgo. Hubiera sido fácil
preguntarnos por segunda vez en ese momento, pero nunca
dudamos que habíamos tomado la decisión correcta. Y pronto, el hecho era claro para todos.

George hizo tan buen trabajo que en un año también
le dimos toda nuestra área de publicidad al consumidor, y
dejamos ir a Y&R por completo. Su campaña publicitaria no
sólo ganó premios, sino que cambió la percepción del *USA
Today* prácticamente de la noche a la mañana. Como Charles
Overby lo presentó después, la decisión de traer a George
Lois fue el momento decisivo en que la vieja Gannett se

marchitó y la nueva Gannett empezó. Él lo llamó "romper el huevo".

La historia de George Lois ilustra a la perfección mi secreto favorito de tomar un riesgo:

> **Es más fácil pedir perdón, que permiso.**

Cuando por primera vez me reuní con George para almorzar, no tenía la intención de contratarlo para la cuenta del *USA Today*. Por algún motivo, no estábamos buscando una nueva agencia de publicidad y, aparte, nunca había discutido la posibilidad con todos los tomadores de decisiones que normalmente se consultarían para un cambio público tan grande. Así que cuando George por primera vez me sugirió crear algunos anuncios, la respuesta normal hubiera sido "Bueno, yo te busco cuando haya hablado con algunas personas".

En cambio, decidí seguir adelante y aceptar la oferta, luego presentarla como una alternativa real una vez que vi que George tenía el producto. Después de todo, me pudieron haber detenido si hubiera pedido permiso desde el principio.

No tengas miedo de animarte por una corazonada bien fundada o una idea bien investigada. A menos que estés trabajando para un total y controlador loco (siempre es una posibilidad), tu jefe no necesita o no desea que te acerques a él para tomar cada pequeña decisión. Toma la responsabilidad de ir hacia delante en los primeros pasos; vas a ahorrarle tiempo a tu jefe, así como demostrarle tu propia confianza e inteligencia. Y recuerda este valioso corolario a la regla del "perdón":

> **Conoce las reglas, para que sepas cuál romper.**

Cuando empecé a trabajar en Hearst, instituí una junta anual de directores, lo cual pensé que sería una oportunidad para los ejecutivos de reunirse y hablar con libertad acerca de los grandes temas que enfrentaba la compañía y la industria. Ya que deseábamos que la gente se sintiera inspirada, informada y con energía, normalmente llevábamos a cabo estas conferencias en lugares vacacionales. Invitábamos a diversos ponentes y animábamos a nuestros ejecutivos a reunirse, mezclarse y compartir ideas.

Hace algunos años, cuando estábamos planeando el suceso, yo quería subir el voltaje. Decidí traer a un conferencista que los dejara de una pieza, un hombre legendario por su habilidad al hablar y por su carisma: Bill Clinton. Sabía que tener a Clinton ahí dejaría a todos hablando, emocionados por la conferencia y, por extensión, emocionados con Hearst. Él traería el factor ¡guau!, que los empleados se llevarían de regreso a su trabajo cuando terminara la conferencia.

El único problema era que Bill Clinton no era barato. Ya que era uno de los conferencistas más cotizados en el mundo, tendríamos que estar dispuestos a gastar una suma considerablemente mayor que con otros. Yo estaba preparada para eso. Pero no creía que mi jefe, Victor Ganzi, lo estuviera.

Así que me adelanté y lo hice de todos modos, sin preguntarle a Vic. Una vez que el trato estuvo hecho, le dije que habíamos conseguido a Clinton como conferencista para el evento y su respuesta fue la que esperaba.

—¿Cuánto va a costar?

—Mucho —le dije con una gran sonrisa—. Pero lo vale.

Ahora, Vic y yo nos conocemos muy bien. Tengo un historial con él, y hemos establecido una relación esencial de confianza. Con el paso de los años he tenido algunos jefes a quienes nunca les hubiera respondido de esa manera. Pero sabía las reglas, sabía cómo era Vic y, más importante, sabía qué reglas podía romper con él.

Después de ese primer intercambio, Vic me preguntó un par de veces más sobre el costo de contratar a Clinton y, cada vez, esquivé la pregunta. La última vez, estábamos juntos en un avión. No había ningún lugar al que yo pudiera escapar, estando a 30 mil pies de altura, así que cuando estábamos revisando los números mensuales, me miró y dijo:

— Sabes, Cathie, nunca me dijiste a cuánto ascendieron los honorarios de Bill Clinton.

Lo miré de frente y le dije:

—Vic, la verdad es que nunca lo sabrás. —Y me reí entre dientes sin decir nada más. No estoy segura de que pudiera creer en realidad que me estaba rehusando a decirle; al menos sé de otra persona que pudo oírlo y no lo creía. Pero la verdad era que ya lo sabía, ya que los honorarios de Clinton se habían publicado en la prensa. Vic sólo esperaba que hubiéramos negociado para bajarlos, lo cual hicimos, de alguna manera. Pero los beneficios que nuestra compañía obtuvo al tener cien empleados que corrieron a casa a decir a sus amigos y familiares "¡Conocí a Bill Clinton!", valió cada centavo que pagamos. El resultado final fue un grupo de empleados con una gran energía, y como ya lo sabes, el resultado final es lo único que importa. Una vez que Vic vio que en realidad no tenía intención alguna de contestar a esa pregunta, lo aceptó. Nunca más volvió a preguntarme.

Romper las reglas es una habilidad menospreciada y poco utilizada. Si eres como la mayoría de la gente, pasas mucho tiempo y esfuerzo tratando de operar dentro de las reglas de tu compañía o con las de tu jefe, incluso si al final te entorpecen el camino. Pero si miras cualquier lista de la gente más exitosa, invariablemente contiene personas que rompen las reglas: alguien que abandonó sus estudios, como Bill Gates, pioneras como Meg Whitman de la compañía *eBay* y los prodigios infantiles de internet, como los cofundadores Sergey Brin y Larry Page, quienes no podían creer que un inicio tan pequeño pudiera dar lugar a una de las compañías más grandes y ricas del ciberespacio. Toda esta gente confió en sus ideas y en ellos mismos, lo suficiente para saber qué reglas podían romper. Tú puedes hacer lo mismo.

NO todos somos tan naturalmente audaces y seguros de nosotros mismos como los pioneros arriba mencionados. Y no todos tienen un sentido innato de qué reglas es correcto romper. Así que, ¿puedes sentirte más cómodo contigo mismo al tomar riesgos?

He aquí una manera de aproximarse: Cuando tomamos un riesgo, lo que en realidad estamos haciendo es asumir un cambio que, por una u otra razón, puede dar miedo. Así que la mejor manera de entender un riesgo y usarlo a tu favor es reconocer que:

> **El cambio es el lado más amable y gentil de un riesgo.**

A lo largo de tu vida, te darás cuenta que adoptas ciertos hábitos. Muchos de ellos tendrán poca repercusión en tu productividad, éxito y felicidad. Pero otros pueden estorbarte. Aprender a reconocer los hábitos que entorpecen y encontrar el coraje para cambiarlos, te hará una mejor persona tanto en lo personal como en lo profesional. También, si puedes acostumbrarte a necesitar cambios periódicos, estarás mejor equipado para cuando llegue el momento de tomar riesgos más grandes.

Mi primera experiencia real para controlar personas llegó con la revista *Ms.,* y casi terminó en una revuelta de mi personal con antorchas y rastrillos. En esos primeros días de la revista, los grandes compradores de anuncios, como compañías cosméticas y automotrices estaban reacios a comprar espacios publicitarios en revistas femeninas. Vender anuncios estaba siendo más difícil de lo que nadie esperaba y, llevados por la decepción de escuchar "no" y "no" y "no", los ánimos en ocasiones se calentaban. Esa lucha, además de que yo era joven, emprendedora, segura de mí misma (tal vez en exceso) y totalmente inexperta en el manejo de personal, hacían una combinación volátil.

De hecho, mi estilo directo, a veces brusco, irritaba al personal tanto que me confrontaron a los seis meses de haber tomado el puesto de gerente de publicidad. Estábamos en una junta de ventas fuera de la ciudad cuando varios de ellos se reunieron en mi cuarto del hotel, exigiéndome que renunciara.

—O te vas tú o nos vamos nosotros —me dijeron, amenazándome con renunciar en masa. Y podía ver en sus rostros que no estaban bromeando.

¡Qué desastre! Aquí estábamos, tratando de construir una revista acerca de la solidaridad femenina, y nos habíamos fracturado y convertido en facciones enojadas y peleoneras. Sabía que me percibían como mandona —de hecho sabía que *era* mandona— y que la gente estaba a disgusto. Pero nunca esperé que exigieran que yo renunciara. De inmediato dos pensamientos me brincaron a la cabeza. Primero, teníamos que platicar sobre estos problemas y llegar a soluciones. Segundo, no había manera de que yo renunciara.

Terminamos pasando horas en esa habitación, aireando cualquier queja posible. Debías tener una personalidad fuerte y asertiva para formar parte de *Ms.* en esa época, ya que empezar una revista tan controversial era una tarea enorme y desalentadora, y las mujeres en esa habitación no tenían miedo de expresarse. En realidad me dejaron un paquetote al decirme todas las deficiencias que encontraban en mi trabajo. Fue una experiencia humillante, difícil y frustrante.

Una gran parte de mí quería responder diciendo:

—¿Cómo se atreven? ¿No ven que estoy tratando de hacer lo que es mejor para la revista? —Pero otra parte de mí se daba cuenta de que tenía que hacer lo que fuera necesario para jalar a todos y formar un mismo equipo. Incluso si creía que no había hecho nada mal, incluso si pensaba que la crítica de mi personal no estaba totalmente justificada, la mera verdad era que no podíamos alcanzar nuestras metas en ese ambiente de enojo y desconfianza. Y si no me iba a ir, y mi personal se negaba a aceptar mi estilo mandón de dirigir, sólo quedaba una opción.

Tenía que cambiar.

—Escuchen —dije a todo el grupo—, escucho lo que están diciendo y estoy deseosa de trabajar con ustedes para hacer algunos cambios. Pero de ninguna manera me marcho. —Miré alrededor sus caras de escepticismo. —Encontraremos la manera de solucionar esto —dije—, porque *tenemos* que solucionarlo. Finalmente, accedieron a darme otra oportunidad.

No era fácil, pero la atmósfera cambió. Aligeré mis interrogatorios diarios acerca de cómo les estaba yendo con sus cuentas, establecimos un junta semanal para tratar asuntos de ventas y ponernos al día, y a pesar de que todavía quedaban ciertas fricciones, todos hicimos nuestras tareas y trabajamos juntos durante los siguientes años, y sacamos a *Ms.* del hoyo. Éste es uno de los logros de los que estoy más orgullosa en mi vida laboral. Y también es una gran lección.

Lo que es más, desde entonces procuré estar alerta respecto a mi estilo de dirigir, refinando áreas que necesitaban trabajo a lo largo de los años. Siempre había tendido a la comunicación franca y sin adornos, y ahora sé que en ocasiones es incómodamente abrupta. A pesar de que yo no tomo lo abrupto de manera personal cuando viene de otros, he aprendido con los años que mucha gente sí, así que he hecho un esfuerzo consciente para ser menos brusca.

Cambiar tu estilo es una manera de mejorar tu desempeño en el trabajo. Pero no tengas miedo de mirar fuera de ti. Si estás pendiente de las maneras en que puedes mejorar tu lugar de trabajo, ¡di lo que piensas! No tengas miedo a:

Desempolvar las cortinas.

Cuando llegué por primera vez a Hearst, la compañía tenía una reputación muy diferente a la que tiene ahora. Fundada en 1887, cuando Randolph Hearst, el voluble hijo de un magnate minero le quitó el control del *San Francisco Examiner* a su padre, hoy Hearst es una corporación multimillonaria que comprende más de 120 compañías, que incluyen 40 revistas en los Estados Unidos y el Reino Unido, 12 periódicos, 27 emisoras de televisión, propiedades de comunicación por cable y negocios digitales. A mediados de los noventa, cuando tomé el cargo de presidenta de la división de revistas, el consorcio Hearst estaba firmemente establecido como un jugador muy exitoso, sólido, fiable y —bueno, seamos honestos— de alguna manera, conservador en el mundo de los medios de comunicación.

La gente esperaba que la división Hearst fuera competitiva, pero no necesariamente que liderara.

En el capítulo previo, mencioné nuestra conferencia anual de directores (ahora bianual). Para cuando invité a Bill Clinton a hablar, lo habíamos estado haciendo por varios años. Pero también hay una historia atrás de la primera conferencia que planeé en mi primer año en Hearst.

Casi todas las conferencias de directores se llevan a cabo en lugares vacacionales tradicionales, pero para esa primera, quería mandar un mensaje diferente.

—Vayamos al hotel Delano en South Beach Miami —dije a nuestra gurú de relaciones públicas, Deb Shriver. Yo nunca había estado ahí, pero había leído mucho sobre el lugar y había escuchado que el Delano, digamos, no era un centro vacacional ordinario. Deb, quien ama agitar las aguas más que otra cosa, se dio cuenta de lo que quería hacer y sus ojos se iluminaron de emoción.

Ubicado justo en el medio del ahora muy de moda distrito Art Deco, el hotel Delano es una visión de blancura. Con su exquisito mobiliario, pisos de caoba pulidos, espacios abiertos, elegancia simple y una combinación de colores en tonos de blanco, es un monumento al diseño moderno y genial. Pero el rasgo que mejor lo caracteriza es el derroche en las finas y vaporosas cortinas de lino blancas.

Los ejecutivos llegaron, se registraron, y luego se reunieron para la cena inaugural informal, que se llevó a cabo en una terraza desde donde se podían ver los jardines, la alberca y, a lo lejos, el océano. Mi decisión de traer a todos al Delano había creado un rumor entre más de 80 ejecutivos. Desde el bien ventilado vestíbulo interior y el exterior, hasta las regaderas tipo *infinity,* de ésas cuya fuerza no tiene límite (algunos hombres mayores seguramente pensaron que inundarían de manera accidental toda la habitación) y el ambiente de "elegancia discreta" este hotel ya estaba retando las percepciones de la gente. Este ambiente no era usual en los negocios; cada uno estaba siendo empujado a mirar las cosas de diferente manera.

La siguiente mañana abrí la reunión hablando de la necesidad de reestructurar totalmente Hearst.

—Necesitamos pensar en maneras más creativas —dije al grupo—. No debemos estar satisfechos con sólo ser un sólido reproductor. Fijémonos la meta de ser innovadores, líderes en nuestro campo.

Hablé sobre las áreas en las que la compañía se estaba estancando, y urgí a todos a enfocarse en las maneras en que podríamos inyectar energía fresca. Gesticulando hacia las cortinas de gasa blancas de piso al techo que estaban detrás de mí, anuncié: ¡Es hora de desempolvar las cortinas de Hearst!

Si suena un poco cursi ahora que lo cuento, créeme, esa metáfora para motivar el cambio fue increíblemente efectiva. Hay algo en el hecho de salirse de lo tradicional y estar en un lugar donde los apoyos visuales son tan poderosos que en realidad sirven para reforzar un simple mensaje. Quería sacudir las partes de la cultura de Hearst que se habían vuelto formales, y esa reunión en el Delano fue la patada inicial del proceso, y mostró a mis nuevos colegas que yo era el agente del cambio.

De regreso en Nueva York, seguí impulsando ese tema, no sólo como una directiva abstracta hacia los empleados, sino tomando pasos reales para que la gente entendiera que el cambio era crítico en nuestro camino al éxito. Con ese fin, decidí tomar otro riesgo.

Necesitaba una nueva fotografía oficial como presidenta de Hearst Magazines que atendiera las peticiones de prensa, así que nuestro departamento de relaciones públicas pidió al fotógrafo Patrick Demarchelier, quien hacía muchos trabajos para *Harper's Bazaar,* que me tomara la foto. La sensibilidad artística de Patrick era *sexy* y audaz, perfeccionada por años de tomar fotografías para las portadas de revistas de moda y para estrellas de Hollywood. Después de tomar varias fotografías con ángulos míos bastante convencionales de pie, y luego sentada en una gran silla de piel, me animó a tratar algo diferente.

—Mece tus piernas al lado de la silla —dijo.

Envalentonada por su manera suave y por la aventura de la sesión fotográfica, lo hice. Con las piernas colgando sobre el brazo de la silla, medio inclinada y vestida con un traje de pantalón de Ralph Lauren, pensé: "Esto se siente bien".

Cuando llegaron las tiras de contacto, las vi junto con Deb Shriver.

—¡Me encantan éstas! —dijo, señalando las fotos "de las piernas"—. Mandemos una al *New York Times* para su historia.

El *Times* estaba preparando un perfil mío como nueva presidenta de Hearst Magazines, y Deb pensaba que estas fotos ilustrarían a la perfección el tema de sacudir la cultura de la compañía.

Esto era un riesgo. Las fotos corporativas oficiales normalmente muestran una pose convencional. ¿La fotografía se percibiría como atrevida y audaz o… demasiado *sexy*? No éramos ese tipo de negocios audaces que se inician en internet; después de todo éramos un pilar de cien años más uno, de los medios de comunicación en Estados Unidos.

Decidimos enviar varias fotografías diferentes y dejar que el *Times* escogiera cuál publicar. Por supuesto, si fueras un editor de fotografía, ¿cuál escogerías, la tradicional o la de las piernas? Casi sabíamos cuál publicarían, pero aun así, tomé emocionada el periódico muy temprano en la mañana del día en que el perfil estaba programado para salir. Pasé las hojas hasta llegar a la sección de negocios y ahí estaba, con mis piernas y todo. ¡Sí!

¿Qué había hecho? ¿Cómo había permitido que esta broma surgida de una divertida sesión de fotos llegara hasta las páginas del *New York Times?* Miré fijamente la foto por un momento, luego metí el periódico a apachurrones en mi bolsa. Tomé un taxi para ir a la oficina y llamé a Deb a su casa.

—¡No puedo creer que hayamos hecho esto! —le dije—. ¿En qué estábamos pensando? Éste es un mensaje equivocado que no queremos mandar. ¡Me veo como si no fuera seria! Deb trató de calmarme, pero cerré mi teléfono de un golpe.

Pero, gradualmente, a lo largo del día, empecé a darme cuenta de que no habíamos cometido ningún error. A pesar de mis temores iniciales, la gente empezó a llamarme y enviarme mensajes electrónicos, diciéndome que les encantaba mi foto y todo lo que ella implicaba. Seguro estaba un poquito fuera de lo normal, ¿pero no era ése el punto? Como nuestro ejecutivo en jefe de mercadotecnia, Michael Clinton resaltó más tarde:

—Si hubieras llegado a Hearst y ya hubiéramos sido ese tipo de compañía, esto es algo que no hubieras hecho, pero en realidad estabas enviando un mensaje.

Y funcionó. La gente, incluidos nuestros propios empleados, se sentaron a tomar nota. Con eso, habíamos dado el primer paso para romper la reputación impasible en la que habíamos estado encasillados.

ES POSIBLE que te exhorte a que te arriesgues a saltar de una rama, ¿pero cómo ayuda eso si de plano le tienes miedo a las alturas? Tal vez pases un mal rato al advertir la posibilidad de un fracaso, o que te inclines simplemente a trabajar alrededor de situaciones que requieren soluciones riesgosas.

La mejor manera de sentirte cómodo con la idea de tomar riesgos es romper el esquema que tienes de ellos. Aprende a:

Reformular el debate.

Por lo regular, somos los más grandes obstáculos de nuestro propio éxito. Es fácil estancarse en una perspectiva que nos impide dar una mirada fresca a nuestro trabajo. Sin importar si eres de los que tienen aversión al riesgo, un temerario o alguien entre esos dos puntos, te redituará muchos beneficios aprender cómo *reformular el debate*.

Durante mi primer año en Hearst, estaba cansada de oír "Ya intentamos eso" una y otra vez, como respuesta a diversas ideas. Está bien, tal vez una idea particular *ya* se intentó antes, pero por qué no preguntar:

- ¿Por qué no funcionó la idea originalmente?
- ¿Han cambiado las circunstancias desde entonces, de manera que pudiésemos tener éxito si lo intentamos otra vez?
- ¿Cuáles fueron las consecuencias y qué aprendimos?

Como lo muestran estas preguntas, hay muchas formas de aprender de tus esfuerzos previos, pero en su lugar, la gente de Hearst había caído en el hábito de simplemente repetir:

—Ya hemos intentado eso.

—Eso es —anuncié un día—. Voy a cobrarles una cuota de diez dólares cada vez que esa frase salga de la boca de alguien. Durante varios meses, el fondo común creció. Pero finalmente todos aprendieron a reformular ese debate particular, y ya han pasado años desde que oí esa frase.

Ahora tomemos esa idea y profundicemos en ella. Si quieres ser innovador, exprésate como un innovador. Vístete con algo que exhiba brío en lugar de con un uniforme empresarial. Saca a tu equipo a algún sitio fuera del lugar de trabajo y hagan algo excéntrico. Ponte un disfraz para asistir a una junta de ventas. Piensa fuera de lo habitual. Y recluta a algunos otros para que hagan lo mismo. Escoge un tema. Haz que la gente se vista como personajes de caricaturas. De igual modo, si no quieres pensar en clichés, no te permitas hablar con clichés. Practica expresarte de manera que te beneficie. Si te burlas de tu propio trabajo enfrente de otros, ellos también lo harán. Si constantemente te estás devaluando a ti mismo, la gente te verá como una persona insegura de sí misma. Tienes mucho poder para dar forma a la percepción que la gente tiene de ti. ¿Por qué no hacerlo de manera que te haga ver bien?

Por último, ¿por qué no pensar y actuar de manera que hagas lucir a tu producto? Veamos un ejemplo: Yo no permito el uso del término *viejos medios de comunicación* en las revistas Hearst. Eso puede ser el término genérico actual de los *digerati*[2] para referirse a los periódicos, libros y televisión, pero no es como nos vemos a nosotros mismos, y no es como queremos que los demás nos vean. Las revistas son los medios de información portátil más altamente desarrollados que jamás se inventaron. Son fáciles de llevar, fáciles de leer, no requieren baterías y no dejan manchas de tinta en los dedos. De hecho, si quisieras inventar el medio perfecto para transmitir información de manera simple, tendría forma de revista. Así que, ¿cómo podríamos permitir jamás que

---

[2] N. del T. El término *digerati* se refiere a las personas que hacen un alto uso de las tecnologías digitales para expresarse como individuos. En un sentido más estricto, también puede referirse sólo a las élites de las comunidades virtuales y la industria informática que utilizan estos medios de manera extensiva.

nos apoden "viejos medios de comunicación"? Tal vez no podremos impedir que el resto del mundo utilice esa frase, pero seríamos tontos si nosotros la usáramos.

Así que reformula el debate mientras desarrollas tu trabajo. Es el primer paso para hacerte más flexible y eficiente, y la manera ideal de incrementar tu propia confianza, el factor clave para triunfar en el trabajo y en la vida.

BLANCO Y NEGRO

Primeras impresiones

No hace mucho, me invitaron a hablar en un evento para cerca de 300 mujeres ejecutivas. Justo antes de mi discurso de apertura, la directora general de una compañía fue nombrada ganadora de un premio por su desempeño como líder empresarial. Todos aplaudieron en el salón, y ella empezó a caminar hacia el estrado.

Mientras miraba cómo se acercaba hacia mí, apenas podía creer lo vacilante y tímida que se veía. Aquí estaba, una empresaria con un negocio exitoso —la razón por la que ganó el premio— y se veía como una estudiante nerviosa en camino a la oficina del director, más que una mujer que estaba siendo galardonada en un salón lleno de colegas que la vitoreaban. Usaba un vestido de flores, más apropiado para un día de campo de verano que para una conferencia, veía hacia el piso, con los hombros encogidos y las manos agarradas al frente. Era obvio que había hecho cosas grandiosas con su compañía, pero todo lo que yo podía pensar era "No tiene idea de la impresión que está dando en este momento".

La forma en que te presentas hace una gran diferencia en la manera como la gente te percibe, y esto no sólo es un juicio superficial. La gente emite juicios sobre tus habilidades, tu propia confianza e inteligencia, basados, en parte, en lo que tú escoges ponerte y cómo te conduces. Y mientras puedas sobreponerte a las primeras impresiones negativas, ¿por qué insistir en ponerte un obstáculo? ¿Por qué no empezar por una impresión favorable?

Afortunadamente, los cuatro pasos para dar una primera buena impresión son increíblemente fáciles. Aquí están, en blanco y negro.

1. Vístete para la ocasión.

Vestirse bien no se trata de tener el atuendo de diseñador más caro entre los presentes. Se trata de saber cuál es la ropa apropiada y usarla con confianza. Si van a entrevistarte en un despacho corporativo de abogados, no te presentes con una minifalda de colores brillantes; no importa lo bien que puedas verte con ella. Si van a entrevistarte en *Cosmopolitan* o *Harper's Bazaar*, no te presentes con un traje cruzado obscuro y zapatos toscos. Tómate el tiempo para averiguar el estilo de ropa que la gente usará en el evento, reunión o fiesta a la que acudirás, ya que si te presentas con la vestimenta correcta, estarás cómoda y con mayor confianza en ti misma. Tener tu propio estilo está bien, pero si te presentas con algo en verdad inapropiado, es más fácil que te sientas insegura.

Cuando egresé de la universidad y estaba buscando mi primer trabajo, con ciertas argucias conseguí una entrevista en la Condé Nast, una de las compañías más grandes en Nueva York que publicaba revistas en ese momento. Me puse un traje conservador y lindo y me sentía bastante bien cómo me veía, hasta que puse un pie en el elevador del edificio de la Condé Nast.

De inmediato, sentí las miradas fijas y penetrantes de media docena de mujeres jóvenes vestidas a la moda, mientras me veían de arriba para abajo; varias de ellas portaban bolsos de Louis Vuitton. De repente, me sentí como una verdadera pueblerina. Me sentía cohibida —exactamente lo contrario de como quieres sentirte al ir a una entrevista— y todo porque esa mañana no había pensado suficientemente en cómo debía vestirme. Esa experiencia me enseñó una lección que nunca olvidé.

Siempre que la gente me pregunta que si, como presidenta de una gran revista, paso mucho tiempo pensando en mi vestuario, mi respuesta es un fuerte *sí*. Cada mañana, antes de vestirme, pienso en cómo será el día: ¿A quién tengo programado ver? ¿Dónde nos veremos? ¿Cómo puedo hacer que mi apariencia trabaje para mí? Si tengo una junta con un ejecutivo de Burberry —uno de nuestros grandes anunciantes— puedes apostar que me pondré algo de Burberry ese día. ¿Por qué no asegurarse de usar algo apropiado para cada ocasión y para cada persona, en especial cuando hay gran potencial positivo y cero negativo?

Estée Lauder, la fundadora de la compañía de cosméticos que lleva su nombre, acostumbraba hacer una aparición anual en la espléndida fiesta de Navidad de la compañía. Un año, un par de jóvenes ejecutivas estaba hablando unos días antes de la fiesta y una de ellas —recién contratada— mencionó que no había pensado en qué ponerse.

—¡¿Qué?! —le preguntó su colega, asombrada—. ¿Qué pasa si tienes la oportunidad de conocer a la señora Lauder? Escucha, ve de compras hoy a la hora del almuerzo y cómprate el más fabuloso, el más caro de los vestidos que jamás imaginaste comprar. ¡Tienes que estar preparada!

Bueno, esto desde luego llamó la atención de la mujer, así que salió esa tarde y se compró un vestido de diseñador hermoso, caro y fino. En efecto, se acercó con decisión a conocer a Estée Lauder. La señora Lauder estrechó su mano, la miró de arriba abajo (como sólo la señora Lauder lo podía hacer), se acercó... y entonces se estiró para jalar la parte de atrás del cuello de su vestido. Sí, estaba checando la etiqueta. Gracias a Dios, para la que portaba el vestido, pasó la prueba. Éste es obviamente un ejemplo extremo, pero ya que la mujer había entrado en la industria de la moda/belleza, necesitaba estar preparada para invertir en su guardarropa. El punto no es que tengas que correr a comprar ropa de diseñador, sino saber a quién tienes que impresionar y pensar la mejor manera de lograrlo. Eso incluye todo lo que tenga que ver con tu apariencia, joyas, zapatos, cabello, la bolsa que portes. No tienes que ser "toda moda", pero sí necesitas mostrar a tus jefes y colegas que estás a tono con el ambiente. Y tengo otro consejo: ante la duda, vístete de negro. No puedes equivocarte con el negro, un color básico.

2.   Condúcete como si supieras a dónde vas.
Sin importar la gran autoconfianza que tengas, transmitirás todo lo contrario si paseas por la vida con una mala postura. He aquí una prueba: trata de imaginarte cómo te verías caminando por la calle en cada una de las siguientes situaciones.

- Te acabas de enterar de que perdiste un gran contrato para tu compañía, gracias a un error tonto.
- Vas a una comida crucial con un cliente quien tiene la duda de seguir solicitando los servicios de tu compañía.
- Tuviste una entrevista maravillosa para un trabajo que siempre has deseado.

- Acaban de darte un aumento y un ascenso después de una presentación brillante.

A medida que considero cada uno de estos escenarios, prácticamente puedo sentir cómo me siento más derecha en mi silla, mientras voy leyendo la lista. La próxima vez que camines por la calle, mira a la gente a tu alrededor: cómo caminan, si miran al piso o de frente, si sus hombros están encorvados. Encontrarás que tu mirada fija está dirigida a los que se ven cómodos y seguros, tal como lo indica su postura. Ahora echa un vistazo a ti mismo cuando pases por el aparador de una tienda. ¿Pareces una persona que sabe a dónde va?

Hay por lo menos dos beneficios si te conduces con confianza. Primero, darás una buena impresión a los demás. Segundo, y no menos importante, en verdad empezarás a sentirte más seguro sobre ti mismo. Varios estudios han descubierto que la gente que de manera consciente mejora su postura, termina mejorando su autoestima. Existe un vínculo verdadero entre tu bienestar físico y emocional, entonces ¿por qué no tomar ventaja de ello?

Hay un tercer beneficio también. Una buena postura te hace parecer más alto. Aunque parezca extraño, las investigaciones demuestran que ser alto es una ventaja en el mundo laboral. Los hombres más altos ganan, en promedio, mejores salarios y tienden a ocupar puestos de autoridad. No tienes que salir a comprar doce pares de zapatos con plataforma, pero ¿por qué no aprovechar al máximo todas las ventajas que puedas? Muchos hombres —incluso algunos altos— usan tacones discretos en los zapatos para tener un poco más de altura. Y las mujeres tienen una gran variedad de opciones de zapatos para hacerse de unos cuantos centímetros.

3. Mira a la gente a los ojos.

Cuando miras a la gente directo a los ojos mientras hablas con ella, no sólo te presentas a ti mismo como una persona comprometida y con confianza, también es más fácil que mantengas su atención. Si tus ojos revolotean alrededor o miras tus pies o el techo, parecerás dudoso o vacilante. Así que practica mirar directo a los ojos de las personas durante una conversación, sin importar si tú estás hablando o no.

Eso es fácil de hacer cuando estás frente a frente; ¿pero qué hacer cuando estás en una reunión o haciendo una presentación? Algunas personas sienten que es útil tomar un solo punto u objeto para dirigir la mirada, para evitar sentimientos de nerviosismo en la gente. Pero es todavía más efectivo mirar a la gente a los ojos, incluso cuando estás en un grupo. Si estás haciendo una presentación o pronunciando un discurso, procura mantener contacto visual con la gente de uno en uno. Mira alrededor de todo el salón para mantener a todos tus oyentes involucrados.

Aprender a hacer presentaciones efectivas es una habilidad invaluable. En Hearst, creemos que es tan importante que damos a todos la oportunidad de tomar clases sobre presentaciones profesionales. Si nunca has tomado una, te lo recomiendo sobremanera. Aprenderás cómo comunicarte con mayor eficacia y te presentarás ante los demás de una manera positiva; habilidades que te beneficiarán en todos los aspectos de la vida, no sólo en el trabajo sino también en tu vida familiar y social.

Además de hacer contacto visual, te presento otros consejos rápidos para cuando saludes a la gente.

• No des la mano suavecito, por favor. Un simple y firme apretón de manos es perfecto. Y si tiendes a tener manos sudorosas, trata de limpiártelas antes discretamente.

- Por otro lado, no vayas demasiado lejos cuando estreches la mano. Al principio de mi carrera, en un intento desbordado de mostrar seguridad, solía estrechar las manos con vigor, con un aplastante apretón. Dejé de hacerlo cuando un colega varón me dijo bruscamente:

—Cathie, no tienes que romperme la mano.

- Nada de besitos en las mejillas o besos al aire, guárdalos para tus amigos y familiares en las bodas.

4. Exprésate con claridad y seguridad.

Cuando estás hablando con alguien, ¿alguna vez haces alguna de estas cosas?:

- ¿Agregas calificativos o palabras como "Estaba pensando si pudiéramos considerar..." en lugar de sólo decir "Intentemos..."?
- ¿Agregas las palabras "Pienso que..." de forma innecesaria? Dejé de usar esa frase: sólo sirve para suavizar tu punto.
- ¿Menosprecias tus propias ideas con frases como "Probablemente estoy muy lejos de..." o "Esto podría ser una idea tonta, pero..."?
- ¿Hablas en círculos, tratando de desviar objeciones, más que plantear tus ideas tan directo como se pueda?

Es fácil caer en trampas del lenguaje, con mayor frecuencia cuando piensas varias veces lo que quieres decir en lugar de sólo decirlo. En particular, las mujeres son propensas a usar ese tipo de lenguaje de autoderrota. ¿Alguna vez has estado en una reunión donde una mujer tímidamente sugiere alguna idea, es ignorada y luego un colega varón sugiere lo mismo a los diez minutos y es aclamado genio? Sucede más a menudo de lo que piensas, y menos frecuentemente de lo que debería.

Recuerda también decir lo que quieres de manera simple y directa. Cuando estaba en la revista *Ms.*, tuve una gran reunión con un cliente. Al final, le pregunté:

—¿Así que es posible que ponga a *Ms.* en su programa publicitario?

Se recargó en la silla, cruzó los brazos y me miró con una sonrisa paternal.

—Le voy a dar un consejo, señorita Black —dijo—. Nunca le pregunte a alguien "¿es posible?" Después de todo, cualquier cosa es posible. En cambio, pregunte, "¿Es probable?"

Le devolví la sonrisa. —Muy bien, entonces —le hice el favor—. ¿Es probable?

—No —dijo. Mi sonrisa se desvaneció pero al menos me había hablado directo y me había dado un gran consejo gratis.

La manera en que escojas hablar revela mucho de ti. Entre más claro expreses tus ideas, más en serio te tomarán, poniéndote un paso adelante desde el principio. Evitar sentir la necesidad de explicarte de más. Confía en que tus ideas son válidas por su propia fuerza.

He tenido la oportunidad de entrevistar a cientos de personas durante muchos años, así que créeme, la primera impresión en verdad importa. No tienes que convertirte en alguien que no eres; de hecho, sería un error que lo intentaras. Pero puedes mejorar tu imagen —y tu autoimagen— si pones en acción los cuatro pasos anteriores.

CAPÍTULO 3

Gente

Cuando era gerente de publicidad en la revista *Ms.*, trabajábamos con el presupuesto más apretado que te puedas imaginar. En la búsqueda interminable de maneras de ahorrar dinero —desde rentar oficinas pequeñas y sucias, hasta contratar personal con limitaciones— constantemente estábamos recortando el presupuesto. Pero una semana, cuando viajé a Chicago para atender ventas por teléfono con una de nuestras representantes comerciales, una mujer a quien llamaré Bettina, llevé al extremo el recorte presupuestal.

Cuando nos registramos en el hotel, Bettina —que no era del tipo de personas que sufren en silencio si se sentía que estaba siendo afectada— de pronto se dio cuenta de que yo había pedido una habitación para las dos.

—¿Qué es esto? —reclamó—. ¡No voy a compartir una habitación con usted!

—Será más barato si compartimos el cuarto —dije.

—¡De ninguna manera! —dijo—. Tiene que pedir una habitación para mí. ¡*No* voy a permitir esto!

Discutimos mucho el punto por algunos minutos mientras la recepcionista esperaba con paciencia y yo, finalmente, dije: "O compartimos la habitación o tú puedes pagar la tuya. Lo siento si no te gusta esto, pero es como es".

Bueno, eso resultó ser un gran error. Esa noche en la habitación, después de haber llevado a nuestros clientes a cenar, me trató con indiferencia, excepto por un detalle. Se había comprado varias cajas de dulces y, en lo que parecieron horas, muy despacio y de manera machacona, agitaba el contenido y mordisqueaba. Chaca, chaca, chaca, cronch, cronch, cronch. Pausa. Chaca, chaca, chaca. Los dulces me estaban torturando. Pensé para mí misma *Juro que jamás volveré a compartir la habitación en un viaje de negocios.* Y no lo he hecho.

Bettina tenía razón en aquel momento. Sin importar cuánto teníamos que cuidar el presupuesto, no tenía sentido pedir a dos adultos, que no tenían relación alguna, que compartieran un cuarto de hotel en un agotador viaje de negocios. Pero en muchos otros temas, Bettina era el tipo de empleada que hacía olas sólo por el placer de hacerlo. En un equipo lleno de personalidades abiertas y agresivas, ella era la más ruidosa y la más mordaz de todas. A su modo de ver, todo era una ofensa personal y todos la traían contra ella.

Ella podría ser un ejemplo extremo de este tipo de personalidad, pero te aseguro que casi en todas las oficinas encontrarás personas como ella, gente a quien le gusta agitar los ánimos. ¿Cómo debes lidiar con ellos? ¿Qué pasos puedes tomar para minimizar su impacto negativo? ¿Y cómo puedes evitar conflictos potenciales entre colegas en tu oficina?

Enfrenté estas preguntas durante mi estancia en *Ms.* Después de que mi personal armó una revuelta, como describí en el capítulo 2, la dirección general encabezada por Pat Carbine, pidió a una consultora de negocios llamada Margaret Henning que nos ayudara a enmendar el camino.

Decana del *Simmons College* y coautora de *The Managerial Woman*, Margaret tiene un agudo conocimiento de la gente. Pasaba tiempo hablando con cada persona en nuestro departamento, luego me invitaba a reunirme con ella para discutir sobre lo que había aprendido y cómo debíamos seguir adelante. Fuimos a un pequeño restaurante cercano y, mientras me acomodaba en la silla, Margaret se fue directo al grano.

—Así que Bettina es una bruja —dijo, inclinándose hacia delante y mirándome directo a los ojos—. ¿Qué vas a hacer al respecto?

Miré a Margaret con asombro. Yo había estado tan cercana a la difícil situación de nuestro personal, que ya no podía tener perspectiva alguna. Había asumido que el problema en realidad debía ser conmigo. Pero de repente, me di cuenta de que Margaret había dado perfecto en el clavo: Bettina *era* una bruja. Sin embargo, ¿qué podía hacer al respecto? Bettina era quien era, y ciertamente yo no podía cambiarla. Ahí fue cuando aprendí la primera gran regla para controlar a la gente:

> **Gente diferente, trato diferente.**

El primer año que dirigí mi equipo en *Ms.*, cometí el error de tratar a cada quien de la manera en que yo hubiera querido que me trataran. No gastaba tiempo para conversaciones agradables sin un fin, sino que iba directo al grano. Les decía exactamente lo que tenía en mente cuando sentía que debían saberlo y los desanimaban mucho las contradicciones cuando alguien no estaba de acuerdo con mi opinión. Yo era muy formal, dirían algunos tajantemente.

Como ésta era la manera en que me gustaba ser dirigida, asumía que esta postura era la mejor para todos. Pero no tomaba en cuenta el simple hecho de que cada persona es diferente y responde a las situaciones a su manera. Al principio, estaba frustrada porque la gente respondía a mi estilo de dirección de maneras que no entendía. Quería que se ajustaran, ya que creía que mi manera tenía más sentido. Después de un tiempo, finalmente me di cuenta de que era más sencillo —y más eficiente— hacer pequeños ajustes que tratar de que todos los demás cambiaran para mí. Después de todo, al final no se trataba de imponer a todos mi manera de hacer las cosas; se trataba de sacar lo mejor de los demás en su desempeño profesional. Una vez que me enfoqué en eso, los choques disminuyeron.

Incluso ahora, muchos años y muchos trabajos después, todavía conservo esa regla en mente. Como presidenta de una compañía de revistas, tengo una mente de negocios y mercadotecnia que trata con personalidades creativas. Si intentara tratar a los editores de nuestra revistas de la misma manera que lo hago con nuestros ejecutivos financieros y de mercadotecnia, me mirarían como si estuviera hablando en francés. Por el contrario, hago el esfuerzo de hablar con ellos sobre lo que más les interesa: la elección de una portada, su artículo favorito en ese ejemplar, si es que están trabajando en algún libro, el tráfico en la *web*, por mencionar algunos temas. Por supuesto que hablamos del estado actual de la revista; cómo van las ventas en los puestos de periódico y la respuesta de los usuarios hacia sus suscripciones, o cuánto cuesta una sesión de fotos y si ésta se mantiene dentro del presupuesto. Pero no pueden ser sólo pláticas de negocios.

Valerie Salembier, directora general de *Harper's Bazaar*, tenía una historia similar al final de su ejercicio como directora general asociada en el *USA Today*. Con frecuencia trabajaba hasta tarde en la noche y, antes de que el correo electrónico fuera algo común, iba a las estaciones de trabajo de sus asociados a pegar notitas amarillas en las pantallas de sus computadoras. Esas notas se convirtieron en una broma en la oficina. La gente las empezó a llamar "las tremendas notas amarillas" porque era terrible llegar a la oficina en la mañana y encontrar media docenas de ellas con comentarios secos o instrucciones pegadas en sus pantallas.

En la fiesta de despedida de Valerie, cuando dejó el *USA Today* para irse como directora general del *TV Guide*, sus colegas fueron los últimos en reírse. Todos estábamos reunidos en el *21 Club* en el centro de Manhattan y mientras los tragos iban y venían, y prevalecía un buen ambiente, el equipo de Valerie se presentó con un gran pizarrón lleno de las tremendas notitas amarillas. Quienes las habían recibido se acercaron a leer en voz alta cada uno de sus mensajes favoritos, mientras todos vitoreaban, y la leyenda de las tremendas notitas amarillas se quedó para siempre como una tradición del *USA Today*. Pero como me dijo Valerie después, se dio cuenta de que sus notas amarillas significaban diferentes cosas para diferentes personas, y que a pesar de que la gente estaba haciéndolas notar esa noche, algunos las habían encontrado agresivas o incluso ofensivas. Ahora es mejor conocida por realizar un esfuerzo extra por su gente y sus clientes, como por ejemplo preparar comidas italianas caseras para sus nuevos empleados o dar pequeños regalos para reconocer el empeño mostrado en una gran venta.

La verdad es que cierto grado de fricción es inevitable en cualquier lugar de trabajo, en especial uno con mucha gente ambiciosa, inteligente y agresiva. La fricción puede ser útil, ya que incrementa la energía en la oficina y alimenta la competencia. De hecho, con frecuencia ayuda el hecho de tener tanto "lanzallamas" como otros que no encajen, ya que esto aporta una nueva dinámica a la oficina. Así que si te encuentras trabajando en un equipo con gente como ésa, sólo mantente enfocado en la partida final. La realidad es que, si estás dando los resultados que tu trabajo requiere. Lo que pase en el camino —no importa qué tan intenso o frustrante pueda parecer en ese momento— es sólo ruido.

Lo mismo aplica si te encuentras supervisando al "lanzallamas". Cuando una persona constantemente crea fricción con el resto del equipo, pregúntate si esa persona finalmente está contribuyendo —o incluso incrementando— la productividad total. Si ése es el caso, vale la pena tener a esa persona cerca. Es sólo cuando encuentres desequilibrios, que necesitarás imaginarte el siguiente paso. En el caso de la revista *Ms.*, mantuvimos a Bettina cerca y, a pesar de las diversas y complicadas fricciones que causaba en la oficina, ella jugaba un papel importante para ayudar a sacar la revista adelante. Y eso, al final, era lo que importaba.

A pesar del tipo de relación que mantengas con tu equipo de trabajo, siempre obtendrás mejores resultados de ellos si saben que estás de su lado. Evita crear una mentalidad de "nosotros contra ellos", al confrontar a tu equipo con el resto de la organización o compañía, pero siempre:

Lucha por tu gente.

Una mañana en la época en que Valerie Salembier y yo estábamos en el *USA Today,* entré a mi oficina y vi un sobre en mi silla. Los bonos de fin de año apenas se habían repartido y ella dejó el suyo para que yo lo viera, con una nota diciendo que estaba molesta. Valerie había trabajado increíblemente duro el año anterior, viajando todas las semanas (a menudo más de una vez), cargando con enormes responsabilidades y produciendo resultados sorprendentes. Cuando su cheque del bono llegó, el cual esperaba con enormes expectativas, sólo sirvió para hacerla sentir defraudada: ¿esto era en lo que la compañía valoraba su esfuerzo? Para Valerie no era más que un bono simbólico.

No hay nada peor que no sentirte apreciado en tu trabajo. En el caso de Valerie, su decepción no sólo era por la cantidad del bono, sino sentir que su esfuerzo extra se había tomado como algo totalmente normal. ¿Qué caso tenía matarse en su trabajo si sus jefes —incluida yo— éramos indiferentes a todo su esfuerzo?

Tomé su cheque y fui con el director general, Al Neuharth, diciéndole que pensaba que Valerie merecía más de lo que había recibido. Él miró el cheque, luego me recordó que el *USA Today* tenía una fórmula establecida para los bonos y que Valerie había recibido el bono más alto posible, según el sistema. Era una pena que no estuviera contenta con ello, pero ésas eran las reglas y no sólo aplicaban para Valerie, sino para todos en la compañía.

Hasta ese momento, no tuve alternativa. Podía ir con Valerie, volver a explicarle el sistema de bonos e instarla a que lo aceptara, o podía seguir peleando por ella para que recibiera una mayor compensación. ¿Valía la pena romper las reglas por una sola persona? ¿Todos en la compañía empezarían a pedir mayores bonos cuando se supiera que esa persona lo había obtenido? En efecto existía ese riesgo, pero valía la pena, pensaba, por el hecho de que Valerie había llegado tan lejos y más allá de sus obligaciones.

—Sigo pensando que Valerie merece algo extra —le

dije a Neuharth—. Trabajó como un perro, logró grandes ganancias, y merece saber que la compañía aprecia eso.

Lo pensó por un momento, y luego dijo:

—Está bien, démosle dos boletos en primera clase para donde ella quiera. Puede tomar unas lindas vacaciones en algún lado.

Cuando Valerie oyó las noticias, estaba emocionada. Por supuesto, para la compañía esos dos boletos en primera clase no le costaban más de alrededor de 5000 dólares en ese entonces —una buena cantidad, pero no extraordinaria para una persona de su nivel. Pero estaba tan complacida de que se reconociera su trabajo, que el regalo la animó para el próximo año. También dio solidez a nuestra relación de trabajo que supiera que yo estaba ahí para ella, lo cual fue tal vez lo más importante de todo. Así como los gerentes deben estar ahí para sus empleados, también es verdad lo opuesto. A pesar de que tu jefe está un nivel más arriba de ti, también necesita tu apoyo en la oficina. Entre más arriba de la escalera esté una persona, menos común es que le den las gracias o que le digan palabras de apoyo. Y si bien es cierto que la gente en posiciones de poder normalmente no requiere le levanten la mano, te puedo decir, por experiencia, que una nota de agradecimiento en el momento preciso o una palabra o frase frente a los demás (mientras que sea sincera y no para ganar puntos), siempre es bienvenida.

En el capítulo previo, mencioné a Pat Carbine, la directora general de *Ms.* Junto con la editora de alto perfil, Gloria Steinem, Pat era el corazón que estaba detrás para sacar a *Ms.* avante. Más importante aún, en el aspecto personal, ella era mi confidente y consejera durante un período crítico de mi carrera. En ese momento, no pensaba en mí misma como alguien que quisiera o necesitara un mentor. Pero si miro atrás, ahora creo que eso sólo te puede ayudar a

Encontrar un mentor.

Conocí a Pat cuando me entrevistó para el puesto de gerente de publicidad para *Ms.,* en la época en que la revista estaba por despegar. Había estado trabajando para la revista *New York*, y a pesar de que en verdad disfrutaba mi trabajo, estaba emocionada con la idea de unirme a esta revista feminista que estaba poniendo la primera piedra en el tema. Así que cuando fui a mi primera entrevista con Pat, me vestí para el éxito, esbozando mi sonrisa más triunfadora y disponiéndome a ser tan encantadora hasta que me ofreciera trabajo.

Bueno, Pat no estaba convencida. Le caí bien de inmediato, lo podía advertir, pero no hubo oferta de trabajo. Como una semana después, tuvimos otra entrevista y otra vez yo estaba esperando una oferta. Otra vez, decepcionada. Así, seguimos durante varias semanas, hasta que llegué a mi casa después de la quinta entrevista, más o menos, y mi entonces esposo, Jim O'Callaghan, me dijo:

—¿Cathie, *todavía* no te ha ofrecido trabajo?

Como pronto aprendí, Pat Carbine era —y sigue siendo— una persona paciente y muy analítica. Ella sabía que el camino por venir sería duro, así que estaba cerciorándose de que estaba formando el equipo correcto. Como me dijo después:

—Quiero estar segura de contratar gente que estará en la trinchera conmigo cuando empiece el tiroteo—. Así que el proceso de entrevistas continuó hasta que Pat estuvo finalmente convencida de que, a pesar de mi juventud e inexperiencia en dirigir gente, yo era la persona correcta para el puesto.

Una vez que eso sucedió, Pat trabajó duro para hacer surgir los talentos que ella creyó ver en mí. Y descubrí que no sólo podía aprender con su guía, sino simplemente de observar su trabajo. Pat tenía una manera de dirigir a las personas con un ligero buen humor, y sabía cómo sacar un gran rendimiento de ellas sin tener que intimidarlas. Odiaba las confrontaciones —era capaz de tomar un avión, un tren o un autobús para alejarse de ellas— pero hizo que su estilo funcionara para ella, y yo aprendí mucho de ello.

Pat también me dio excelentes consejos, a veces, cuando no quería escucharlos, como la vez que me salvó de cometer un gran error en mi carrera, motivo de mi propia impaciencia. Era difícil, pero necesitaba dar un salto en el tema de la confianza para

---

Escuchar la voz de la experiencia.

Para cuando llevaba un par de años en *Ms.*, había ascendido rápido los peldaños de la empresa, y estaba ansiosa de seguir subiendo. Mi meta, la cual no tenía ninguna intención de ocultar, era convertirme en directora general de la revista. En el mundo de las revistas, el editor en jefe es el empleado con el puesto más alto de la parte editorial, es la persona responsable de las historias, fotografías e ilustraciones que van en la revista. El director general es el empleado con el cargo más alto del lado de los negocios, es el responsable de asegurarse que la revista venda suficientes ejemplares y consiga suficientes dólares en publicidad para triunfar como negocio. Para una persona en el medio de la publicidad, como yo, subir al rango de directora general, equivaldría a convertirse en capitán de mi propio barco.

Así que a la edad de treinta, cuando me ofrecieron la oportunidad de convertirme en directora general de una pequeña revista llamada *Connecticut*, estaba lista para saltar. Ésta era la oportunidad que estaba esperando, y estaba a punto de convertirse en realidad. No podía esperar para decirle a Pat las noticias.

Lo que no esperaba era la tibia respuesta de Pat. —¡Guau, más despacio! —dijo—. ¿Estás segura de que esto es lo que quieres hacer?

—Claro que sí —dije, sintiéndome un poco dolida por sus palabras. Sabes que ser directora general es exactamente lo que he estado queriendo ser, y ahora tengo la oportunidad. ¿Me estás diciendo que no debo aceptar?

—Cathie —me dijo—, ¿en realidad quieres ser directora general de una revista pequeña con base en la ciudad de Connecticut, a dos horas de la ciudad de Nueva York? Sé que estás emocionada, pero sería un error brincar en la primera oportunidad que se te presenta. Necesitas esperar la oportunidad *correcta*.

Traté de argumentar que más grandes y mejores oportunidades de trabajo llegarían más pronto si continuaba y tomaba éste, pero Pat era inflexible.

—No lo hagas, Cathie —me dijo—. No es el lugar correcto para ti. Ten paciencia. Te prometo que serás directora general en su momento.

Estaba en un dilema. Deseaba tanto ser directora general que en verdad estaba emocionada de poder tomar esta oferta. Conocía al dueño de la revista *Connecticut* y me caía bien, y él personalmente me había invitado a asumir la posición. En verdad estaba deshecha, pero al final decidí escuchar a Pat. Y tenía razón. A pesar de que al principio me preguntaba si había cometido un error al seguir su consejo, en dos años me ascendieron a directora general de *Ms.* Y tres años después, regresé a la revista *New York* como directora general.

¿En verdad mi carrera habría sufrido si hubiera ignorado el consejo de Pat? Incluso si me hubiera ido a Connecticut, probablemente habría escalado a revistas más grandes. Sin embargo, haber escogido quedarme me aseguró que mantenía mi perfil de crecimiento en el mundo de las revistas en Nueva York, un paso que terminó remunerándome más temprano que tarde. Con su perspectiva externa y experiencia, Pat era capaz de ver con claridad cómo la trayectoria de mi carrera podía despegar si mostraba un poco más de paciencia. Estoy agradecida de que hubiera sugerido eso y estoy contenta de que fui capaz de dejar de lado mi ambición el tiempo suficiente para escuchar su consejo.

¿Qué tipo de asuntos estás enfrentando en tu vida laboral ahora mismo? ¿Alguna vez te haces estas preguntas?

- ¿Cuál es el siguiente paso, más inteligente, que debo dar para construir mi carrera?
- ¿Mis habilidades son óptimas en la actualidad para asumir un tipo diferente de trabajo del que hago ahora?
- ¿Debo tomar un descanso en mi carrera y estudiar una maestría?
- ¿Cómo puedo hacer uso de mis contactos para crear nuevas oportunidades para mí?

Si eres como la mayoría de las personas, piensas en una o más de las preguntas anteriores casi todo el tiempo. Enfrentémoslo, imaginar cómo navegar por el mundo del trabajo no es fácil. Si eres inteligente y con empuje, seguramente puedes hacerlo tú solo, pero ¿por qué habrías de hacerlo si puedes obtener los beneficios de la experiencia y sabiduría de alguien más? No tengas miedo a pedir ayuda. Busca un mentor, alguien que te conozca, alguien en quien puedas confiar, con quien puedas hablar y pedir consejos. Y tampoco pienses que tienes que limitarte a sólo un mentor. Con el paso del tiempo, tus necesidades cambiarán y habrá otros que puedan ayudarte en las nuevas facetas de tu carrera.

Del otro lado de la moneda, salvo que estés en tu primer trabajo, es un hecho que ya habrás acumulado suficiente experiencia para ayudar a alguien más. Utiliza tu experiencia para:

También ser un mentor.

Ahora, antes de que nos adentremos en este tema, debo aclarar lo que quiero decir por ser un mentor. La verdad es que en realidad nunca me gustó esa palabra. Suena muy estructurada, sin mencionar aburrida. Si tú eres el mentor de alguien, no significa que tengas que convertirte en su hermano o hermana mayor. No necesitas ofrecerle sabiduría como si fuera una moneda de diez centavos y seguirle la pista a cada uno de sus movimientos. Hablo de algo más sencillo y más natural que eso; es ver potencial en alguien y hacer lo que esté en tus manos, cuando puedas, para ayudarlo a desarrollar ese potencial. En uno de los niveles más básicos, es permitir que la persona sepa que estás ahí para ayudar.

En cualquier oficina, por lo regular encontrarás una persona joven con esa cualidad, un destello especial. Tienes muchas personas alrededor, pero cuando una en particular brota de la tierra como un espárrago tierno, ése es el tipo de persona a la que debes acercarte para conocerla: el futuro líder, de carácter creativo o simplemente una persona con ideas. Por un lado, ayudarla a que desarrolle sus habilidades ayudará a tu compañía. Por el otro, desarrollarás una relación estrecha con una persona talentosa y eso, con seguridad, viene bien mientras los dos continúan escalando en el mundo laboral.

Pregunta a hombres y mujeres exitosos acerca de sus primeros años en los negocios, y casi todos concidirán en hablarte sobre la primera persona que mostró confianza en sus habilidades o les ofreció sinceras palabras de aliento. En muchos casos, se mantuvieron cerca el uno del otro a lo largo de los años y la relación continuó beneficiando a ambos.

Eso es cierto en mi caso también. Pat Carbine y yo nos mantuvimos muy cercanas y, durante muchos años, nos hemos ayudado una a la otra en numerosas ocasiones. En 2007, cuando tuve el honor y la fortuna de recibir el premio Henry Jonson Fisher por mis logros a lo largo de la vida en el mundo de las revistas, pude haber escogido a una celebridad en los medios de comunicación para presentarme, pero le pedí a Pat que lo hiciera. Ella pronunció un discurso hermoso, y mientras yo estaba sentada con mi familia en el salón pletórico de colegas de la industria, me sentí increíblemente conmovida al escucharla describir el trabajo que habíamos hecho juntas al ayudar a cambiar la percepción de las mujeres en los negocios. Fue un momento que nunca olvidaré.

Recuerda que los beneficios de ser mentor de alguien, trabaja en ambos sentidos. Busca gente talentosa en niveles superiores e inferiores de tu entorno laboral; al pasar los años, estas relaciones te retribuirán enormemente, y es seguro que te llevarán a contar con amistades profundas y duraderas.

UN PAR de años atrás, una ejecutiva de Hearst entró a mi oficina con una queja.

—Cathie —dijo—, acabo de escuchar que habrá una junta esta tarde a la que debo asistir, y nadie me lo había informado. No sé por qué me excluyeron, pero en definitiva debía haber estado incluida.

—Pues ve a la junta —le dije—. Asume que fue un descuido, así que ve y toma tu lugar. Me miró sorprendida, pero más tarde hizo lo que le dije. Y como salió más tarde a la luz, no la habían excluido de manera intencional, sino que fue un error involuntario. Ella también había cometido un error al olvidar esta regla importante:

> **No tomes como personal los asuntos
> que no son personales.**

Las oficinas son como familias, estás enclavada en relaciones cercanas con gente con la que normalmente no tendrías nada que ver. Y como en las familias, esto conduce a todo tipo de oportunidades para conflictos, ya sean reales o imaginarios. Sin embargo, en mi experiencia, he encontrado que en realidad hay menos conflictos personales verdaderos de lo que la gente imagina. Muy a menudo, algunos toman un comentario aislado o una conexión fallida como una afrenta personal cuando ésa no era la intención. Y, desafortunadamente, una vez que algún grado de fricción o desconfianza se ha establecido entre las personas, es frecuente que esto se convierta en una profecía que se cumpla en contra de uno mismo, y los problemas en verdad empiecen a desarrollarse.

¿Cómo respondes cuando

- Un grupo de personas en la oficina sale a almorzar para discutir un proyecto nuevo y no te invitan?
- Alguien te interrumpe en una junta para echar abajo tu idea?
- Un colega responde tu mensaje electrónico con una crítica aguda, azuzando a otros en tu departamento?

Para mucha gente, la respuesta natural a dichas situaciones es sentirse tanto profesionalmente confrontado, como personalmente menospreciado. En algunas ocasiones, estamos tan atados a nuestras propias ideas que no podemos imaginar que la gente tenga objeciones reales acerca de ellas, así que asumimos que es algo personal. Y, en algunos casos, por supuesto que lo es. Pero voy a compartirte un pequeño secreto: no importa si el conflicto representa una crítica legítima, un choque de personalidades o algo intermedio entre estos dos, siempre debes tratarlo como si para nada hubiera un componente personal.

Tomar la decisión de ver un conflicto en la oficina como un asunto profesional y no personal, logra dos asuntos clave. Primero, eso asegura que no reacciones de manera exagerada y veas un componente personal donde no lo hay. Segundo, en efecto se neutraliza cualquier conflicto de personalidad que en verdad pudiera existir. Piensa en eso de esta manera: alguien en la oficina que trata de provocarte de manera personal está en realidad tratando de establecer dominio o control sobre ti. Al escoger no responder en ese nivel, le niegas a él o ella ese control. Hay muy pocas ventajas en entablar una guerra personal con un colega, y también hay muchas ventajas en cerrar la posibilidad de que alguien te arrastre a una.

En una etapa de mi carrera, tuve un colega que tenía la costumbre de exponerme en las juntas. Como trabajábamos en el mismo equipo, compartíamos información previa, sin embargo siempre, cuando llegaba el punto de reunirnos con otros en la compañía, él sorprendía con algún nuevo dato o situación que me hacía ver como que no estaba bien preparada. Me volvía *loca*. No podía entender por qué se sentía obligado a socavarme constantemente. Y cuando le pregunté sobre el tema, respondió no saber de qué le estaba hablando.

Aquí había una verdadera conflagración. Cada vez me sentía más y más irritada, y mi agitación empezó a afectar nuestra relación de trabajo. Entonces, una tarde tuve una revelación: este tipo era uno de los favoritos del departamento, no iba a ir a otro lado, y yo iba a tener que lidiar con él por mucho tiempo. No lo podía cambiar, así que necesitaba encontrar la manera de trabajar eficientemente con él.

Me fijé la meta de dejar pasar la irritación que sentía y estaba afectando nuestra relación de trabajo. Si sus pequeños golpes bajos en las juntas era lo peor que podía esperar de él, podía vivir con eso. Era momento de enfocarme en los buenos aspectos de mi colega, de los cuales había muchos. Además, establecí reuniones regulares, sólo él y yo, para que tuviéramos la oportunidad de expresar preocupaciones y diferencias de opinión sobre estrategias, en privado.

Desde ese momento, fue sorprendentemente fácil dejar escapar las emociones negativas que se habían estado acumulando. Mi colega continuó, en ocasiones, lanzando sus provocaciones en las juntas, pero aprendí a lidiar con ese hábito suyo. Nuestra relación mejoró de manera dramática, y disfrutamos muchos años más de productividad mientras estuvimos en el mismo equipo.

Esta técnica funciona muy bien cuando se trata de irritaciones pequeñas. ¿Pero qué pasa cuando hablamos de un choque que es más que sólo una palabra de enojo o dos? ¿Cómo puedes lidiar con alguien que se ha comportado de manera totalmente inapropiada contigo? Me encantaría darte permiso de desinflarle las llantas o de avergonzarlo en la fiesta de la compañía, pero a pesar de que las gratificaciones a corto plazo puedan ser inmensas, el único camino a tomar es la carretera principal. Es mejor, desde tiempos inmemorables:

> **Hacer de tu vida una zona libre de rencores.**

Una tarde, cuando trabajaba en *Ms.*, pagué la estancia del director de medios de comunicación de una agencia de publicidad de Nueva York. Organicé una junta para presentarle nuestra nueva encuesta a suscriptores, era como una fotografía que mostraba quién estaba comprando y leyendo la revista *Ms.*

Muchas revistas toman las encuestas a suscriptores como una parte rutinaria de su estrategia de ventas de anuncios, pero en el caso de *Ms.*, esto era un paso fundamental. El movimiento de mujeres estaba en pleno apogeo, y también lo estaba la controversia sobre lo que todo eso significaba. La cobertura de las noticias en su mayoría se enfocaba a los elementos más radicales del movimiento. Los anuncios televisivos eran todos sobre sostenes y demostraciones de mujeres que movían los puños, lo cual asustaba a muchos potenciales anunciantes de *Ms.* Necesitábamos conseguir que el mensaje fuera que nuestra revista tenía una base de lectores deseables, y que nuestra encuesta a suscriptores era la manera de hacerlo.

Mi cita con este director de medios de comunicación estaba programada para las 2:00 p.m., la peor hora para una junta. Por un lado, el metabolismo de la gente disminuye cuando digiere la comida y, por lo general, está adormilada o desconcentrada. Por el otro, para ese momento los tres martinis incluidos en la comida estaban actuando. Me di cuenta de que el director de medios estaba disfrutando, precisamente, los efectos de lo que bebió al terminar la comida.

Aun así, estaba preparada para esa junta, emocionada sobre nuestra encuesta a suscriptores y lista para hacer mi lanzamiento, así que seguí adelante. Le entregué la encuesta —impresa en papel rosa chillante, con la palabra *Ms.* en grandes letras blancas al frente— y le di mi explicación, al tiempo que hojeaba página por página.

Desde el principio, podía decir que en realidad él no me estaba prestando atención. Echado hacia atrás en la silla, tallándose los ojos con expresión de fatiga, se veía increíblemente aburrido. Pero seguí adelante a pesar de las dificultades, con el deseo de poder comprometerlo, si tan sólo podía bombear un poco de energía. Entonces, justo cuando estaba llegando a la parte medular de la presentación, vi que tomó de la mesa su carpeta con la encuesta y la levantó muy despacio hacia su cara. Para mi impresión, dejó escapar el más fuerte, más histriónico, más prolongado bostezo que jamás haya escuchado. De repente, era como si fuéramos un par de niños de 10 años en el patio; lo miré con horror cuando se preparaba para lanzar en mi encuesta el más grande escupitajo de la historia.

En realidad no escupió, gracias a Dios. Pero en caso de que su mensaje no fuera suficientemente claro, se volteó y botó la encuesta en el piso. Lo miré con ojos amenazantes y con la sangre fluyendo por mi rostro. Podía oír los latidos de mi corazón en los oídos, estaba furiosa. Volteé hacia la única otra persona en la sala, un subalterno del área de contabilidad de su oficina, que estaba sentado y callado, mirando al piso y con temor a intervenir.

—Esta junta llegó a su fin —dije bruscamente. Me levanté, agarré mis cosas y salí furiosa de esa sala, tan rápido como mis piernas pudieron llevarme.

En toda mi vida, nunca me había sentido más insultada. Eché humo todo el camino de regreso a *Ms.* y me dirigí rápidamente a la oficina de Pat Carbine. Mi rostro estaba rojo, mis ojos estaban húmedos de las lágrimas que apenas podía contener y estaba temblando. Le conté a Pat lo que había pasado y ella de inmediato llamó al presidente de la agencia de publicidad, le contó lo sucedido y exigió una disculpa.

—¿A qué hora fue la junta? —preguntó el presidente a Pat.

—Dos de la tarde —contestó—. ¿Cuál es la diferencia?

—Ah —dijo soltando una risita ahogada—. Bueno, seguramente se tomó unos tragos durante la comida. Deberían tratar de hacer las citas con él en la mañana, si pueden.

Si en algún momento tuve derecho a guardar rencor, ésta fue la ocasión. Este tipo había tratado de humillarme de tantas maneras —como mujer de negocios, como invitada en su oficina y como mujer— que no podía imaginarme volver a tratar con él jamás. Me había molestado con gente de mi trabajo antes, pero nada comparado con el grado de enojo y disgusto que estaba sintiendo ahora.

Como siempre, Pat Carbine fue la voz que me guió a la razón. Con su personalidad seria, deliberada e inalterable, ella era la persona perfecta para hacerme entender que guardar rencor hacia este hombre no me ayudaría en lo más mínimo. De hecho, podría lastimarme, ya que era el director de medios de comunicación de una agencia de publicidad y con seguridad nuestros caminos volverían a juntarse. A pesar de que era completamente culpable, sólo haría las cosas más difíciles para mí si me rehusaba a dejar pasar el incidente.

Tal como lo dijo Pat, volví a tratar con este tipo otra vez. Finalmente, se mudo al oeste a trabajar para una compañía automotriz, y terminé reuniéndome con él varios años después del incidente del bostezo. Cuando nos sentábamos uno al lado del otro en una sala de juntas, me miraba con una sonrisa burlona y decía:

—¿Te acuerdas de esa vez cuando nos conocimos en Nueva York?

—Claro —decía con una enorme sonrisa en mi rostro—, ¿en verdad no crees que haya podido olvidar eso, o sí?

Esto lo sacaba de balance por un momento, hasta que por mi comportamiento se dio cuenta de que no tenía intenciones de hacer alboroto. Con eso fuera del camino, nos dedicamos a los negocios y éramos capaces de tratarnos de manera profesional y con eficiencia. Así que hazte un favor: no importa cuán tentador sea, no importa qué tan natural lo sientas, no cedas ante el rencor. Recuerda que la única persona herida al final serás tú.

UNA mañana, cuando estaba en la revista *New York,* me molesté con la gerente de promoción. Algo que ella había hecho —ahora ni siquiera recuerdo qué fue— me encendió y fui llorando a su oficina.

Me paré frente a su escritorio por un momento, hablándole brusco, antes de darme cuenta de que había alguien más en la oficina, sentado detrás de mí, en el sillón. Me di cuenta de que su esposo estaba sentado ahí, con cara de sorpresa. De pronto, me sentí increíblemente avergonzada. Debí haberme visto como una lunática, entrando como caballo y usando ese tono con ella, algo que nunca hubiera hecho de haber sabido que él estaba ahí. Tomé un gran respiro, ofrecí disculpas y salí de la oficina.

En los siguientes días, pensé en mi reacción. Si me sentí apenada porque me sorprendieron hablándole así a alguien, entonces ¿hubiera estado bien que lo hiciera cuando no había nadie alrededor? ¿No era mejor tratar a la gente de manera que no tuviera que esconderme? O, más importante, de la manera en que me gustaría que me trataran?

Aparte de eso, ¿qué es lo que en realidad esperaba obtener? Seguramente, me sentí bien al dejar salir un poco de vapor, pero así como el placer de no ceder al rencor, esto también fue una pérdida de tiempo. Mi meta final no era, después de todo, hacerla sentir mal o arrepentida. No hubiera ayudado para nada al equipo si ella hubiera tomado mi crítica de manera personal, lo cual hubiera sido lo más normal si consideramos la manera en que la hice. La meta final, por supuesto, era mejorar su desempeño, para que no volviera a cometer ese error otra vez. Y entre más lo pienso, más me doy cuenta de que había dos maneras de ayudar a conseguir eso:

> ## Sé generoso con los elogios y cuidadoso con las críticas.

En su nivel más básico, un negocio no es en realidad acerca de números, mercados y productos. Se trata de la gente. Entre mejor entiendas a la gente —tus usuarios, tus jefes, tus colegas— más exitoso serás. Y una clave para entender a la gente es darse cuenta de que no es tan complicada como podrías pensar.

A la gente le gusta que la elogien y no le gusta que la critiquen. Muy fácil, ¿verdad? Los elogios nos hacen sentir con energía y capaces; las críticas nos hacen sentir mal e inseguros. Así que, lógicamente, debes elogiar a tus colegas con toda libertad y limitar tus críticas a los asuntos que son realmente importantes. Recuerda que las palabras sí importan, así como la manera en que las haces llegar.

A finales de la década de los noventa, la revista *Redbook* ofreció una gran comida con la primera dama, Hillary Clinton, en la Casa Blanca. Kate White, la editora de *Redbook* en ese momento, era la anfitriona del evento, y estaba nerviosa. Ella había conocido numerosas celebridades en el curso de su carrera, y estaba familiarizada con un salón repleto de estrellas. Pero estar en la Casa Blanca era diferente. En el momento en que se dirigía a la comida, mientras todos los detalles estaban siendo atendidos, Kate tenía la mente trabajando al millón: ¿Es demasiado corto mi vestido? ¿Recordamos todo lo necesario? ¿Voy a echar a perder mi discurso de bienvenida? Estaba tan nerviosa como jamás la había visto, antes o desde entonces. Mientras subíamos juntas la magnífica escalera que conducía al elegantísimo Salón Este, me incliné para acercarme y murmuré:

—Kate, te ves tan bien con ese vestido. —Y como me dijo después, ese pequeño voto de confianza la sacó de su remolino de ansiedad. Había querido verse genial, así que se puso un vestido corto y una linda mascada, pero cuando llegó a la Casa Blanca, con esos salones majestuosos y esos amplísimos pórticos, se había sentido rara, tal vez debió haberse puesto algo más sobrio. El hecho de escuchar mi cumplido sobre su vestido, la hizo restaurar su confianza, y al subirse al estrado a hablar, nunca hubieras pensado que había tenido un momento de duda.

Las palabras cargan una gran cantidad de peso, así que escógelas y úsalas con cuidado. De igual importancia, siempre ten en mente a la persona a quien vas a entregar tu mensaje. Si te tomas el tiempo de pensar cómo conectarte de la manera más efectiva con una persona en particular, lograrás mucho más, como lo muestra la siguiente historia.

Haz que tu momento cuente: O, *the Oprah Magazine*

A finales de junio de 1999, viajé de regreso a mi ciudad natal, Chicago, para una junta. Pero no cualquier junta. Había ido con Ellen Levine, la editora en jefe de la revista de Hearst, *Good Housekeeping,* para hacer una presentación en la compañía productora de Oprah Winfrey, la Harpo, Inc. Queríamos proponer a Oprah la idea de que hiciera su propia revista.

Para entonces, Oprah ya era inmensamente exitosa, con un programa de televisión clasificado como uno de los mejores, una nominación al Oscar por su papel estelar en *The Color Purple* y numerosos premios Emmy. Su mensaje de optimismo y autoaceptación habían demostrado ser fuente de inspiración para decenas de millones de mujeres; su club de libros estaba teniendo un impacto sin precedentes en el mundo editorial, y se había colocado en los primeros lugares de las listas de la "gente con mayor influencia". Pero a pesar de que estábamos emocionadas por entrar a Harpo, Oprah había sido clara al decir que estaba lejos de comprar la idea de hacer una revista.

—Sabes —le dijo a Ellen—, mucha gente me ha mostrado esa idea y en realidad no estoy interesada en hacer una revista. Pero ven a Chicago y hablaremos.

Teníamos programado reunirnos con el abogado/ agente de Oprah, Jeff Jacobs, y no sabíamos si Oprah vendría. No conocía a Oprah, pero estaba convencida de que su mensaje claro e inspirador, y su carisma personal la hacían candidata natural para una revista. Oprah era, con razón, protectora de su nombre y su imagen, así que teníamos que hacer hincapié en dos puntos: uno, que una revista sería un vehículo positivo para su mensaje y, segundo, que Hearst era el socio correcto para ella en esa empresa. Sabíamos que también otras compañías de revistas estaban acercándose a Oprah —como nos lo dijo después, cinco diferentes ejecutivos la habían llamado en un período de seis meses— así que este lanzamiento era nuestra gran oportunidad de ganárnosla.

Nos pasaron a Ellen y a mí a una pequeña sala de juntas, decorada con muy buen gusto y nos sentamos en una larga mesa. Jeff Jacobs entró con un par de personas más del equipo de relaciones públicas de Harpo, y comenzamos la junta. No habíamos pasado de la conversación inicial amena, cuando la puerta de la sala de juntas de repente se abrió y Oprah entró rápido.

He conocido a mucha gente poderosa y carismática a lo largo de los años, desde políticos y directores generales, hasta estrellas de cine. Es parte del trabajo. Pero sinceramente, nunca he conocido a alguien que transforme una sala, como Oprah Winfrey. Es como un foco de 10 000 watts, es una presencia electrizante. Se veía justo como se ve en la tele —con su conocida onda en el cabello, ojos expresivos y esa sonrisa siempre lista— aunque de alguna manera se sentía completamente diferente verla en persona. Sé que suena extraño, pero el aura que Oprah lleva a una sala es simplemente deslumbrante. Por un breve segundo después de que entró, me quedé sin habla. Entonces estiré la mano para saludarla.

Éste era el momento que habíamos estado esperando. En verdad creía que podíamos crear una revista fantástica, original e innovadora con Oprah y aquí estábamos, cara a cara con nuestra única oportunidad de convencerla. ¿Estábamos listas? Era hora de:

Aprovechar el momento.

Congelemos esa junta por sólo un segundo. ¿Qué quiero decir por "aprovechar el momento?" Puede que no sea lo que estás pensando, así que permíteme explicarte.

Sabíamos que sólo teníamos esta oportunidad con Oprah, así que esa mañana, Ellen y yo habíamos tenido especial cuidado para asegurarnos de estar completamente listas. Nos levantamos temprano y revisamos nuestros materiales juntas. Nos vestimos para impresionar, nos aseguramos de poder llegar a las oficinas de Harpo quince minutos más temprano y las dos estábamos entusiasmadas y listas para partir. Cuando Oprah entró, se me subió la adrenalina y estaba "prendida", lista para dar la presentación más energética y dinámica que pudiera.

Sin embargo, nada de esto hubiera importado si no hubiéramos empezado a aprovechar nuestro momento, semanas antes de que el momento real llegara. Desde que supimos que tendríamos una junta en Harpo, Ellen, Deb Shriver y yo nos pusimos en acción para trabajar en la presentación más completa y convincente posible que pudiéramos. Llevamos a cabo una meticulosa investigación para preparar el terreno y que nuestra presentación brillara. Es como construir una nueva casa espectacular: no importa qué tan hermosa sea la arquitectura o qué tanto estilo tenga, una casa no vale nada si carece de los simples, viejos y poco glamorosos cimientos que lleva tanto tiempo construir.

Semanas antes de la junta, empezamos a reunir materiales para nuestra presentación. Queríamos que Oprah en verdad sintiera las posibilidades de la revista, así que Ellen y un pequeño equipo editorial y de arte crearon páginas para que ella las pudiera tocar y sentir. Ellen formó portadas de prueba con varios logotipos y diversas tipografías, para mostrar a Oprah cómo podría verse su revista. Ordenamos una variedad de muestras de papel de alta calidad, para que pudiera sentir el brillo por sí misma y ver cuáles le gustaban. Encuadernamos algunas de esas hojas en blanco, para que pudiera tener la sensación del peso de su revista. Incluso creamos pruebas de índices, para mostrarle el rango de lo que su revista podría cubrir mes con mes.

Dos noches antes de la junta en Chicago, Deb, Ellen y yo nos sentamos en la sala de juntas de Hearst, a preparar nuestros paquetes para la presentación. Mientras estábamos sentadas guardando papeles en nuestras carpetas, de repente me sentí otra vez en la revista *Ms.*, en los días en que todo nuestro equipo publicitario trabajaba junto, llenando sobres y alistándonos para los viajes de ventas. Habían pasado años desde que había hecho algo como esto, y estaba disfrutando cada minuto. Las tres platicábamos y nos reíamos mientras trabajábamos y nuestra emoción crecía con motivo de la junta por venir.

Al día siguiente, Ellen y yo volamos a Chicago. Queríamos llegar ahí un día antes, para no arriesgarnos a llegar tarde si algo pasaba con nuestros vuelos. Esa noche, en mi habitación del hotel, me quedé despierta pensando en la junta de la mañana siguiente. Habíamos hecho todo lo posible para preparar la presentación y, mientras la repasaba en la mente, tuve la confianza de que también habíamos seguido la segunda regla sobre aprovechar tu momento:

> ## Confecciona un mensaje a la medida de tu público.

Cuando Oprah entró a esa sala, estaba tan enfocada y abierta a nuestro mensaje como era posible. Así que lo primero que hicimos fue hablarle en el lenguaje que ella conocía mejor que nosotras.

—Quisiéramos mostrarle un video —le dije, y pedí que bajaran las luces. En una gran pantalla de televisión ubicada al frente de la sala, el video comenzó con la voz de una mujer diciendo:

—Es una persona que tiene los pies sobre la tierra, es decir, que aunque tenga fama, me identifico con ella. —En los siguientes cuatro minutos, todos miramos el video que incluía extractos de entrevistas a mujeres realizadas al azar en un centro comercial de Virginia, exhortando a Oprah a hacer una revista:

—¡Vamos, mujer! —y Ellen Levine explicaba cómo y por qué podía funcionar.

—La televisión abre tu apetito —dijo Ellen en algún momento—, y las revistas lo sacian.

El video no era caro ni producido de manera impecable, pero definitivamente era irresistible. Cuando vi de reojo a Oprah, estaba completamente absorta en él, mirando intensamente, pero con una ligera sonrisa en su rostro. Aquí estaban las mujeres a las que llegaba todos los días por medio de su programa de televisión, y estaban prácticamente rogándole que hiciera una revista. La emoción de las mujeres en pantalla era palpable y, mientras miraba el video en ese cuarto obscurecido, yo también la sentía.

Las luces se encendieron y Ellen y yo inmediatamente entregamos nuestros paquetes de materiales, las portadas de prueba, los índices, las muestras de papel brillante y prototipos de revistas encuadernadas. Oprah no sólo es una persona muy visual, sino también muy sensible al tacto, así que queríamos que tuviera algo que tocar y sentir. Sonrió mientras hojeaba lentamente las páginas, pero todavía no la teníamos ganada.

Como Oprah dijo después en un discurso anual para la American Magazine Conference,

—Tenían una presentación fabulosa. Era simplemente deslumbrante... Pero dije: "No, ¿saben?, sólo creo que tengo muchas responsabilidades, he hecho miles de programas, no veo la razón por la que tuviera que involucrarme en el negocio de las revistas. En verdad no sé nada de eso, excepto que he comprado revistas a lo largo de los años".

Y esto era el *quid* del asunto: ¿Cuál era la ventaja para Oprah —ya tan ocupada en grabar dos programas al día— en hacer una revista? Para la mayoría de la gente, las ventajas serían algo como mayor visibilidad personal, el potencial de grandes ganancias y la oportunidad de expandir una marca. Pero cualquiera que hubiera seguido la carrera de Oprah sabía que éstas no eran las cosas que la motivaban. Oprah se había vuelto exitosa no sólo porque buscó el éxito, sino porque ofreció un mensaje auténtico y sincero que las audiencias abrazaron de todo corazón: "Vivir tu mejor vida". Ella iba por la conexión, y sólo querría hacer una revista si creía que eso le ofrecería un canal adicional efectivo para transmitir ese mensaje.

—¿Quieres saber por qué deberías hacer una revista?, —preguntó Ellen—. Porque amas la palabra escrita. Y una revista es la palabra escrita. Es tangible, la puedes hojear, se queda contigo. Oprah movió la cabeza y continuó pasando las páginas.

Con su enormemente exitoso club, Oprah por supuesto no era ajena al poder de la palabra impresa. Le encanta leer y ha hablado de manera conmovedora acerca de cómo los libros y revistas le ofrecieron un respiro de su difícil infancia. Ellen continuó:

—Sales al aire todos los días, dices lo que dices y no hay duda de que dices muchas cosas buenas. Pero luego, se van. Están sueltas. ¿Quién sabe dónde están? Pero la palabra escrita la puedes sostener en tu mano. Puedes regresar a ella.

Ahora, si te suscribes a la idea del negocio sólo como números, este lanzamiento puede parecer bastante tonto. Sin embargo, la belleza de lanzarle a Oprah Winfrey en sus propios términos —con un mensaje más que con dinero, y con efecto personal más que con ganancias—, era que eso también sonaba como una estrategia de negocios. Según mi experiencia, no puedes empezar o hacer crecer una revista exitosa si sólo te enfocas en los números, la publicidad, la circulación o cualquier otro asunto sujeto a ser medido. Primero y sobre todo, debes ofrecer un producto irresistible y diferenciado a los lectores. Lo demás vendrá por sí solo. La autenticidad de Oprah ya había demostrado ser increíblemente irresistible, así que no tenía sentido enfocarse en los números, ya que, de todos modos, eso no era lo que motivaba a Oprah.

De hecho, durante toda la junta que duró 90 minutos, no discutimos números para nada. Hablamos de cómo podría verse la revista, cómo podía llamarse (*Spirit* fue una de nuestras primeras sugerencias, aunque siempre deseamos que Oprah le pusiera su nombre) y a quién iría dirigida. El sentimiento en la sala empezó a cambiar; de hecho, se empezó a sentir como la atmósfera del programa de Oprah: positivo, cálido y optimista.

Por fortuna, tuvimos un gran inicio con Oprah en términos de ganar su confianza. A lo largo de los años, había estado en la portada de *Good Housekeeping* varias veces (esos ejemplares siempre fueron *best-sellers*) y siempre había apreciado el hecho de que nosotros siempre habíamos sido honestos en nuestras historias y en nuestra manera de tratarla. Nuestros escritores nunca habían intentado engañarla para que revelara algo jugoso o vergonzoso y a ella le gustaban las fotos de las portadas que habían escogido nuestros editores. De hecho, una vez le dijo a Ellen que una foto de ella con sus dos perros que apareció en *Good Housekeeping* era su portada favorita. Así que, en gran parte gracias a Ellen, teníamos un nivel de confianza establecido a partir del cual empezar a construir.

En algún momento, Oprah dijo:

—¿Saben?, hace un par de días una mujer de la audiencia se levantó al finalizar el programa y dijo, "¡Debería hacer una revista!". Alguien en la junta hizo el comentario agudo de si Hearst había llevado a esa persona (nosotros no), pero hasta ahora, parecía claro que, para Oprah, parecía que muchos factores estaban conjuntándose. Ella opera mucho por sus instintos y, por fortuna para nosotros, le habíamos dado al clavo.

Cuando terminamos nuestra presentación, Oprah se preparó para irse. Nos dijo que no había decidido hacer o no una revista, y dijo que deseaba reflexionar sobre el asunto. Pero entonces agregó con esa voz aterciopelada:

—Si hago una, la haré con Hearst. —Con eso, abandonó la sala.

Ellen y yo nos las arreglamos para empacar nuestras cosas, estrechamos manos con Jeff Jacobs y con el equipo de relaciones públicas de Harpo, y bajamos hasta el coche que nos esperaba, en donde explotamos como un par de adolescentes gritonas. En el asiento trasero del coche, nos dimos "esos cinco" como si hubiéramos ganado el Super Bowl, riéndonos y luego buscando por todos lados un teléfono para poder llamar a Deb Shriver. Ella contestó a la mitad del primer timbrazo.

—¿Y cómo les fue? —dijo, antes de que nuestros encantadores gritos de alegría contaran la historia.

Lanzada en abril de 2000, *O, the Oprah Magazine* pronto se convirtió en la revista naciente más exitosa de la historia. Mientras a la mayoría de las revistas les toma al menos cinco años para ser rentables, *O* se convirtió en rentable desde su primer ejemplar. *Adweek* nombró a la revista *O* como la Nueva Revista del Año, y *Advertising Age* la nombró la Mejor Revista del Año y Mejor Lanzamiento del Año. Ha seguido ganando numerosos premios a lo largo de los años, y es la segunda revista más rentable de Hearst, a pesar de dividir las ganancias cincuenta-cincuenta con Oprah.

Bajo la guía de Oprah, la editora en jefe, Amy Gross, y el extraordinario editor, Gayle King, *O* es un producto editorial consistentemente superior. Durante sus siete años de vida, ha triunfado hasta ser la portavoz que estaba ansiando enviar el mensaje positivo que tiene, y ha expandido el mensaje de Oprah justo de la manera que habíamos deseado y esperado.

Sin embargo, cuesta aprender que nunca hubiéramos despegado con Oprah si no hubiéramos aprovechado el momento en esa junta crítica. Con mayor frecuencia sólo cuentas con una verdadera oportunidad de hacer tu lanzamiento, así que haz uno bueno.

CAPÍTULO 4

Miedo

Una mañana, cuando era directora general de la revista *New York*, tenía programado hacer una presentación al propietario de la revista, Rupert Murdoch. Murdoch todavía no era el magnate internacional de los medios de comunicación que logró ser después (aunque era dueño del *New York Post* y del *Village Voice*), pero ya era una figura poderosa e intimidante, un heredero multimillonario de un periódico con una reputación de perro pit-bull.

Murdoch, que es australiano, tenía una manera de conversar que siempre me hizo sentir fuera de balance. Algo sobre el ritmo de su discurso, o la manera en que hacía pausas antes de contestar, siempre impidió que nuestras conversaciones fluyeran de manera natural, así que no importaba si estábamos en un grupo o hablando de frente, nunca me sentí del todo a gusto con él. Rápido como un látigo con un foco láser, uno no estaba como para pequeñas charlas o bromas con él y, por algún motivo, nunca pude atravesar el extraño y rígido sentimiento que permeaba nuestras interacciones. Mi exuberancia natural nunca pareció un gran don junto a él.

En ese día particular, tenía programado hacer una presentación para él en su despacho en las oficinas centrales del *New York Post*. Apenas habíamos comprado una revista llamada *Cue*, y mi presentación era acerca de cómo incorporarla a la revista *New York*, y cuánto dinero necesitábamos para promover esa acción.

Me presenté en la oficina de Murdoch con otros dos ejecutivos (uno de ellos era mi jefe), y los tres ya estábamos acomodados. Esperábamos contar con una hora para estar con él, y habíamos preparado por adelantado absolutamente todo, con soportes visuales y folletos que explicaban todos los detalles que él necesitaba saber. Había trabajado duro y, mientras entraba, sentía la adrenalina que empezaba a bombear. Siempre quieres hacer una buena presentación, pero mucho más cuando es para el dueño de tu propia compañía.

Cuando entramos a la espaciosa oficina, con un ventanal que daba al Río Este, Murdoch estaba sentado detrás de su escritorio. Se levantó, dirigió un breve saludo y dio un vistazo por encima de los lentes de media luna que estaba usando.

—Voy a permanecer de pie —dijo, mirándonos uno a uno—. He descubierto que cuando estoy de pie, las juntas son más cortas.

Nos quedamos helados. ¿En verdad Murdoch quería escuchar esta presentación? Le íbamos a pedir una fuerte suma de dinero y, obviamente, nos estaba instruyendo que la hiciéramos corta. ¿Tenía prisa o había algo más? Al no conocerlo bien, no tenía idea de lo que estaba detrás de esa repentina declaración y, por un momento, pensé si estaba arrepentido de haber comprado la revista.

Intercambié miradas rápidas con mis otros dos compañeros y tomé la decisión al vuelo: apretaríamos nuestra presentación de una hora a cuatro minutos y yo sería la responsable.

Mientras Murdoch estaba de pie tratando de ver por encima de sus lentes, me di prisa al hablar del concepto y de los números, condensando todo y dejando de lado todos los detalles de soporte que habíamos reunido laboriosamente. Era como dar la sinopsis de una novela en lugar de disertar sobre ella, pero tenía que asumir que eso era lo que él quería. No creo haber respirado hasta que terminé, pero al final de los cuatro minutos, Murdoch dijo:

—Gracias, Cathie. Entiendo lo que quieres hacer y por qué necesitas el dinero para la promoción. Lo tienes.

Con eso, se sentó, signo de que la junta había terminado. Suspiré en señal de alivio. Una buena preparación y una rápida decisión nos sacó adelante.

El miedo, miedo a la reacción de alguien, miedo a las consecuencias inesperadas, miedo a fracasar es parte de la experiencia laboral, y aprender cómo trabajar con él es una de las habilidades que puedes desarrollar y que da más poder. De hecho, puedes aprender no sólo a neutralizar los aspectos dañinos del miedo, sino a darles la vuelta y usarlos en tu beneficio.

Entender tus miedos es el primer paso para conquistarlos. Empecemos con uno de los más comunes: el miedo a la reacción de la gente, como el rechazo, la confrontación o el ridículo. Cuando enfrentas estos sentimientos, esto ayuda a:

Espolvorear los polvos mágicos.

Esta frase suena un poco tonta, lo sé, pero en parte la escogí por eso. ¿Qué quiero decir por "polvos mágicos"? Les voy a explicar con una historia de mis días en *Ms.*

El incidente del bostezo que describí en el capítulo 3 no era una experiencia aislada para los que trabajábamos en *Ms.* Ya que representábamos tanto una revista como un movimiento feminista, algunos hombres nos percibían como una amenaza y respondían con agresiones. Algunas veces las afrentas eran menores, sólo gente desde sus oficinas intentando echar un vistazo a las "estrafalarias y raritas" feministas que venían al lanzamiento de su revista (en especial cuando Gloria Steinem venía a un llamado de ventas de publicidad). Pero a veces, como el bostezo del director de medios de comunicación, eran más patentes. Hasta cierto punto, todos tuvimos que lidiar con el miedo, o al menos con cierto nivel de ansiedad, cuando salimos a representar la revista.

En una ocasión, en una junta con un gran fabricante de aparatos electrodomésticos, una de nuestras representantes de ventas estaba haciendo su lanzamiento cuando de repente su posible cliente la interrumpió.

—Todo esto suena lindo —dijo con una voz sarcástica—. ¿Pero por qué habríamos de querer anunciarnos en una revista para lesbianas? Así como se escucha de ruda la pregunta, era un refrán común para la gente que trataba de encasillar la revista y el movimiento de mujeres. Así que la directora general de *Ms.*, Pat Carbine, había dado a nuestro equipo un consejo para saber cómo responder a eso, consejo que nuestra representante de ventas de inmediato siguió.

—Sabe —contestó con una sonrisa—, incluso las lesbianas lavan ropa.

A pesar de sí mismo, el hombre tuvo que reírse, así que, con seis simples palabras, nuestra representante de ventas desvaneció una situación potencialmente espantosa. Se negó a ser intimidada por él y, en lugar de levantarse en armas y hacer más grande la situación, de forma muy calmada usó el humor para volver a tomar el control del diálogo.

Este método era la especialidad de Pat Carbine; era como si tuviera algún tipo de polvos mágicos que podía espolvorear para aminorar la tensión. Pat tenía dos herramientas vitales a su disposición: el don de nunca reaccionar exageradamente y tener un sentido del humor siempre listo. Casi nunca cedía ante el miedo o el pánico, porque en su lugar afrontaba las situaciones difíciles con buen humor, lo cual también era un gran método para despojar a la gente de su poder negativo. Incluso sólo pensar en la frase "polvos mágicos" es suficiente para no reaccionar de manera exagerada a lo que sientes que es una ofensa.

Eleanor Roosevelt escribió en una ocasión: "Nadie puede hacerte sentir inferior sin tu consentimiento". En este mismo sentido, nadie en tu lugar de trabajo puede hacerte sentir miedo sin tu consentimiento. Cuando decides responder a tu propio miedo con un ligero toque, podrás deshacerte de mucho de su poder. Esto puede sonar simple, pero inténtalo, en verdad funciona.

El miedo a menudo se relaciona con las expectativas. ¿Alguna vez te has preguntado?:

- ¿En verdad estoy calificado para el puesto que me contrataron?
- ¿Cometeré un error estúpido y defraudaré a todo el equipo, justo cuando cuentan conmigo?
- ¿Han puesto demasiado en mis hombros en el trabajo y voy a fracasar?

Durante la primera fase de mi carrera, mientras ascendía la escalera en *Holiday, Ms.* y *New York*, no me preocupaba mucho si estaba calificada o era lo suficientemente capaz para hacer mi trabajo. Tuve la suerte de confiar en mis habilidades y en realidad nunca me noquearon. Nunca se me ocurrió que el fracaso fuera una opción. Luego, cuando entré a las grandes ligas en el mundo del *USA Today* —como ejecutiva de alto nivel, desde el principio algo enorme y riesgoso— tuve una repentina y asombrosa introducción al concepto de cómo vivir la ansiedad. En un instante tuve que aprender a:

> **Mantener el cerebro trabajando, incluso si tu cabeza está en la horca.**

En los primeros días del *USA Today*, casi nadie, excepto su fundador —Al Neuharth—, estaba convencido de que sobreviviría. Había demasiados ataques contra el periódico, desde el implacable rugido de la prensa negativa, hasta los apuros para tratar de distribuir vía satélite un periódico de cobertura nacional. La crítica ridiculizaba al *USA Today* poniéndolo como un capricho lleno de gráficos, con contenido poco importante y que nunca conseguiría suficientes lectores para sobrevivir. Y al periódico le urgía dinero al grado de que posiblemente no podría continuar por mucho tiempo.

Durante el primer turbulento año del periódico, Neuharth lo hizo funcionar gracias a la fuerza de voluntad. Esto era un inicio que implicaba un esfuerzo titánico, y el reto de persuadir a los anunciantes para que lo tomaran en serio era igual de enorme. Así que cuando llegué a bordo como la tercera presidenta del año, como una ejecutiva con sólidos antecedentes en la publicidad nacional, la esperanza de éxito del periódico de repente cayó en gran parte sobre mis hombros. Sin embargo, yo no me daba cuenta de ese hecho hasta que pasaron dos cosas.

Primero, un día cuando empezaba a trabajar en las oficinas del *USA Today*, justo a las afueras de Washington, D.C., me tocó ir en el elevador con un señor que nunca había visto. Sin embargo, él sabía quién era yo y cuando las puertas se estaban cerrando, encerrándonos juntos en ese espacio pequeño, se volteó y me dijo:

—Usted es Cathie Black, ¿verdad? Sólo quiero decirle lo feliz que me hace que usted esté aquí.

—Gracias, —contesté y sonreí. *Qué bien recibir una bienvenida tan cálida*, pensé.

—Sí —dijo—. Mi esposa y yo acabamos de comprar una casa y estoy asustado con el pago de la hipoteca. He estado muy preocupado de perder el trabajo si el periódico fracasa —siguió hasta que las puertas del elevador se abrieron y empezó a dar un paso para atrás—. Pero ahora que está aquí, ¡tengo nuevas esperanzas! —Con eso, desapareció al final del pasillo.

¡Guau! Había tenido la experiencia de contratar y despedir gente en mi carrera, y en algún lugar, en el fondo, sabía que el sustento de la gente dependía, en parte, de mi actuación como ejecutiva. Pero nunca antes había pensado en eso en estos términos tan crudos. ¿En verdad era responsable de asegurar que este hombre pudiera cubrir los pagos de su hipoteca? Éste era un nivel de responsabilidad que no había considerado antes, y al que no quería darle la bienvenida.

Aun así, no pasé mucho tiempo pensando en eso, hasta varios meses después. La revista *Fortune* estaba preparando mi perfil y cuando apareció en el ejemplar del 3 de septiembre de 1984, yo estaba fuera de la ciudad. Llamé a mi asistenta, Naomi, y le pregunté

—¿Así qué cómo se ve el ejemplar de *Fortune*? —Hizo una pausa por un momento y dijo:

—No te va a gustar el encabezado. —Me lo leyó en el teléfono y mi corazón cayó en pedazos.

Decía esto, en grandes letras negritas: ¿PUEDE CATHIE BLACK SACAR AL *USA TODAY* DE LOS NÚMEROS ROJOS? En lugar de, "PUEDE CATHIE BLACK AYUDAR" a sacarlo de los números rojos o "PUEDE EL EQUIPO DE PUBLICIDAD DEL *USA TODAY*" sacarlo de..., pero ¿puedo yo, Cathie Black, de manera personal, rescatar este gigante, no rentable y muy criticado periódico de colapsarse bajo su propio peso? Hasta entonces, había asumido que la culpa recaería sobre Al Neuharth si es que el *USA Today* fracasaba. Pero en este increíble momento de la verdad, de repente me di cuenta de que también recaería sobre mí.

Por primera vez, verdaderamente sentí una punzada debido al miedo. El *USA Today* ya había perdido toneladas de dinero y seguía perdiendo más sin cesar, pérdidas que la empresa matriz, Gannett, claramente no podía seguir sosteniendo por tiempo indefinido. Persuadir a compañías reacias de que compraran anuncios en el periódico sería como lo puso la revista *Fortune*: mi "venta más difícil de la vida".

"La tarea que ella enfrenta como la nueva directora general del *USA Today* es muy incierta", había escrito el reportero de *Fortune*, Myron Magnet. "Después de dos años en el mercado y una pérdida, antes de impuestos, cercana a los 250 millones de dólares para fin de año, el periódico nacional de la Gannett Co. no ha probado que pueda tener éxito".

Con la publicación de la historia de *Fortune*, parecía como si todas las miradas estuvieran puestas en mí. Y por un momento, pensé si podría cubrir las expectativas que Neuharth y Gannett tenían sobre mí. ¿Qué se sentiría fracasar? ¿Qué se sentiría trabajar como loca en los siguientes años, sólo para ver al periódico desmoronarse? ¿En verdad era posible persuadir a anunciantes reacios de que se subieran a bordo? ¿En verdad podría triunfar frente a todo ese escepticismo?

La única certeza absoluta era ésta: Si me permitía sentirme intimidada por la magnitud de la tarea en mis manos, todo mi equipo la pasaría muy mal. Por alguna razón, el miedo con frecuencia conduce a la gente a cambiar sus tácticas, en lugar de *jugar a ganar*, terminas *jugando a no perder*. Y, desafortunadamente, en una situación de trabajo difícil en donde debes proyectar confianza en ti mismo y en tu producto, jugar a no perder es la manera más fácil de perder. Así que, en lugar de enfocarme en qué tan empinado sería mi ascenso en los próximos años, lo dividí en varios pasos pequeños.

La mejor manera de neutralizar el miedo es partiéndolo en partes manejables. Si el mes siguiente promete ser desalentador en el trabajo, enfócate sólo en la siguiente semana. Si la tarea de sacar tu proyecto adelante fuera salir de los números rojos, entonces enfócate en mejorar los balances de manera gradual. El éxito se construye con éxito, así que si puedes empezar con pequeños logros y avanzar hacia delante, encontrarás el proceso mucho menos intimidante.

Y si todavía tienes dudas, recuerda que las consecuencias del fracaso —como las posibles secuelas de tomar un riesgo— casi nunca son tan malas como parecen. Casi cualquier persona en la que pienses que sea muy exitosa hoy día, en cualquier campo, desde los negocios hasta la política o los deportes, ha superado el fracaso para llegar adonde está. Piensa en Michael Jordan, el más grande jugador de basquetbol de todos los tiempos, a quien reclutaron de su equipo de preparatoria; o J. K. Rowling, quien fue rechazada por más de media docena de editores antes de que uno se decidiera a arriesgarse a tomar el manuscrito sobre un joven mago llamado Harry Potter. Muchas personas con grandes logros atribuyen sus éxitos a fracasos anteriores, que los motivaron a hacerlo mejor.

Y no es precisamente que esté recomendando el fracaso como una estrategia, pues a nadie le gusta. Pero como estas historias lo muestran, el miedo al fracaso no debe paralizarte. Juega a ganar.

¿ALGUNA vez te han invitado a una junta en donde de la nada, un colega empieza a quejarse de tu trabajo en un proyecto? ¿O hiciste una presentación con la que te sentías muy satisfecho, sólo para después quedarte atónito cuando alguien nada más le busca defectos? Cuando la gente expresa opiniones negativas sobre tu trabajo, ¿cómo haces para sobreponerte? ¿Tienes miedo a que te critiquen, ya sea en público o en privado?

Cuando alguien te critica, inmediatamente tienes que tomar una decisión. Puedes

- tomarlo en serio, admitir tus defectos y tratar de aprender de ellos;
- defenderte, después de todo, sólo porque alguien te critica, no necesariamente significa que sea cierto, o
- escuchar sin discutir, luego continuar con lo que de todos modos estabas haciendo.

¿Cuál es la respuesta más apropiada? Si siempre difieres de las opiniones de los demás sobre cómo deberías actuar, eso podría ser un signo de falta de confianza en tu propio juicio. Por otro lado, si rehúsas reconocer una crítica legítima, te pierdes de oportunidades para mejorar tu desempeño y tu situación en el trabajo. Así que aquí está la pregunta subyacente real: ¿Cómo puedes saber si la crítica de un colega es correcta? Te contaré un par de historias que te darán alguna pista para la respuesta.

> **Puedes aceptarlas o ignorarlas, pero
> no tengas miedo a las críticas.**

Antes en este capítulo, describí el día que hice una presentación a Rupert Murdoch. No era frecuente que yo directamente presentara a Murdoch, así que esos instantes están bastante arraigados en mi memoria. Este pasaje también está arraigado, pero por una razón diferente. Murdoch me había pedido que presentara el panorama global de negocios de la revista *New York* al consejo de su compañía. Así que preparé todos mis números y notas, anotando todo en fichas de trabajo y repasando la presentación en mi cabeza. El día de la junta de consejo, entré al hermoso salón, con su larga y reluciente mesa de caoba, saludé a los seis o siete miembros del consejo, incluido mi jefe, Marty Singerman, y me lancé a realizar mi presentación. Nunca me habían pedido que presentara al consejo antes, así que quería hacer un gran trabajo.

Vaya que si estuve lista ese día. Presenté al consejo los números y les dije con entusiasmo cómo estaba la revista y cuáles eran nuestros planes. ¿Sabes cómo se siente cuando en verdad le estás dando al clavo, en una sala? Así es cómo me sentí. Cuando guardé mi presentación, caminé con una sonrisa de confianza en el rostro.

Al día siguiente, Marty fue a mi oficina. Me dio gusto verlo, al pensar que estaba ahí para felicitarme por mi presentación.

—Sabes, Cathie —dijo—, no tienes que ser tan convincente en una junta de consejo. El tono de tu presentación estuvo un poquito exagerado.

Lo miré fijamente por un momento, tratando de no reaccionar, pero por dentro estaba echa pedazos. Había trabajado tan duro para preparar y hacer una presentación que fuera dinámica, vivaz e informativa. El consejo estuvo complacido, ¿O, acaso Marty Singerman vio algo que yo no vi?

Escondí mi decepción, pero cuando salió de mi oficina, pensé mucho acerca de lo que había dicho. ¿Tenía razón? ¿O debería estar mejor sin hacer caso a sus palabras y seguir con mis pendientes del día? Necesitaba respuestas a dos preguntas para poder determinar si la crítica de Marty era legítima o no.

- ¿Podía confiar que él estaba actuando de buena fe y no con algún motivo oculto sólo para bajarme los humos?
- ¿Tenía él conocimiento de alguna materia en particular que yo no tenía?

Siempre que alguien te critica, hazte esas dos preguntas, y las respuestas te dirán todo lo que necesitas saber. Si la respuesta a ambas es sí, debes tomar la crítica de manera seria, porque hay una gran posibilidad de que esté en lo cierto. Si la respuesta a cualquiera o a las dos es no, necesitarás escarbar un poco más antes de decidir si te mantienes firme o haces caso de las palabras de tu crítico.

En este caso, la respuesta a ambas preguntas fue sí. A pesar de que no entendía qué es lo que había hecho mal, confiaba en Marty y sabía que él no tenía una agenda secreta en la que yo no estuviera involucrada. Y entre más pensaba en lo que había dicho, me daba cuenta de un hecho importante: Nunca antes había hecho una presentación ante la junta de consejo. Tal vez había sólo un protocolo diferente para ese tipo de presentaciones.

Como salió a la luz, ése fue exactamente el problema. Me había dirigido a los miembros del consejo como si fueran clientes potenciales. Pero los miembros del consejo directivo no están ahí para venderles, su propósito es ayudar a guiar a la compañía en los buenos y en los malos tiempos. Y como tal, necesitan tener información directa y sin maquillar para ayudar en su toma de decisiones. Una junta de consejo por lo general se lleva a cabo en una atmósfera de negocios con un bajo perfil, y yo había llegado con gran presunción, como si fuera una vendedora agresiva. Simplemente no fue la aproximación correcta.

Incluso con lo difícil que era aceptarlo, la crítica que me habían hecho, y que me había dolido, estaba en lo correcto. Así que la próxima vez que realicé mi presentación ante el consejo, recordé las palabras de Marty y preparé mi presentación como corresponde.

Aprender a aceptar críticas constructivas es una habilidad sumamente importante, no sólo en el trabajo sino en la vida. Es fácil molestarse con amigos o colegas cuando te dicen algo que no quieres oír. Pero hazte las dos preguntas, referidas antes y trata de evaluar las cosas de la manera menos emocional posible. Te darás cuenta de que la línea entre la crítica justa e injusta se vuelve mucho más marcada.

¿Cómo deberías responder si te sientes que estás siendo criticado injustamente? No tengas miedo a:

> **Mantenerte firme cuando tengas suficientes bases para ello.**

Una crítica que me han hecho en repetidas ocasiones a lo largo de mi carrera es que contrato demasiadas mujeres. La verdad es que con frecuencia contrato mujeres para que cu-

bran puestos ejecutivos, pero ¿en verdad contrato "demasiadas"? ¿De todos modos, cuántas son demasiadas, en especial
si todas están calificadas?

En 1985, un perfil de la revista *Adweek* hizo referencia a
la crítica que yo había hecho sobre este tema:

> El segmento más controversial de su carrera… [fue] su se-
> gunda etapa laboral, primero como directora de publicidad,
> después como directora general de la revista *New York*. —
> Ella corrió a todos los hombres de la *New York* y los rempla-
> zó con mujeres —se quejó un vendedor disgustado—, y esa
> acusación fue aprobada en un perfil publicado por *Fortune* el
> año pasado. —Soy muy sensible a esos cambios, y estoy muy
> consciente de ellos —dice Black sin alterar la voz—. No son
> ciertos. No obstante, no se sentía compungida de sacar a
> personas veteranas en ventas que sentía que estaban siendo
> débiles. —Tenemos un nuevo producto, pues la ciudad es
> diferente. Estén o no en el nuevo equipo, no quiero escu-
> char sobre el pasado todo el tiempo —les dije. —Algunos
> se fueron, y otros fueron animados a irse.

¿Te suena familiar? Tal como en Hearst, donde instituí
una multa de diez dólares para cualquier empleado que di-
jera "Ya intentamos eso", quería que mi equipo en la *New
York* se enfocara en el futuro, no en el pasado. Los que no
pudieran o no lo hicieran, muy pronto estarían en camino a
otros trabajos. Y mientras fui llenando los nuevos puestos,
es verdad que contraté a un alto porcentaje de mujeres que
habían trabajado en la *New York* antes. ¿Era legítimo criticar
esas decisiones de contratación? ¿O era éste el caso en el que
mi mejor respuesta sería descartar la crítica?

Si aplicas la prueba de las dos preguntas a este escenario en particular, las respuestas son muy diferentes a las del

caso de Marty Singerman. ¿Los críticos estaban actuando de buena fe o tenían alguna segunda intención? Bueno, algunos gruñidos venían de gente que había perdido su empleo, y otros venían de los que no estaban a gusto con la afrenta al *status quo*. Nada de eso estaba dirigido a mí con la finalidad de ayudarme a hacer mejor mi trabajo, así que la respuesta claramente era rechazar estas críticas.

En el caso de la segunda pregunta, ¿alguno de mis críticos tenía conocimiento de una materia que yo ignoraba? La respuesta a ésa era igualmente clara: no. Una vez obtenidas esas dos respuestas negativas, junto con el uso de mi intuición, supe que la crítica no era legítima. Estaba contratando ejecutivos capaces y con experiencia y, a pesar de que estaba contratando más mujeres que mis antecesores, la noción de "demasiadas" me parecía absurda. Después de todo, ¿cuánta gente se queja cuando ejecutivos varones contratan, en su mayoría, otros ejecutivos varones para sus equipos? ¿Y qué tan cerca están casi todos los equipos de ejecutivos de repartir su personal cincuenta-cincuenta en cuanto a sexo, que sería lo más justo?

Cuando las críticas acerca de que yo contrataba demasiadas mujeres continuaron mientras trabajé para Hearst, recordé algunas de las experiencias de Pat Carbine y decidí usar un poco de mi magia para responder. El momento que escogí fue la fiesta anual para ejecutivos, donde después de la comida me levanté para hacer algunos comentarios a cerca de cien ejecutivos de Hearst.

Es un acto poco solemne, así que casi siempre pronuncio una frase humorística o hago alguna broma. Sin embargo, en esta ocasión dije:

—Parece que algunas personas piensan que contrato demasiadas mujeres —mientras sonreía y miraba alrededor del salón—. Sólo quiero que sepan que estoy escuchando sus quejas. Así que pensé en hacer una pequeña encuesta. ¿Podrían levantarse todas las mujeres ejecutivas, por favor?

Las mujeres se levantaron. Y mientras las cabezas giraban alrededor por todo el salón, la gente se dio cuenta de la verdad: sólo cerca de una tercera parte de los invitados eran mujeres. ¿Demasiadas mujeres? ¿No podría considerarse eso como demasiado pocas, si acaso?

—Gracias —dije, todavía sonriendo—. Y ahora, ¿podrían levantarse los hombres? En respuesta, docenas de hombres del salón se levantaron, dando solidez a mi punto mejor de lo que cualquier discurso hubiera podido hacer. La gente murmuró y se rió, y los hombres tomaron asiento. Una vez aclarado el punto, me senté también.

POCO tiempo después de haber empezado a trabajar en el *USA Today*, Al Neuharth me pidió que participara en una junta a las 9:00 a.m. en las oficinas de Gannett en la Avenida Madison. Planeé estar ahí unos minutos antes, pero mi teléfono sonó a las 8:45 a.m. El asistente ejecutivo de Neuharth, Randy Chorney, estaba en la línea.

—Cathie —me dijo—, ¿dónde estás? La junta de directivos está por empezar.

—Ya sé —le dije—. ¿Es a las nueve, verdad? Estaré arriba en un par de minutos. —Colgué el teléfono, un poco confundida, y entré de prisa a la sala de juntas en el piso 32; un salón con paredes grises, estilizadas y elegantes, con sillas de piel negra y una mesa en forma de herradura. Cuando llegué, a las 8:51, todos ya estaban sentados en los lugares asignados, y parecía como si llevaran ahí horas. Mientras tomaba mi asiento, temblaba, la temperatura no podía estar a más de 14 grados en esa sala.

Ésa fue mi introducción al estilo de dirigir de Al Neuharth: le gustaba empezar las juntas temprano, así como mantener las salas de juntas frías y tener a la gente fuera de balance. En ocasiones *muy* fuera de balance. Neuharth era un gran líder en muchos aspectos, pero le gustaba la antigua usanza de ser líder infundiendo miedo en sus empleados. Como me di cuenta más adelante en esta junta, él en ocasiones llevaba las cosas demasiado lejos.

> ### No uses el miedo como un arma.

Precisamente a las 8:57, Neuharth entró. Vestido con su traje de seda de marca y lentes obscuros, con su pelo gris perfectamente peinado hacia atrás, me recordaba a Frank Sinatra. Se dirigió con pasos largos y firmes a su lugar en la cabecera de la mesa (nadie jamás se había sentado a su lado en estas juntas) y sacó un sobre, agitándolo.

—¿Qué demonios es esto? —preguntó agresivo, ondeando el objeto en el aire. No podía decir qué era, si es que acaso había algo en el sobre, pero sí podía ver que tenía perforaciones a los lados, del tipo de sobres que sólo arrancas las orillas para abrirlos. Neuharth miró alrededor de la sala, con el ceño fruncido, y dramáticamente jaló las perforaciones para abrirlas.

—¡Esto parece una factura médica! —rugió—. ¿De quién fue esta estúpida idea? ¡Ésta es la idea más idiota para una promoción que se enviará por correo que jamás haya visto! —Con furia arrugó el sobre y el anillo gigante con la gema incrustada de su mano derecha destellaba con la luz. Entonces volteó y aventó el sobre hecho bolas justo a la cabeza del director de circulación, quien dirigía el departamento que había sacado el diseño ofensivo. El director de circulación, se estremeció, luego se sentó en silencio y cabizbajo, mirando alrededor y como si fuera a vomitar.

Eché un vistazo a lo largo de la mesa para mirar al hombre que encabezaba el departamento de ventas de medios de Gannett, mi nuevo amigo, Ray Gaulke. Cuando nuestras miradas coincidieron, pude advertir lo que estaba pensando, porque era exactamente lo mismo que yo estaba pensando.

¿En qué demonios nos habíamos metido?

Neuharth continuó despotricando, acechando alrededor de la mesa y ampliando sus críticas para incluir no sólo al director de circulación, sino a todos en la sala.

—¿Cómo vamos a sobrevivir si *éste* es el calibre de nuestras ideas creativas? —dijo bruscamente—. ¡Tenemos que hacer las cosas mejor que esto! ¡Este papel nos hará quebrar, los trabajos se perderán y ustedes serán considerados unos fracasados si no nos enfocamos y actuamos! —Neuharth miró enfurecido alrededor de la mesa, como si nos estuviera retando a hablar.

¿El método para comunicarse como si fuera una bomba atómica de Neuharth fue efectivo? Sí y no. El director de circulación, a quien había reprendido tan ferozmente, fue invitado con gentileza a salir de la compañía en cuestión de meses. La siempre presente amenaza de que Neuharth se convirtiera en un reactor nuclear —un hombre quien después tituló sus memorias con orgullo *Confessions of a SOB*—[1] provocó miedo en los corazones de numerosos empleados del *USA Today*. Por otro lado, tuvo éxito al motivar al grupo de ejecutivos talentosos y con empuje a dejar de ser jóvenes promesas y convertirse en realidades. En muchos aspectos, deseaba fervientemente que el *USA Today* existiera gracias a la fuerza de su personalidad, carisma y, en ocasiones, su liderazgo maníaco.

Se dice que el presidente Lyndon B. Johnson definió un líder como "alguien que, si no haces lo que dice, te puede hacer algo terrible". Tal vez cuando LBJ estaba en su oficina,

---

[1] N. del T. Las siglas SOB significan *son of a bitch*.

en los años sesenta, el "miedo como motivación" era una táctica efectiva, pero no creo que eso siga siendo cierto. Hoy día, creo que puedes lograr mejor desempeño de tu equipo por medio de una comunicación razonada y equilibrada. Infringir miedo a tus empleados puede llevar a altos desempeños temporales, pero a lo largo del tiempo, el daño que hace al aspecto moral disminuye los rendimientos.

Si eres el líder o el seguidor, la clave para crear una atmósfera donde la productividad crezca con fuerza es la misma:

> **Conocer la diferencia entre la provocación profesional y la personal.**

Cuando Neuharth aventó ese sobre hecho bolas, pude advertir, por la cara del director de circulación, que éste no podía sobrevivir a este tipo de atmósfera por mucho tiempo. Tal vez ése era el plan de Neuharth: eliminar a cualquiera que no estuviera psicológicamente preparado para una guerra de trincheras. Pero en mi opinión, fue demasiado lejos. No hay necesidad de conmocionar o traumatizar a tu equipo para conseguir tus objetivos, o ridiculizar a nadie enfrente de otros.

Hubo otra ocasión memorable cuando Neuharth empujó tan cerca de la orilla a un ejecutivo como jamás he vuelto a ver. Ésta vez llegó tan lejos, que fue motivo de leyenda.

Neuharth solía reunir a los ejecutivos del *USA Today* en su casa de Florida para las juntas. Era imposible predecir cuándo le entraría la urgencia, pero todos vivíamos en un estado de alerta perpetuo para volar incluso cuando nos avisaban con poco tiempo de anticipación. Un sábado en la noche, mi esposo y yo llegamos a casa de una cena y encontramos un mensaje en la contestadota: "Ve al aeropuerto de Dulles a las 4:00 p.m. mañana". Los aviones ejecutivos de *Gannett* estaban listos en la terminal privada, así que ésta era la indicación de que Neuharth me estaba convocando a ir a Florida. Una junta ya tarde el domingo definitivamente era fuera de lo normal, así que de inmediato sospeché y me imaginé que no podían ser buenas noticias.

¿De qué se trataba esto? ¿Me iban a correr? No me habían dado pistas y no tenía manera de saber nada, al menos hasta que llegara al aeropuerto al día siguiente y viera si alguien más volaría conmigo.

Cuando llegué al aeropuerto, otro par de ejecutivos estaban ahí también. Esto me hizo sentir un poco mejor; sin embargo, mientras tomábamos nuestros asientos, era evidente que todos estábamos nerviosos. ¿Se estaba derrumbando el periódico? ¿Estábamos todos a punto de perder nuestros trabajos? Ponernos a adivinar era, por supuesto, otra de las herramientas de Neuharth para mantener el control. En el vuelo, sólo se escuchaba el ruido de una callada y pequeña charla.

Aterrizamos en Florida y de inmediato nos llevó una limusina al hogar de Neuharth en Cocoa Beach. La llamaban el Pumpkin Center, y era una casa hermosamente renovada con alberca y cancha de tenis, en cinco acres frente al mar. A pesar de que parece una cabaña por fuera, el interior de la casa se parece más a la mansión de *Playboy*, con enormes espacios abiertos y un alberca interior. Una vez dentro, vimos a otros ejecutivos a quienes también habían traído, y enseguida nos hicieron pasar arriba a la sala de juntas, y nos sentamos frente a una mesa larga hecha de madera rústica y corteza.

Un momento después, Neuharth entró. Nos miró a cada uno y dijo en voz baja:

—Si ustedes, gente inteligente, no pueden ver las cosas que están haciendo mal y corregirlas, este periódico va a irse a pique antes de lo que se imaginan. —Continuó por ese camino por otros cinco minutos, reprendiéndonos por nuestros defectos y pintando en términos crudos el siempre profundo hoyo negro en el que estaba el periódico. Concluyó con una invitación a cenar—. Todos van a tener que imaginarse cómo demonios arreglar esto. Pero esta noche, nos vemos en el Surf para cenar. Empezamos a las 7:00 p.m. —Entonces abandonó la sala.

El restaurante *Bernard's Surf* era el más popular en Cocoa Beach. Lleno de personas retiradas y de locales, con fuerte olor a pescado frito en el aire, era un restaurante muy lejos de los muy sofisticados, a los que muchos ejecutivos estaban acostumbrados, pero Neuharth era un cliente asiduo e incluso tenía su propia mesa. Los otros ejecutivos y yo llegamos juntos al restaurante y nos acompañaron al salón privado.

—Dios mío —murmuró la primera persona que entró al salón. Otros más pasaron, y luego yo llegué a la entrada. Miré y contemplé la vista más extraordinaria que jamás había visto.

Al Neuharth estaba sentado a la mesa, vestido con una bata y una corona de espinas plateada en su cabeza. Con la mano sostenía una cruz de madera gigante.

No podía creer lo que veían mis ojos. ¿Se había vuelto loco Neuharth? Todos sabíamos que era estrafalario y un poco exagerado, pero cuando el presidente y director general de una compañía multimillonaria se viste como Jesucristo para ir a un restaurante público (aunque en un salón privado), hay muchas razones para dudar de su salud mental. Las reacciones en el salón pasaron de la diversión a la indignación, y varias personas que asistían con regularidad a la iglesia, se sintieron en verdad ofendidas.

El punto de Neuharth era que él estaba dando su sangre por el periódico. Quería animarnos a que diéramos nuestro todo, también, y parecía que pensaba que esta farsa escandalosa era la manera de lograr que nos pusiéramos las pilas. Pero por memorable que fuera la táctica de Neuharth, no creo que valiera la pena el daño que causó entre algunos de los miembros del equipo.

Esa vez pudo haber ido demasiado lejos, pero en general Neuharth tenía un talento impresionante para empujar a sus equipos a la orilla, pero no más allá de ella. Por fortuna para él, sus empleados sabían cómo

> **Usar el miedo como plataforma de lanzamiento.**

Una de las artes marciales más poderosas es el judo, un sistema de autodefensa en el cual tienes que voltear el equilibrio de tu oponente contra sí mismo. Si tu oponente se apresura hacia ti, en lugar de chocar con él de frente, te mueves a un lado y usas la fuerza de su cuerpo para sacarlo de balance. Puedes hacer lo mismo con el miedo: en lugar de luchar contra él y tratar de echarte para atrás, lo puedes usar para motivarte.

A Al Neuharth le gustaba infundir miedo en el trabajo, como una manera de prender el fuego de la gente. Como las historias de su amado *USA Today*, él no desperdiciaba palabras, sino que iba al corazón de las cosas. Un memorando sucinto y poderoso que él escribió captura ese tono:

> Gannett es el *USA Today*, el *USA Today* es Gannett. El *USA Today* no es Al Neuharth.
>
> El *USA Today* ha puesto a la Gannett Company en

las ligas mayores. El *USA Today* puede mantenerla ahí, o puede llevar a Gannett de regreso a las ligas menores, por así decirlo.

En sus cuarentas y cincuentas es mejor que hayan pensado bien en eso. Ustedes se llevarán el beneficio y el prestigio y la estatura y [lo harán bien] en el aspecto financiero o sufrirán las consecuencias.

Neuharth y [director general Jack] Heselden se habrán ido y casi estarán olvidados, como ganadores o perdedores. Nosotros en nuestros sesentas nos retiraremos y disfrutaremos la vida. Ustedes en sus cuarentas y cincuentas vivirán con eso, sea lo que sea. Es el *USA Today*.

Si triunfan, son estrellas y a cargo de una compañía de medios de comunicación prestigiada y de las grandes ligas con una bandera, la del *USA Today*, que es la envidia de todos. Si fracasan, ustedes y Gannett, estarán resignados a ser un equipo de las ligas menores… por el resto de sus carreras. Tienen la gran posibilidad de aprovechar esta oportunidad o de echarla a perder.

El espectro de tan enorme fracaso pudo haber paralizado a algunos, pero Neuharth conocía bien a sus ejecutivos. Cuando nos dio a escoger: "Aprovecha esta oportunidad o échala a perder", usamos ese *miedo* como motivador. Nadie quería fracasar, así que peleamos todavía más duro para darle la vuelta al periódico.

Incluso hoy, cuando leo este memo, me dan ganas de salir y llamar anunciantes para vender *USA Today* otra vez, para trabajar como loca para vencer los obstáculos que estábamos enfrentando. El lanzamiento del *USA Today* involucró un esfuerzo supremo y súper concentrado, y había un extraordinario ambiente de trabajo. Y ya que la línea entre el éxito y el fracaso era tan delgada, bien pudo haber sido la habilidad de nuestro equipo para usar el miedo como motivador lo que hizo la diferencia.

Así que, no tengas *miedo* a tu propio *miedo*. Úsalo como propulsor de ti mismo para ir hacia delante. Puede que se convierta en el mejor motivador que puedas encontrar.

Haz realidad el trabajo de tus sueños

Pensaba que había visto todo, hasta el día en que una planta, en una maceta enorme, apareció en mi oficina de la revista *New York*. Se veía como de 1.20 m de altura.

—¿Qué es esto? —pregunté a mi asistente. Me dijo que era de alguien a quien yo acababa de entrevistar para un trabajo. Me dio la tarjeta que venía con ella y la leí sorprendida. "Me encantaría trabajar para usted y ayudar a que crezca su jardín" (o algo así), y estaba firmada por el esperanzado entrevistado.

Santo Dios. Ésta no era obviamente la manera de llamar la atención de una ejecutiva ocupada. Casi no podía creer que alguien en verdad la hubiera enviado. Es una obligación el hecho de dar seguimiento a una entrevista, por supuesto, ¿pero una planta gigante?

—¿Puedes hacer algo con esto? —pedí a mi asistente, marcando de manera oficial un fin a cualquier tipo de "jardinería" que pudiéramos estar haciendo por esta persona.

Comunicarse bien con empleados potenciales es un factor crítico para construir una carrera exitosa. Por fortuna, existen maneras simples y directas para hacerlo bien. A continuación encontrarás cinco elementos clave para buscar trabajo, ya sea que seas nuevo en el mundo del trabajo, que busques avanzar o simplemente quieras cambiar de compañía.

Carta de presentación

1. Envía una.

No te imaginas cuántas veces recibo sólo el currículo sin ninguna carta, lo que siempre me hace pensar : *No dudo por qué esta persona está desempleada*. Puedes pensar que escribir una carta no es necesario, ya que toda la información necesaria está en tu currículo. Pero tu carta da una primera impresión crucial, que te permitirá resaltar tus mejores habilidades e intereses en esa compañía, al tiempo que demostrarás que eres capaz de comunicarte bien.

2. Sólo los hechos.

Redacta una carta breve, cortés y de no más de una página. Éste no es el lugar para dar un discurso sobre tu filosofía personal y tus sueños de la infancia. No es tu intención que tu empleador potencial se impaciente al tener que pasar por muchísimas hojas, cuando lo que quiere es un breve resumen.

3. Conoce lo que debes decir (y lo que no).

Las mejores cartas expresan tres cosas: por qué eres bueno en lo que haces, cómo ayudarás a la compañía y tu entusiasmo por el trabajo. Siempre ten en mente esta pregunta: *¿Qué necesita saber el empleador?* Es mucho más importante mostrar a un empleador que traerás las habilidades necesarias a su negocio que explicarle cómo encaja ese trabajo en el gran esquema de tus ambiciones personales. Recuerda, para los empleadores, no se trata de ti. Es sobre lo que puedes hacer por *ellos*.

4. **Imprímela (junto con tu currículo) en papel de alta calidad.**

Tal vez pienses que esto no hace ninguna diferencia, y puede que para un puñado de empleadores, no la hará. ¿Pero, por qué arriesgarte usando papel barato para imprimir, cuando es tan fácil usar papel más pesado y de mayor calidad? La manera en que te presentas es un indicador de cómo representarás a la compañía que te contrate y tus empleadores lo saben. Así que asegúrate de usar un producto de calidad.

5. **Despídete diciendo que tú los llamarás.**

Y luego hazlo. Nunca despidas una carta con la frase "Quedo en espera de sus noticias". En su lugar, identifica el siguiente paso y haz que sea uno activo, algo que puedes hacer para mover el balón hacia tu cancha. Es mucho mejor decir: "Me comunicaré a su oficina el miércoles 26 para verificar", lo que te permite empujar las cosas, más que esperar una llamada que tal vez nunca llegue. Entonces, cuando hables, ten una copia de tu carta frente a ti, como referencia: "Estoy llamando para dar seguimiento a mi carta del 17 de marzo…".

CURRÍCULO

1.   No exageres

Han surgido muchas tendencias nuevas de cómo presentar un currículo, como la de incluir fotos o incluso videos cortos (o no cortos, como en el caso famoso de un estudiante de Yale, Aleksey Vayner, quien hizo un vergonzoso video egocéntrico de siete minutos que terminó en internet, en YouTube). Pero tu mejor apuesta es ir por algo básico. Hazlo corto, de no más de dos páginas y preferente de una. Preséntalo de forma sencilla, sin gráficos extravagantes o tipos de fuente difíciles de leer. Y no olvides mantener el foco, al incluir sólo la información que mostrará al empleador tus habilidades y cualidades relevantes.

2.   Pide ayuda para hacerlo muy bien.

Preparar un gran currículo es todo un arte, así que no te dé pena pedir ayuda a los expertos. Libros como *The Résumé Handbook* y *Résumés for Dummies* dan muy buenos consejos, o puedes contratar un servicio profesional para que pula lo que tú ya hiciste. Tu currículo es un documento de suma importancia para avanzar en tu carrera, así que vale la pena invertir tiempo y dinero necesarios para que sea lo mejor que se pueda.

3.   Revisa la ortografía

No permitas que ningún error de ortografía o de gramática se cuele ni en tu currículo ni en la carta que servirá de portada. Checa dos veces la ortografía de los nombres, títulos y compañías (recuerda, las Cathies del mundo en verdad odian que escriban su nombre "Kathy"). Lee con cuidado cada carta antes de mandarla, en especial si estás volviendo a utilizar una versión previa y sólo estás llenando la información de la nueva compañía. En fechas recientes, recibí una carta de alguien que estaba buscando trabajo y que evidentemente había hecho una búsqueda y reemplazo global de datos en una carta anterior. ¿Cómo lo supe? La palabra Hearst aparecía en toda la carta, pero todo lo demás describía a la perfección a nuestro competidor, Condé Nast, en donde seguramente también solicitó empleo. Ésa es una persona que en definitiva no tuvo una llamada de respuesta.

4. Adapta tu currículo para el trabajo que estás solicitando.

Es bueno tener varias versiones de tu currículo, adaptado a diferentes tipos de trabajos, mientras que la información permanezca fiel y las diferencias estén dirigidas a lo que tú quieres remarcar. Conseguir un trabajo es un asunto de encajar tus habilidades con las necesidades de tu empleador.

5. No exageres y nunca mientas.

Si fuiste a la universidad y nunca te recibiste, no digas —o ni siquiera insinúes— que lo hiciste. No digas que trabajaste en algún lado durante siete años si estuviste ahí por cinco y medio. Incluso si crees que te puedes salir con la tuya, resiste la tentación de inflar las evidencias de tus estudios, tu experiencia o tus habilidades. Sencillamente, no es correcto. Y probablemente de todos modos no podrás salirte con la tuya.

PREPÁRATE PARA
LA ENTREVISTA

1. Sé persistente.
Como lo escribí en el capítulo 1, la persistencia retribu-

ye, bien sea porque estés esperando conseguir una entrevista de trabajo, una nueva cuenta o cualquier otra cosa. Así que levanta el teléfono y llama a tu empleador potencial para preguntarle en qué paso van del proceso de contratación y si hay algo que puedes hacer para facilitar el camino. No es tu intención cazarlos, pero definitivamente ayuda el hecho de mostrar iniciativa. En ese mismo sentido, si se abre la vacante de un puesto que tú quieres, dentro de tu mismo lugar de trabajo, no esperes a que alguien te pregunte si estás interesado. Ofrécete de manera voluntaria y hazles saber que estás muy interesado. Serás tomado en cuenta como candidato de una manera mucho más seria.

2. Investiga sobre la compañía y sobre quién te va a entrevistar.

Recientemente entrevisté a una candidata para ocupar el puesto de directora de recursos humanos y, a pesar de estar impresionada con su currículo, era claro que no había hecho ninguna investigación antes de la entrevista. No sabía mucho sobre nuestras revistas o sobre nuestra compañía, ni siquiera lo básico, como que yo llevaba diez años en Hearst y ocho en el *USA Today*. Ahora bien, no estoy diciendo que ella necesitara haber escrito una disertación sobre la historia de mi trabajo, pero en especial en esta era del Google en internet y la información instantánea, sólo te toma un par de minutos obtener información básica acerca de una compañía y de quien te entrevistará. Si alguien viene conmigo a una entrevista y no sabe nada sobre Hearst, de manera automática lo tomo como un candidato menos serio. Después de todo, si no tienes la iniciativa de gastar diez minutos para prepararte para mí, ¿cómo sé que tendrás la iniciativa que se necesita para triunfar?

3. Piensa antes en estas preguntas.

Casi siempre puedes garantizar que un empleador potencial te preguntará algunas variantes de las siguientes preguntas:

- ¿Qué deseas obtener de este puesto?
- ¿Cuáles son los puntos débiles de tu currículo, y cómo puedes tratarlos de manera cándida y sucinta?
- ¿Alguna vez te han despedido? ¿Por qué?
- ¿Cuáles son tus fortalezas y tus debilidades?
- ¿Dónde deseas estar en cinco años?

La entrevista

1. Tienes que verte maravilloso.

Como se discutió en la sección de Blanco y Negro
"Primeras Impresiones", verte bien en realidad sí cuenta. No
tienes que verte como modelo de alta costura, pero sí usar
ropa adecuada.

2. Lleva un cuaderno y una pluma.

No puedo decirte cuántas veces los entrevistados me
han pedido una hoja o una pluma, para anotar algo. Cada vez
que esto sucede, me sorprendo. Ve preparado a tu entrevista:
invierte en una carpeta de piel de las que sostienen un bloc
de notas y plumas, y siempre trae contigo copias recientes de
tu currículo, incluso si ya enviaste una al entrevistador. Si el
entrevistador no tiene su copia a la mano, ofrécele una.

3. Llega quince minutos más temprano.

Siempre puedes necesitar tiempo extra para eventua-
lidades como el tráfico, amontonamientos en el estaciona-

miento o tiempo que no tenías contemplado para registrarte con el personal de seguridad, si es que lo hay. Por ejemplo, en Hearst, puede ser que te encuentres en el módulo de seguridad ante un enorme grupo de modelos que atienden a un llamado, todos esperando registrarse, lo que te llevará por sí mismo quince minutos extra. Llega lo suficientemente temprano para encontrar el piso correcto, ir al baño, refrescarte —lo que necesites para estar listo para presentar lo mejor de ti. Por otro lado, no llegues más de 15 minutos antes; si te sientas en mi recepción por media hora, te vas a poner nervioso y yo me voy a dar cuenta de que estás merodeando por ahí.

4. **Consigue respuestas a tus preguntas.**

Cada entrevista de trabajo es una vía de dos sentidos. No sólo estás convenciendo a un empleador de que te quieren, también estás decidiendo si la compañía u organización es la correcta para ti. Desde este punto de vista, asegúrate de conseguir las respuestas a estas preguntas y a otras cualquiera que sean importantes para tu decisión:

- ¿Cuál es la perspectiva de la compañía?
- ¿Cómo encajas en la organización?
- ¿A quién le vas a reportar?
- ¿Quién te va a reportar a ti?

¿Te acuerdas de la historia del Prólogo, cuando Joe Welty me hizo entrar en choque cuando me dijo que él no se iba a reportar conmigo? No permitas que eso te suceda.

5. **No hables demasiado y no prolongues el recibimiento.**

La clave es seguir el mensaje de tu entrevistador. Si estás

en una oficina silenciosa, es mejor ajustar el volumen de tu voz como corresponde. No hace mucho, después de entrevistar a una mujer con Ellen Levine y Eliot Kaplan, nuestro director de talento editorial, les pregunté:

—¿Hablaba increíblemente fuerte, o soy yo? —Ambos se rieron y lo soltaron:

—¡Sí!

Y percibe el mensaje de cuándo es momento de partir, también. Si llevas más de media hora en la entrevista, puedes decir:

—No sé cuánto tiempo más tenga, no quiero prolongar su bienvenida—, lo que permite al entrevistador saber que estás pendiente del tiempo que llevas ahí.

6.   Sé tú mismo.

He dicho muchas de las cosas que sí y que no debes hacer, pero lo más importante a recordar es: sé tú mismo. Tienes más que suficientes habilidades y talentos que llevar a un trabajo, de otra forma tu empleador no te habría llamado para una entrevista. Confía en ti mismo y respira profundo. Lo vas a hacer muy bien.

Dar seguimiento

1.   Envía una nota de agradecimiento

Siempre, siempre, siempre envía una nota o carta de agradecimiento para dar seguimiento. Te verán como alguien tan educado como minucioso, dos cualidades que cualquier empleador busca en alguien que va a contratar. Es una buena idea enviar notas de agradecimiento en otras ocasiones, también cuando recibes un bono o un ascenso, o en cualquier momento que aprecies algo que tu jefe ha hecho, ya sea en el trabajo o fuera de él. Como ejecutiva que he sido por mucho tiempo, te puedo decir que a todos los jefes les encanta recibir notas de agradecimiento y, entre más alto están en la escalera, menos parece que las reciben. También somos humanos y una nota sincera de agradecimiento significa mucho.

2.   Escoge la tarjeta apropiada.

Hace poco recibí una nota de agradecimiento de una joven que me escuchó dar un discurso. Me la envió por correo a Hearst —hasta ahí todo bien— pero cuando abrí el sobre, no podía creer lo que ella había enviado. ¡Era una caricatura de la revista *New Yorker* mostrando dos personas en la cama, con un humor algo subido de tono! No era precisamente lo que quieres enviarle a una ejecutiva cuando estás tratando de dar una primera buena impresión. ¿En qué estaba pensando?

A título personal, prefiero cartas escritas a máquina o tarjetas escritas a mano, pero cada quien es diferente, así que haz lo que sientas que es apropiado. También prefiero recibir cartas de agradecimiento por correo convencional, aunque está aumentando la gente que envía dicha correspondencia por correo electrónico. Tu mejor apuesta es identificar lo que prefiere la persona a quien harás el envío, así que pregunta a su asistente, si tiene.

3.   Entabla amistad con el asistente del ejecutivo.

Cuando fui al doctor el otro día, me di cuenta de que la persona en la recepción estaba tomando en una taza para café de Hearst.

—Vaya —dije—, ¿de dónde sacó esa taza? —Pensando que la revista la había enviado como promoción.

—De su asistente, Pamela —contestó. No debí haberme sorprendido; Pamela es una experta en ver más allá. Cuando le pregunté sobre el asunto, me dijo:

—Mando tazas para café todo el tiempo, a las personas con quienes es difícil conseguir una cita. —El asistente es el guardián, así que reditúa ser amable con él o ella.

4.   Nada de plantas en macetas.
En especial plantas de 1.20 m de altura.

Capítulo 5

Poder

Cuando escuchas la palabra **poder**, es probable que ciertas imágenes vengan a tu mente: corporativas, de aeronaves, de altos ejecutivos y autos con choferes. Éstas son algunas maneras de retener cierto tipo de poder, es cierto. Sin embargo, el poder no es sólo algo que se concentra en las manos de algunos hombres de negocios, abogados o políticos. Es algo que tú puedes, y debes, desarrollar por ti mismo, no importa en qué parte del tótem profesional te encuentres.

Empieza por pensar en el poder no como algo que te otorga el puesto que ocupas, sino como algo que creas para ti mismo. Incluso cuando otros se encuentran por encima de ti en la jerarquía, puedes hacerte un miembro indispensable —y por lo tanto poderoso— de tu equipo. Las historias en este capítulo te mostrarán cómo desarrollar tu propio poder, ya sea que seas practicante, gerente, empleado independiente o ejecutivo. Empecemos con algunas nuevas definiciones.

> **Poder = mantener la mirada en el panorama completo.**

Después de seis meses de ser presidenta del *USA Today* me ascendieron a directora general y Paul Flynn tomó mi puesto como nuevo presidente. Paul tenía mucha experiencia en cuanto a la circulación de un periódico, así que estaba a cargo de ese departamento a pesar de que yo había esperado y deseado trabajar en el área de circulación. Cuatro meses después, cuando Flynn renunció, pensé que tendría mi oportunidad. El nuevo presidente, Lee Guittar, no era un ejecutivo con experiencia en el área de circulación, aunque Neuharth aclaró que Guittar de hecho tomaría también la responsabilidad de la circulación. Esta novedad me tomó por sorpresa y francamente me irritó. No tenía nada contra Lee, quien era un ejecutivo de los periódicos muy hábil, pero ¿por qué estaba siendo restringida a la venta de publicidad?

Canalicé mi frustración en un memorando a John Curley, presidente de Gannett, dejando de lado las finuras y yendo al grano:

> A punto de ser nombrada presidenta, me siento obligada a decir cómo me siento. Estoy frustrada. Y desanimada. Y con dudas sobre mi próximo crecimiento en Gannett/ *USA Today.*
>
> ...De muchas maneras, no veo que mi autoridad aumente... En nuestra breve conversación, me han dicho que

Lee llega como el número dos, debajo de mí. Al menos así es como Al lo presentó en Dallas. ¿Pero en verdad es así? El año pasado me uní al *USA Today* con el título de presidenta sólo para descubrir después que era un título sin autoridad ni responsabilidad...

Ahora siento que esa misma situación se repite. El hecho es que ahora soy directora general sólo de nombre. En realidad soy directora de publicidad con un poquito más de responsabilidad en cuanto a la circulación.

Curley le pasó mi memo a Al Neuharth, quien respondió enojado. Garabateó comentarios furiosos en los márgenes, escribiendo que mi memo era "tiempo perdido" y "lleno de errores y sandeces". También se dio cuenta de que a pesar de que había marcado el memo como "estrictamente personal y confidencial", pedí a mi asistente que lo mecanografiara.

—Nada que está en manos de cualquier secretaria puede ser "estrictamente personal y confidencial" —escribió—. Mecanografíalo tú misma o habla en privado sobre ello.

Pero fueron mis dos últimas líneas las que en realidad lo enfurecieron.

—Puede que pienses que soy una descarada al soltar todo esto —había escrito—. Pero si no te digo lo que pienso y cómo me siento, entonces no tendré a nadie a quién culpar sino a mí.

—¿Descarada? No. ¿Jodida? Sí —decían sus garabatos.

Ni Neuharth ni Curley me dieron, afortunadamente, ese memo marcado. De hecho, no lo supe sino hasta que apareció en 1987 un libro de los primeros años del *USA Today* –*McPaper*, escrito por Meter Prichard, en el que lo reprodujeron por completo. Aparte del hecho de que yo estaba conmocionada porque Neuharth había dado permiso al autor de reproducir el memo, se me regresó la vehemencia puntillosa de sus comentarios. Lo leí una vez, mientras aumentaba mi enojo, luego cerré el libro y no volví a mirarlo. ¿Cuál era el punto? Para entonces, el memo era un asunto olvidado y seguramente no valía la pena insistir en ello.

Casi 20 años después, cuando comencé a escribir este libro, eché un vistazo al libro *McPaper* y al tristemente célebre memo, y me encontré sorprendida por mi reacción. En lugar de leer los comentarios de Neuharth y enfurecerme, ahora me doy cuenta de que él había resaltado algunos puntos válidos (no obstante crudos). Por alguna razón, *estuve* equivocada al pedir a mi asistente que mecanografiara un memo confidencial; si el contenido de un memo es en verdad confidencial, no debes revelarlo a *nadie*, ya que es muy fácil y tentador para esa persona decírselo a otras. Más importante aún, había escrito un memo lleno de razones por las que estaba personalmente molesta sobre un desaire que percibí. ¿Por qué habría de importarle eso a Al Neuharth? No era su obligación darle gusto a mi ego o a mí. Su trabajo era dar gusto a los analistas de Wall Street y asegurarse de que el *USA Today* sobreviviera.

En mi memo no ofrecí ni una sola sugerencia de cómo mejorar el periódico, sino sólo sugerencias de cómo aplacar mi propio deseo de ampliar mis responsabilidades y escalar en la compañía. Perdía la visión del panorama completo y, como consecuencia, no sólo no estaba satisfecha, sino que mis jefes no estaban satisfechos conmigo.

En *McPaper* citaron a Neuharth ofreciendo sus observaciones sobre las secuelas del episodio del memo:

—Cuando Cathie volvió a concentrarse en la publicidad y dejó de pretender que podía con todo el espectáculo, se convirtió en una gran intérprete. —Admito que, incluso hoy, no me gusta leer esas palabras, pero mis habilidades en ventas de publicidad eran el elemento crucial para impulsar al *USA Today* hacia el frente, y mi poder dentro de la compañía era proporcional a qué tan exitosa era en ese ejercicio. En cualquier compañía, pero en particular en un arranque tan audaz y grande como el del *USA Today*, la experiencia y los resultados son lo que importa. Así que mientras no hay nada de malo en aspirar a llegar a niveles más altos o tratar de aprender algo nuevo, no olvides en dónde recae verdaderamente tu poder.

Lo anterior me trae a la mente otra definición de poder:

> **Poder = comprender lo que puedes y lo que no puedes controlar.**

En el capítulo 3 hablé sobre un colega que tenía el hábito de hacerme quedar mal en las juntas y de cómo hice un voto para enfocarme en los aspectos positivos de nuestra relación, lo que la mejoró enormemente. La lección en ese capítulo era que no debes personalizar las cosas que no son personales. Pero la segunda lección, igualmente importante, es que debes conocer lo que no puedes controlar, y entonces no perder tiempo en tratar de controlarlo. Aquí hay otros ejemplos, para mostrarte lo que quiero decir.

En una ocasión, un colega me ofreció un no solicitado pero intuitivo consejo sobre Victor Ganzi, quien se convirtió en mi jefe en junio de 2002.

—Voy a decirte algo importante, Cathie —me dijo—. Sólo recuerda: no puedes pedirle a Vic que trabaje más. Él trabaja los siete días de la semana y rara vez toma vacaciones.

Tal vez Vic no trabajaba los siete días de la semana completos, pero en verdad trabajaba al menos seis, y por lo general seis y medio. Hubiera sido fácil para mí sentir que debía encajar con sus horas de trabajo para probar mi dedicación, pero no era necesario. Cómo trabaja la gente, y cuánto trabaja, tiene mucho que ver con su propio ADN. Lo único que puedes controlar es tu propio horario y tu propio índice de productividad. Así que, mientras debas esforzarte por hacer tu trabajo de manera eficiente, nunca creas que debes trabajar muchas horas extra sólo por trabajarlas.

En cualquier ambiente de trabajo, hay muchos factores que no puedes controlar —los más difíciles por lo general son interpersonales—. Las personas se sacan de quicio entre sí, invaden el territorio del otro, compiten por el trabajo del otro y, algunas veces, del otro lado del espectro, se involucran de manera inapropiada entre ellas. En algún punto al inicio de mi carrera, tenía un jefe que estaba casado y que tenía una aventura con una de sus subordinadas, una situación rara que hacía nuestras vidas más complicadas, pero sobre la cual no podía hacer nada. Pudo haber sido fácil molestarme ante la situación, pero ¿qué caso tenía? Lo único que puedes hacer es aceptar lo que no puedes cambiar y darle la vuelta. Eso te permite tener una pizca de poder sobre la situación.

Sin embargo, esto no significa que implique que debas aceptar todas las situaciones sin quejarte. Algunas veces sí que te la tienes que jugar para lograr algún cambio positivo. El chiste es saber cuándo hacer tuya esa batalla, porque:

Poder = escoger con cuidado la batalla.

Hearst es una compañía privada con una larga y rica historia. Siete de nuestras revistas —*Cosmopolitan, Town & Country, Good Housekeeping, Redbook, Popular Mechanics, House Beautiful* y *Harper's Bazaar*— tienen más de cien años en circulación. Estamos orgullosos de nuestra herencia, pero también tenemos que ponernos al día con las demandas de un mercado cambiante del siglo XXI.

El símbolo más visible del empuje de *Hearst* hacia el futuro es nuestro nuevo edificio en el centro de Manhattan. Diseñado por el reconocido arquitecto Lord Norman Foster y terminado en 2006, la *Hearst Tower* es, con sus adecuaciones, un rascacielos construido en los cimientos del edificio de seis pisos de *Hearst*, un hito histórico ubicado en el número 300 de la Calle 57 Oeste. Fue el primer rascacielos que empezó a construirse después de los ataques del 11 de septiembre de 2001 y el primer edificio "verde" en la ciudad que contaba con los más altos estándares ambientales de la certificación *Gold LEED*. Con sus relucientes vidrios y fachada de acero, un café al aire libre, un centro de acondicionamiento físico y elementos de diseño vanguardistas, en verdad es un edificio del futuro.

Durante la fase de diseño del edificio, se ponderó, se discutió y se debatió cada posible componente. Desde el tamaño de las oficinas hasta la ubicación de los baños en los pisos, cada detalle se sometió a escrutinio, incluido, de forma memorable, el comedor *Good Housekeeping*, la piedra angular del edificio *Hearst* original.

El comedor original *Good Housekeeping*, con su encargado del comedor, era famoso. Decorado con muebles antiguos, una extraordinaria colección del siglo XVIII de rodillos de cocina de vidrio y primeras ediciones de libros de cocina, era un elegante y vivo monumento a la historia. Con el paso de los años, los personajes más sobresalientes de los medios de comunicación, de la política y del mundo del entretenimiento habían acudido ahí a eventos de alto nivel y reuniones, y su aura había sido pulida con el tiempo.

Dado el sentimiento futurista de la nueva torre, algunos en *Hearst* no pensaban que tuviera sentido recrear el comedor y sala tradicionales de *Good Housekeeping*. Y a pesar de que yo estaba muy involucrada con los planos de la construcción, no había prestado mucha atención a la ubicación y diseño del comedor –hasta que un día algunos de nosotros nos reunimos para revisar los planos y dimos un paseo por el nuevo piso del *Good Housekeeping Research Institute*, donde se localizaría el nuevo comedor.

Mi jefe, Vic Ganzi, estaba entre los que formaban el grupo. Caminamos lentamente por todo el piso en un grupo compacto, mirando los diversos toques y debatiendo puntos específicos sobre el color de las alfombras. Cuando llegamos al área donde iba a estar el comedor *Good Housekeeping*, pude ver cómo Vic empezaba a tensarse. El hermoso comedor con paneles se había eliminado para dar lugar a un espacio abierto, y el comedor por sí mismo había dado un giro hacia el moderno vidrio y el acero que caracterizaban el resto del edificio. El perfecto sabor antiguo que había hecho tan especial al salón original había desaparecido. Vic se volteó hacia mí y dijo:

—Bueno, si esto es lo que quieren que sea el comedor *Good Housekeeping*, está bien —su rostro se quedó impávido, como una losa de piedra—. Pero nunca vendré aquí.

Entonces Frank Bennack, vicepresidente del consejo y predecesor de Vic como director general de *Hearst,* intervino:

—Todos los presidentes de los Estados Unidos de nuestras vidas, excepto Bill Clinton y George W. Bush, se han sentado en nuestro comedor *Good Housekeeping* —anunció—. Es una pieza de nuestra historia. Pero si *esto* es lo que todos ustedes quieren…

Yo no estaba a cargo de los planos de la construcción, pero era claro cuál era el siguiente paso a dar. Exhorté al equipo arquitectónico de Lord Foster para que repensaran los planos, restauraran el comedor y regresaran al diseño original del comedor *Good Housekeeping*. Tal vez sería mucho menos consistente en el aspecto arquitectónico. Posiblemente representaba un gesto incongruente al pasado en un edificio dedicado al futuro. Pero ésta era una batalla que de inmediato supe no debíamos pelear. Simplemente entendí el mensaje de lo que mis jefes deseaban e hice lo mejor que pude para ver que se satisficiera. Con la construcción tan avanzada, rediseñar un piso era una propuesta cara y que llevaba tiempo, pero definitivamente valía la pena.

¿Cómo respondes cuando...

- alguien en el trabajo emite una opinión con la que no estás de acuerdo?
- tus colegas toman una decisión que consideras no benéfica?
- tu equipo empieza a moverse en una dirección que crees no es la correcta?
- tu jefe se inmiscuye para anular una decisión que tomaste?

La manera más simple de responder a todas estas situaciones es haciendo saber tu desacuerdo. Pero te pondrás en una posición mucho más poderosa si te tomas el tiempo para decidir cuándo responder y cuándo dejar que algo se quede ahí. Pregúntate qué tan serias serán las consecuencias y qué tantas oportunidades tienes de triunfar para cambiar la opinión de tus colegas. ¿Tu energía y tu tiempo estarían gastados de manera más provechosa si los dedicaras a asuntos más urgentes? ¿Tiene sentido ahorrar tu capital político para una batalla más importante? Considera todas estas preguntas antes de hacer cualquier movimiento, porque ninguna pelea vale la pena sólo por el hecho de pelear.

Como puedes ver, el poder dentro del lugar de trabajo a menudo está estrechamente atado al control. Y no me refiero a controlar lo que hacen los demás; me refiero a controlar lo que decides hacer. Aquí hay otro ejemplo:

Poder = controlar el flujo de información.

En mi primer día en el *USA Today*, llegué bastante temprano para encontrar mi oficina e instalarme. No la había visto antes, ya que estaba en las oficinas centrales del *USA Today* en Washington, D. C., y todas mis entrevistas habían sido en Nueva York, por lo que tuve que preguntarle a alguien cómo llegar ahí. Así que quedé bastante sorprendida cuando entré a la recepción y descubrí un hombre ahí sentado.

—Hola Cathie —me dijo, mientras daba un salto de su silla y extendió la mano. Me dijo su nombre y me informó que era un analista de Wall Street —. Voy a entrevistar a Al Neuharth como dentro de una hora. ¿Podría concederme unos momentos antes de eso? Me encantaría hacerle algunas preguntas.

—¿Está bromeando? —dije—. Escuche, hoy es mi primer día de trabajo: no sé nada aún. Si soy lo bastante tonta para hablar con un analista de Wall Street esta mañana, estaré despedida para medio día. ¡Discúlpeme! —Se rió y salí a toda prisa por el pasillo.

Como una hora después, Al Neuharth me llamó:

—Cathie —dijo—, no le dijiste nada a ese analista, ¿o sí? —Le aseguré una y otra vez que no había dicho ni una palabra. ¿Por qué querría ir de bocona en mi primer día de trabajo, cuando apenas estaba aprendiendo a tener cierto respeto por como eran las cosas?

—Bien —dijo, aparentemente complacido.

En poco tiempo, me sentí con más confianza en comprender los números, las reacciones de los anunciantes y el negocio en general. Así que cuando el equipo de la gerencia de *Gannett* y del *USA Today* fue invitado a hacer una presentación ante una conferencia de medios de comunicación para esos mismos analistas de Wall Street, fui uno de los ejecutivos invitados a participar. Al Neuharth, siempre un presentador con muchas tablas y gracioso, dio una charla animada salpicada de chistes y una que otra diapositiva sobre el sobresaliente panorama financiero de *Gannett* a lo largo de muchos años. Después, todos desfilamos fuera del auditorio para ir a la recepción de clausura.

Cuando llegué al vestíbulo, de pronto me rodearon al menos dos decenas de personas, todas ladrando preguntas dirigidas a mí.

—¿Cuándo va a ser rentable el periódico, Cathie? ¿Cómo van tus números en cuanto a la publicidad?

Y esa clásica duda de Wall Street:

—¿Cómo va a estar el siguiente tiempo? —como si se tratara de un partido de futbol.

Neuharth me vio en medio de la aglomeración y de inmediato dio un salto hacia mí. Tomó mi codo y murmuró una sola oración en mi oído.

—Cathie —dijo—, no les digas más de lo que sabes.

Neuharth sabía que era un instinto humano el hecho de que la gente quisiera parecer como si supiera todas las respuestas. Sin embargo, por simple que fue su consejo, ése es el tipo de cosas que es muy fácil olvidar en el momento. Tan pronto como Neuharth murmuró esas palabras, me aseguré dos veces de no arriesgarme; un movimiento que me protegería de decir algo de lo cual pudiera arrepentirme o hacer una promesa infundada. Más importante, protegería a la compañía del resultado de cualquier cosa ingenua que pudiera estar inclinada a decir.

También existe un corolario importante a la frase "No les digas más de lo que sabes". Y es: "No les digas más de lo que te han preguntado". Ya sea que estés tratando con un reportero, un analista o un cliente potencial, que no se te vaya la lengua y hables de veintisiete temas diferentes si alguien te hace una pregunta directa. Por un lado, puede que ser que te metas en líos; he visto representantes de ventas enredarse con sus palabras y llegar al punto de ir y venir en una venta porque no pueden dejar de charlar sobre temas colaterales irrelevantes. Y por el otro, puede que reveles información que deberías guardar para ti mismo. Así que controla tu boca y mantén el control de tu información.

TODAS estas sugerencias son útiles cuando tratas con otros en el lugar de trabajo. Sin embargo, el poder no se trata sólo de tus relaciones externas. También se trata de las relaciones que tienes contigo mismo.

¿Alguna vez has notado cómo, cuando algunas personas entran en una habitación, la energía parece cambiar? Algunas personas irradian autoconfianza y carisma, y todos los demás en la sala lo pueden sentir. No importa qué lugar ocupan en la jerarquía de la oficina, poseen lo que parece ser un poder innato para tener un efecto positivo en los demás.

¿De dónde viene este poder? ¿Es algo con lo que naces o es algo que puedes desarrollar? A pesar de que algunas personas afortunadas en realidad parece que nacieron con carisma, yo creo que puedes desarrollar el tuyo si perfeccionas tu autoconfianza y tu poder personal. Y no es tan difícil como puedes pensar. Inicia con esta idea:

Poder = conocer tus fortalezas
y tus debilidades.

Hace unos meses, un diseñador de ropa muy reconocido y exitoso —un hombre que ha conquistado el mundo de la moda— tenía programado acudir a una cena informal en Manhattan. El día del evento pidió a su asistente que llamara a los organizadores. Estaba programado que un reconocido y antiguo miembro del gabinete presidencial acudiera también a la cena, y el diseñador tenía una petición especial: quería estar seguro de que no lo sentarían junto a esa persona. Resulta que el mundo de la política simplemente estaba fuera de la zona donde se sentía cómodo, y no quería ponerse en una posible situación vergonzosa. El diseñador sabía en qué era bueno y en qué no, así que tuvo especial cuidado en asegurarse de no exponer su estrecho rango de temas de conversación en un escenario público, donde pudiera dañarse su imagen.

Esto puede parecer un ejemplo extremo de cómo enmascarar de manera estratégica tus defectos; después de todo, el diseñador perdió la oportunidad de conocer a una persona fascinante y se apretó contra sus propios límites. Pero la lección básica subyacente también tiene valor. Conoce en qué eres bueno y en qué no. Y si eres capaz de trabajar en tus debilidades y prestar atención a tus instintos sobre tus fortalezas, los beneficios tanto en tu trabajo como en la vida serán enormes.

Por mi parte, siempre he trabajado en la mercadotecnia, en ventas y en el lado creativo del negocio de la publicidad. También me gustan las operaciones y el análisis, pero demasiados datos y demasiadas hojas de cálculo hacen que los ojos se me desconecten. No estoy desesperanzada en ese aspecto; simplemente soy mejor en estrategias globales que analizando hojas de cálculo. Así que a lo largo de los años, he tenido cuidado en trabajar en esa debilidad: tomando cursos de dirección financiera, pidiendo ayuda cuando la necesito y no teniendo miedo de permitir que otros hagan lo que saben hacer mejor. No tendría sentido pretender ser un genio cuando no lo soy. Pero lo que sí tiene sentido es prestar atención a tus fortalezas y asegurarte de que tu equipo sepa en dónde puedes aportar más.

La manera en que otros te perciben es un componente enorme en el cálculo del poder, así que no temas influir las percepciones de la gente. Sin embargo, con eso en mente, también recuerda esto:

> **Poder = a no dejarse llevar demasiado por la idea del poder.**

Llegamos a esta lección no muy pronto, porque demasiada plática sobre el poder me hace sentir incómoda. Siempre dudo un poco cuando alguien me pregunta sobre mi "poder" en Hearst o en el negocio de las revistas. Ciertamente no es la razón de porqué hago lo que hago y, para ser franca, de muchas maneras es incidental a lo que hago.

Jeff Immelt, el presidente del consejo y director general de *General Electric*, tiene una reacción similar a la idea del poder. Él lo desglosa de esta manera:

—Nunca busqué el poder. Pero entiendo que tengo un trabajo poderoso. —La distinción es crucial. Comprar la idea de que eres personalmente poderoso es la manera más rápida de perder la perspectiva. El poder puede ser un efecto colateral de tu éxito, pero no debería ser tu meta final. Si buscas el poder por sí mismo, sólo triunfarás en distanciarte de tu gerencia, de tu equipo y de tus metas. Pero si haces bien

tu trabajo, te enfocas en tus fortalezas y trabajas en tus debilidades, naturalmente acumularás poder a lo largo del camino.
Sólo recuerda mantener una perspectiva balanceada.

Una de mis citas favoritas acerca de mantener la perspectiva es un comentario de un colaborador del *USA Today*.
Estábamos en una de las numerosas y lujosas fiestas que
acompañaban el lanzamiento del periódico, y él estaba muy
ajetreado, asegurándose de que todo estuviera saliendo bien.
Yo me daba cuenta de cómo él estaba haciendo todo este
montón de tareas inútiles, cuando hizo una pausa antes de
voltear hacia mí con un aire teatral.

—Yo también he rellenado el recipiente de los camaro-
nes —dijo con tono dramático.

Me reí, pero esas palabras se han quedado conmigo a lo
largo de todos estos años. Lo que Charles en verdad estaba
diciendo era que no hay trabajo demasiado grande ni trabajo
demasiado pequeño, sin importar qué tan alto te mueves en
la escalera profesional. Me siento de la misma manera; estoy
feliz de ayudar para que una sala esté lista para una junta o
un evento, y cuando veo tazas de café vacías o servilletas
arrugadas en una sala de juntas, no espero a que alguien más
se haga cargo, yo misma las recojo. El mensaje básico es éste:
No permitas que un incremento en el poder haga que se te
suban los humos.

En un sentido parecido, ayuda a recordar a no tomarte
a ti mismo demasiado en serio. Estás destinado a cometer
errores —bueno todos— y créeme, ganarás mucho más respeto si puedes reírte de ti mismo que si te pones nervioso y
hosco fácilmente. Estar en una posición de poder no significa que dejes de ser humano. De hecho, entre más tengas los
pies sobre la tierra en cuanto a una situación penosa o difícil,
tu equipo se relacionará mejor contigo y se sentirá motivado
al trabajar para ti.

De manera extraña, justo cuando estaba escribiendo este capítulo, viví un momento increíblemente penoso en una junta con el comité encargado de decidir los sueldos de los miembros del consejo de la Coca-Cola, el cual presido. Mientras terminábamos nuestra reunión de dos horas, empezó a dolerme la espalda así que decidí tomarme un par de *Advil*. Buceé en mi bolsa, saqué mi pastillerito, tomé un par de pastillas blancas y me las tomé. Justo cuando me las estaba tragando, caí en la cuenta de que esas pastillas no eran *Advil*, eran *Ambien*, pastillas muy fuertes para dormir. Me habían quedado algunas de un viaje muy largo, y que ocasionalmente tomo para combatir el *jet lag*.[1]

Uf, miré la sala, donde ocho personas entre miembros del consejo y del personal estaban reunidas. Sabía que teníamos otra junta por venir y después una cena programada para esa noche. Pero también sabía que me perdería ambas, ya que pronto estaría dormida, como en veinte minutos, y probablemente no me levantaría sino hasta el día siguiente.

Sintiéndome como borreguito a medio morir, le pasé una nota al director general de la Coca-Cola, Neville Isdell, quien de inmediato ordenó un coche y una escolta para que me llevaran al hotel. Mientras tanto, me tambaleé por el pasillo hacia la oficina de una secretaria y llamé al doctor, quien me confirmó que estaría bien, pero completamente dopada por muchas horas. Y eso es exactamente lo que pasó. ¡Tanto para que me dejara llevar por la idea del poder! Por lo único que me dejé llevar esa noche fue por mi sueño.

---

[1] N. del T. El término *jet lag* se utiliza para referirse al desfase de horario que se presenta cuando una persona viaja a algún lugar con diferencia de horario considerable y al regresar a casa no puede acostumbrarse a su horario original.

Poder = saber que no tienes
que lanzar bombas.

¿Alguna vez has tenido un jefe que...

- corrió a la mitad del equipo tan pronto como llegó a su puesto, sólo para mostrar su poder?
- cambió a las personas de puesto, no por razones estratégicas sino porque quería hacerse notar?
- se esmeró para culpar a sus subordinados cuando su propio proyecto fracasó?

Algunas personas parecen creer que el poder se expresa demostrando su valía, con frecuencia en público. Pero yo diría lo contrario. El poder verdadero es motivar a un equipo y llegar a tus metas *sin* tener que mostrar tu valía. Es tener la confianza, tanto en ti mismo como en tu equipo, para hacer que las cosas sucedan sin necesidad de intimidar.

Cuando inicié en Hearst, ya sabía que tenía que "desempolvar las cortinas". La compañía tenía confianza en que lo lograría, pero no pronto, sólo un paso más lejos de la complacencia. Necesitábamos infundir nueva energía, y parte de la razón por la que me contrataron era para proveerla. Sin embargo, no ataqué furiosa abriendo paso con bazucas. Lo último que quería hacer era llegar y agitar las cosas sólo por el gusto de agitarlas, lo que hubiera llevado a la agitación y desconfianza por parte de la gerencia de Hearst. Por el contrario, empecé a conocer a los empleados haciéndoles preguntas y escuchando, con movimientos deliberados más que apresurando mi propia agenda. De hecho, me moví tan despacio que pronto empezaron a aparecer pequeños nuevos temas sarcásticos en los medios de comunicación de Nueva

York, preguntando qué estaba haciendo en mi puesto, y qué carambas estaba esperando.

No me importaron las flechas volando hacia mí en esos primeros meses porque sabía que, en su momento, los cambios que habíamos hecho en Hearst serían patentes para todos. Por supuesto, una parte de mí quería responder a mis críticos, mostrarles que tenía todas las intenciones de hacer el tipo de cambios que la compañía necesitaba. Pero, qué es más importante, ¿hacer cambios de acuerdo con los horarios de los críticos o hacer cambios de manera que beneficien más a la compañía? Puesto de esa manera, no hay que pensarlo mucho; no importa la molestia temporal que puedas sentir.

Kate White, la editora en jefe de *Cosmopolitan,* llama a este acercamiento "el fuego bajo". En lugar de apresurarse, tomar decisiones imprudentes que pueden llegar a ser consideradas enfermas, tómate el tiempo de moverte hacia el frente, despacio y de manera firme. Y cuando sucede que las cosas no caminan a tu manera, recuerda la próxima lección:

> **Poder = saber cómo permitir que las cosas caminen.**

Previo en este libro, escribí acerca de hacer tu vida una "zona libre de rencores", porque mientras puede parecer natural y algunas veces hasta necesario tener rencores, al final, la única persona lastimada serás tú. Y lo mismo es cierto sobre otra emoción dominante: el arrepentimiento.

Cuando cometes un error, ¿tienes problemas para dejarlo ir? ¿Alguna vez has pasado días o incluso semanas reprendiéndote a ti mismo por haber echado a perder algo? Si es así, estás casi solo, en especial si eres mujer. Mientras los hombres tienden con más frecuencia a culpar a factores externos por los proyectos que fallan, las mujeres tienden a culparse a sí mismas. Nadie quiere cometer un error, por supuesto, pero todos lo hacemos. Así que la clave es moverse rápido, y no sumirse en el arrepentimiento que te vence a ti mismo.

He cometido toda clase de errores en el trabajo, algunos de ellos verdaderas metidas de pata. Y he trabajado con muchos jefes que no tenían reparo en decirme exactamente lo que había hecho mal, en abruptos e intensos términos. Si necesitara tres días para recuperarme cada vez que me critican, nunca hubiera hecho algo en mi carrera. No sólo se pierde tiempo y energía, sino que también da color a cómo los otros ven tu error y, por extensión, cómo te ven. Si te quedas hecho pedazos por tus errores, otros asumirán que era peor de lo que probablemente fue. Pero si te mueves rápido, minimizando el daño, tendrás el poder para manejar la forma como los demás perciben el error.

Cuando Condé Nast, uno de nuestros competidores, lanzó una edición de la revista *Glamour* en el Reino Unido, creí que nuestra versión británica de *Cosmopolitan*, que por décadas había sido un gran éxito en el mercado, mantendría su liderazgo. En un discurso para una gran cantidad de editores internacionales de *Cosmo* (hoy publicamos 57 ediciones internacionales diferentes), hice un breve comentario diciendo que la *Cosmo* británica haría pedazos a la *Glamour* británica como un "pequeño armadillo en la carretera". Sabía que mi comentario brusco era agudo y sabiondo, pero lo que no vislumbré fue que alguien lo filtrara a la prensa. ¡Definitivamente eso no era algo que yo quería ver impreso! Y para colmo de males, cuando la *Glamour* británica en verdad fue un éxito, mi comentario fue citado como un ejemplo de orgullo desmedido de mi parte.

No fue mi mejor momento. Había subestimado a nuestra competencia y hubiera sido fácil sentirme mal por eso.

Sin embargo, de cualquier manera no ayuda a nadie si insistes en tus errores o te reprendes a ti mismo. Al contrario, cuando cometes un error, toma nota de lo que pudiste haber hecho diferente y aprende lo que puedas para evitar cometer el mismo error.

Así como es importante darte cierta libertad para recuperarte de un error, es más importante dársela a los demás. Si alguien de tu equipo mete la pata, sería útil advertir a esa persona (como lo exploraremos en la próxima sección). Pero, más importante, debes exhortarlo a hacerse la pregunta esencial: "¿Qué podemos aprender de esto?"¿Por qué no dar tu respuesta para convertir los errores en algo constructivo más que en algo destructivo? Ayudará al estado de ánimo de tu equipo y facilitará que todos sigan adelante. Haz de tu lugar de trabajo —y de tu vida— una zona libre de lamentaciones.

Mientras más profundo llegamos en este libro, más te darás cuenta de que estas lecciones aplican tanto a tu vida personal como a tu vida laboral. Aprender a no darte por vencido frente a los errores es una habilidad que te enriquecerá mucho más que tus horas en la oficina. Afectará cómo te sientes sobre ti mismo en el nivel más básico. Entre más puedas acercarte a tus propias decisiones y logros con una actitud positiva, más feliz serás y todo lo demás surgirá de ahí.

SEGURAMENTE has escuchado muchas veces la admonición de Theodore Roosevelt: "Habla suave, pero carga un fuerte palo". ¿Pero alguna vez has pensado cómo esto aplica en el lugar de trabajo? Como se discutió en las historias anteriores, es mejor ejercer poder en la oficina con cuidado, con la idea de levantar a la gente más que de tumbarla. Sin embargo, no puedes simplemente ser gentil sin primero establecer un fundamento de poder y confianza, o terminarás en un caos. Usa tu poder con sabiduría, pero:

> ## No tengas miedo de reprender a alguien.

No hace mucho una editora estaba en mi oficina, hablando de su revista y de sus números en los negocios. Siguió y siguió, describiendo trenes, datos, investigaciones, información demográfica, otras revistas... todo lo que le viniera a la cabeza. La discusión, si pudieras llamarla así, no tenía foco y era una pérdida no sólo de su tiempo sino del mío.

—¡Alto! —dije finalmente con brusquedad—. ¡Escúchate! Estás hablando de todo lo que hay debajo del sol, excepto de los lectores, cuando deberían ser tu mayor preocupación. Necesitas enfocarte en para quién estás escribiendo y editando esta revista, no en un montón de tonteras sobre las tendencias del día.

Me miró fijamente por un momento, pasmada y en silencio. Obviamente, sintió que mi intervención era dura, pero había usado ese tono con toda intención. Necesitaba sacudirla para que se diera cuenta de que su acercamiento estaba equivocado, y decirlo de manera gentil no hubiera dado el mismo efecto. Y a pesar de que pudo no haberle gustado, logró lo que necesitábamos: dejó de esconderse tras la investigación de consumidores y empezó a ver a los lectores como gente.

No con frecuencia uso un tono duro, en gran parte porque rara vez lo necesito. La gente que trabaja conmigo sabe que estaré con ellos si me necesitan, pero también saben que: *1)* no lo haré a menos que esté verdaderamente justificado, *2)* no la voy a agarrar contra ellos si cometen un error, y *3)* cuando en verdad cometen un error, se los digo de inmediato, en privado. A lo largo de los años, he descubierto que lograr este equilibrio es la mejor y más justa manera de mantener a la gente en el camino y motivada.

Sin que cause sorpresa, Al Neuharth era un genio en mantener a la gente alerta. Le gustaba echar un vistazo de vez en cuando, para asegurarse que estábamos produciendo lo que se esperaba de nosotros. Valerie Salembier cuenta una historia clásica de cuando Neuharth estaba preparado para hacerla pasar un mal rato y ella se vio forzada a esperar con ansiedad para ver si él tenía razón de hacerlo.

En un esfuerzo para incrementar los ingresos por anuncios clasificados del *USA Today*, el director de arte de Valerie había rediseñado esas páginas para resaltar, de manera prominente, un número gratuito al que los lectores podían llamar para poner sus anuncios. Una tarde en una junta Neuharth le preguntó bruscamente cómo estaba funcionando la promoción del número 800.

—¡Grandioso! —le dijo ella—. Está de pie y funcionando. Todo va bien.

—Está bien —dijo él—, veamos qué tan bien. Empezó a marcar el número con la función de manos libres, mientras Valerie y otros dos miembros del equipo de publicidad se quedaron sentados, helados, frente a la mesa. El número 800 *estaba* funcionando muy bien, pero ahora la opinión de Neuharth sobre él estaría en los hombros de una persona al azar en un banco telefónico lejano, que no tenía idea de que el presidente del consejo y director general de la compañía era quien estaba llamando. Valerie aguantó la respiración mientras Neuharth esperaba con paciencia. El teléfono sonó… y sonó… y sonó. Nadie contestó.

—Debí haber marcado un número equivocado —dijo Neuharth, con un ligero tono en su voz—. No hay respuesta, no hay un mensaje. Voy a volver a intentarlo.

Para esas alturas, Valerie se veía enferma. Neuharth marcó otra vez, y en el segundo *ring* una operadora tomó la llamada con una voz educada y alegre. Neuharth sonrió. Y todos los demás alrededor de la mesa dimos un fuerte suspiro de alivio. Esquivada la bala.

Todos en el *USA Today* sabíamos que en cualquier momento Al Neuharth podía llamar o aparecerse y pedir informes sobre lo que estábamos trabajando. No era el tipo de persona que simplemente preguntara y se quedara con lo que le dijeran; él quería verlo por sí mismo. Es por eso que siempre fue directo con el responsable, sin importarle una pizca la estructura de a quién se le reportaba o el protocolo. Seguro, a veces te crispaba los nervios, pero también ayudaba a que trabajáramos con un alto nivel de productividad.

> **Toma el poder en tus propias manos.**

¿Alguna vez has sentido que podrías hacer mejor las cosas que tus superiores? ¿O que tienes grandes ideas para mejorar el trabajo, si al menos alguien te escuchara? ¿Qué haces cuando ves una necesidad en tu oficina que no está siendo atendida y tú tienes una idea de cómo hacerlo? No puedes simplemente saltarte a tu jefe y hacerte cargo de todo, por supuesto. Pero hay mucho que puedes hacer que no involucra dejar de lado a tu jefe o que te pases de tus límites. Y al tomar iniciativas para mejorar ciertas áreas en tu lugar de trabajo, te harás más valioso para el equipo.

Durante mi primer año en el *USA Today*, me di cuenta de que había una verdadera distancia entre el equipo de publicidad del periódico, al que yo encabezaba, y el resto del personal. Mientras que los miembros del equipo de publicidad habían venido de todos lados —otras revistas, periódicos, agencias de publicidad, entre otros— la gente de la parte editorial y de circulación había venido en su mayoría de la propia empresa matriz, Gannett. Así que, culturalmente, siempre éramos los foráneos.

Por lo regular, esto no era problema, pero sí se convirtió en una molestia durante las juntas directivas anuales de Gannett. Cada año, por varios días a principios de diciembre, los ejecutivos con mayor antigüedad de Gannett, desde la gerencia general hasta las divisiones de toda la nación, se reunían para hablar del futuro de la compañía. Siempre había todo un programa de juntas seguido de cenas y recepciones, pero por alguna razón, en la noche de apertura no había una cena planeada que incluyera a los ejecutivos de publicidad del *USA Today*. Así que mientras todos los demás —incluidos los gerentes que originalmente venían de otras empresas de Gannett— tenían adónde ir, al equipo de publicidad lo dejaban afuera en el frío.

Mi primer año, después de cenar con mis colegas, pensé para mí misma: *Esto es una pérdida de recursos a nivel dirección.* Y sabía que tenía que haber una mejor alternativa, y vi tres opciones. Podía: *1)* no hacer nada y sólo cenar con mis colegas otra vez en la reunión del próximo año, *2)* quejarme con Gannett sobre su descuido o *3)* tomar el asunto en mis propias manos y crear una solución.

Tomé la tercera opción. El año siguiente, cuando la junta directiva se desarrollaba, invité a un grupo mixto de todos los "huérfanos" de los eventos de Gannett a una fiesta en mi casa. La gente estaba feliz de tener adónde ir y estaba contenta de sentirse parte de algo. En verdad fue una linda velada, así que el año siguiente repetí la cena, invitando más gente y grupos. Pronto, la fiesta era uno de los grandes eventos de las juntas directivas; y no sólo eran divertidas, sino que unían a la gente. Así que mientras el viejo refrán decía: "Si no puedes contra ellos, úneteles", el nuevo es "Si no puedes unirte a ellos, entra en acción y haz tu propia fiesta".

NO a todos les gustará que tomes la sartén por el mango, pero si lo que estás haciendo a final de cuentas puede ayudar a la compañía y a tus compañeros de trabajo, no dejes que los escépticos te intimiden. Sólo recuerda que entre más innovador seas, más fuertes serán las críticas.

Al final de mi primer año en Hearst, le dije a nuestra jefa de relaciones públicas, Deb Shriver:

—Me gustaría organizar un gran fin de semana para nuestras clientas de publicidad, algo con contenido intelectual y un programa emocionante. No sólo un fin de semana en un *spa*, sino un verdadero evento estimulante. (El modelo que tenía en mente era el Fin de Semana del Renacimiento en Charleston, Carolina del Sur, una reunión anual con cientos de líderes políticos y de negocios, pensadores y tipos creativos que se reúnen para discutir ideas y para hacer contactos.)

Por décadas, la corporación America ha ofrecido todo tipo de eventos orientados a hombres y enfocados a clientes. Viajes para jugar golf, viajes de cacería, viajes para ver el Super Bowl; tú ponle el nombre, se han hecho. Me imaginé esto como un lugar en donde mujeres de niveles directivos fueran estimuladas mentalmente por grandes oradores, mientras compartían las subidas y bajadas de la vida del trabajo y del hogar. A pesar de las ganancias que han obtenido las mujeres en la fuerza laboral en los últimos veintitantos años, creía que incluso mujeres poderosas se verían beneficiadas por un lugar en donde poder dejar su armadura y refrescarse en lo espiritual.

Así que Deb y yo conjuntamos una conferencia llamada Mente, Cuerpo y Alma; un evento de tres días con oradores, música y presentaciones en una atmósfera relajante de tipo vacacional en el hotel Delano en Miami Beach. Invitamos editoras y directoras editoriales de Hearst, y clientes del área de publicidad, porque queríamos que fuera no sólo personalmente rejuvenecedor, sino también una inversión de negocios inteligente. A lo largo de los años, tuvimos muchas mujeres inspiradoras que participaron, incluidas las cantantes Melissa Eheridge y Pink, la escritora de novelas y activista Eve Ensler, la escritora Naomi Wolf y la consultora política Dee Dee Myers. Y te diré algo: lo hemos hecho en cuatro ocasiones hasta ahora y cada vez ha sido mágica. Hay algo con el hecho de dejar tus maletas a la entrada y abrirte con tus pares mujeres que es increíblemente energizante. A nuestras ejecutivas y clientas les encanta.

Por fortuna, casi todos los hombres en Hearst —en especial los más jóvenes— pensaron que era una gran idea. Pero a un par de ejecutivos de mayor edad en realidad no les gustó que fuera un evento sólo para mujeres. ¿Por qué excluir a los hombres? Después de todo, si con derecho las mujeres objetan los eventos sólo para hombres, ¿cómo pueden salirse con la suya y tener un evento exclusivo para ellas?

Es fácil criticarte a ti mismo a toro pasado, e imaginar: *¿en verdad sé lo que estoy haciendo aquí, o estas personas tienen razón?* ¿Así que cómo te levantas por ti mismo en el intento de retroceder?

La respuesta, como se discutió en el capítulo 2, es mantener la vista en el final del juego. Pregúntate esto: ¿El resultado de tu intento por ser emprendedor finalmente es en beneficio de la compañía? En este caso, claramente lo era. Mientras que la conferencia de Mente, Cuerpo y Alma pudo haber irritado a algunos colegas varones, su resultado final no era motivo de disputa; las mujeres que acudieron, tanto asociadas como clientas, la encontraron increíblemente útil y energizante. En otro nivel, establecimos relaciones con nuestras clientas que fueron significativas y productivas, lo que nos llevó a nuevos negocios y nuevas cuentas para nuestras revistas. También estábamos ofreciendo algo que estas mujeres no podían experimentar por sí solas, y como resultado se sentían con energía no sólo hacia sus vidas y sus carreras, sino hacia Hearst también.

Ésta era la postura que tomaba en las discusiones con hombres que objetaban y se rehusaban. Cuando uno de ellos no lo pudo soltar, dije:

—Mira, tú acudes a eventos para hombres, y esto no es diferente. Acordemos no estar de acuerdo, y sigamos adelante. —Y lo hicimos. Nunca más lo hemos discutido. Si hubiera esperado su permiso o aprobación, todavía seguiría esperando.

Una última nota acerca del poder: tienes más en tu lugar de trabajo de lo que probablemente crees. Cuando comentas sobre el desempeño de otros o sobre sus ideas, tus palabras en verdad tienen peso. A lo largo de los años, he aprendido a:

> **Respetar el poder de las palabras.**

Pregúntate lo siguiente:

- ¿Alguna vez has enviado un correo electrónico arremetiendo contra alguien con enojo, sólo para que después desearas haber esperado hasta que se te enfriaran los ánimos?
- ¿Algún colega ha tomado en serio algo que tú dijiste en broma? ¿O alguna vez has dicho un ligero chiste pasado de tono que ofendió a los demás?
- ¿Alguna vez has hecho comentarios extraños a colegas que pudieron haber sido malinterpretados, como que llevaban un mensaje oculto, causando confusión o resentimiento?

En una cena en un día de fiesta, con los ejecutivos de Hearst y sus esposas, expresé comentarios despreocupados, que incluían algunos agudos y subidos de tono, sobre el comportamiento masculino. Esto causó algunas risas, pero mientras reflexionaba al respecto, pensé que no había sido correcto decir eso, en particular ante un grupo grande.

La manera en que te expreses es la clave de cómo los demás te perciben, y está completamente en tus manos. Así que tómate el tiempo para considerar no sólo lo que quieres decir, sino cómo quieres decirlo. Y recuerda que las palabras tienen el poder de injuriar, confundir y enojar, incluso si no es tu intención.

La revista *Talk*

Era el 2 de agosto de 1999 y apenas se estaba poniendo el sol sobre Manhattan cuando abordaba un ferry repleto de invitados a la fiesta, listos para un corto viaje en barco desde la bahía de Nueva York hasta la Isla de la Libertad. Mientras nuestro bote se aproximaba a la pequeña isla donde está la Estatua de la Libertad con su antorcha, podía ver que cientos de linternas japonesas se habían encendido, formando un destello cálido alrededor del lugar. Fue mágico. Cuando el ferry llegó al muelle, nos dirigimos a la fiesta que, se había anticipado, sería la más prendida de la década.

Ésta era la fiesta de lanzamiento de *Talk,* la súper publicitada revista de la editora Tina Brown —su primera gran empresa desde su gran éxito al editar *The New Yorker* y *Vanity Fair* a lo largo de la década de los ochenta y los noventa—. En esos años, Tina se había establecido no sólo como una editora con dones, sino como un misil en búsqueda de calor con un extraño don por hacer ruido. Ella —y por extensión las revistas que editaba— exudaban un aire de elegancia, de inteligencia y agudeza. Siempre se las ingenió para capturar en su órbita las más brillantes estrellas.

Paseando alrededor de la Isla de la Libertad en el aire apacible de agosto, miraba cómo celebridades como Brad Pitt, Madonna, Demi Moore, Queen Latifah y Kate Moss se mezclaban con figuras del ámbito cultural como Tom Brokaw, Michael Eisner, Barry Diller y Henry Kissinger. Era algo así como Hollywood dando la bienvenida a Nueva York; la perfecta fusión de estilo y sustancia. Hearst era socia al cincuenta por ciento en *Talk*, junto con Disney y su división Miramax, dirigida por los magnates del cine Harvey y Bob Weinstein, y en la noche del lanzamiento de la revista todos teníamos cada vez más ganas de eso. Esa noche, durante la fiesta, fue fácil ver por qué.

Dos años y medio después, con decenas de millones de dólares en la caja, me paré en las oficinas de *Talk* para entregar la noticia que cada miembro de la compañía tenía terror de oír: la revista se cerraba.

—Hemos tratado todo —dije al grupo de escritores, editores, directores de arte y personal de soporte, muchos de los cuales estaban visiblemente molestos—. Pero simplemente no estamos obteniendo la tracción que necesitamos. Se incluyen nuevas páginas de publicidad, pero las ventas en los puestos de periódicos son decepcionantes. Y desafortunadamente, los costos son exorbitantes. —Hice una pausa por un momento, luego bajé el *boom*. —Hemos tenido muchas conversaciones con nuestros socios de Miramax y hemos decidido no invertir más dinero. Lo siento. —Es una sensación terrible decirle a gente talentosa que de pronto se queda sin trabajo, y mientras veía alrededor los rostros de todos, incluido el de Tina (a quien le habíamos avisado más temprano), podía sentir el enojo y decepción que inundaba la sala.

¿Qué pasó en los 28 meses entre el lanzamiento de la revista y su cierre? ¿Qué, si lo había, pudo haberse hecho de manera diferente para salvar a *Talk*? Más importante: ¿cuáles son las lecciones que podemos sacar de esa experiencia dolorosa y muy pública? En el período posterior inmediato al cierre de la revista no le daba vuelta a esas preguntas, pero ahora vale la pena ver hacia atrás para encontrar algunas respuestas.

Desde el principio, *Talk* no era como cualquier otra nueva revista en la que estuviera involucrada Hearst. Por un lado, nos involucramos en el juego ya tarde, después de que Tina Brown y Harvey Weinstein habían tomado muchas de las decisiones preliminares, incluido lo que sería la revista, cuál era el público a quien estaría dirigida y qué tan firmes estaban los tratos de negocios. El papel de Hearst era cuidar la dirección de la circulación, el cumplimiento de las suscripciones, la distribución en los puestos de periódicos; en esencia, hacer que los trenes llegaran a tiempo. Así que desde el principio teníamos muy poca voz en el producto editorial real. Lección uno: no pongas la mitad del dinero si no eres socio en partes iguales en los derechos creativos.

Hicimos el trato con los ojos abiertos, pero ahora que se sabe lo que pasó, debimos haber reestructurado el contrato desde el principio. La política de no intervención en la parte editorial iba en contra de las prácticas usuales de Hearst. ¿Por qué deseábamos hacer una excepción con *Talk*, cuando no las habíamos hecho en dos fusiones, *Marie Claire* y *Smart Money*? Francamente, la dirección de *Hearst* siempre había deseado tener a Tina como una de sus editoras con más alto perfil, pero la oportunidad para la revista correcta parecía nunca presentarse. Con *Talk*, nos dejamos atrapar por el rumor que rodeaba a Tina, quien había sacado oro de las páginas brillantes de las revistas por tanto tiempo.

También nos vimos atrapados en la emoción que rodea a Harvey Weinstein. La combinación de su influencia en Hollywood, más los cortes editoriales de Tina, prometían a primera vista el resultado de una revista fantástica. Pero ignorábamos una regla fundamental al desarrollar nuevos proyectos:

Sé exigente, pero no deslumbres.

No importa lo *sexi* que sea una nueva idea, no importa cuántas celebridades estén involucradas y no importa cuánto los medios de comunicación van a adularla, ninguna de estas cosas garantiza el éxito final. En el mundo de las revistas sólo hay tres factores que determinan el éxito o el fracaso: el crecimiento en la circulación, las páginas publicitarias y el control de costos. Éstas son sólo como los parámetros menos *sexis* que puedas imaginar, pero son los únicos que cuentan, porque si la revista no la compra suficiente gente, y no suficientes compañías pagan para anunciarse en ella, no habrá suficiente dinero para mantenerla. Es así de simple.

Cada vez que consideramos lanzar una nueva revista en *Hearst*, tenemos que acercarnos al proyecto de una manera completamente agnóstica. La pregunta nunca debiera ser: *¿Nos gusta?* Siempre deberíamos preguntarnos: *¿Es una gran idea? ¿Puede tener éxito?* Y no menos importante: *¿Qué tan pronto puede tener éxito?*

Lo mismo cuando evalúas proyectos, metas o posibles contrataciones, cualquier cosa y todo lo que tenga consecuencias en el lugar de trabajo. Si te guías por la imagen por encima de la sustancia, por ejemplo, contratar un consultor de gran renombre, más que a uno menos importante pero con una mejor propuesta, al final te arrepentirás. Tomar decisiones basado en la promoción exagerada más que en la tarea resulta invariablemente una pérdida de tiempo, esfuerzo y energía.

Permíteme ser clara: la promoción exagerada no está mal. Tener un aire de emoción y rumores que rodeen tu proyecto puede ser enormemente benéfico; los rumores significan atención, y la atención normalmente significa incremento en las ventas. Sólo que no permitas que el canto de la sirena del rumor te impida prestar suficiente atención a lo básico.

Con todo esto en mente, ¿en dónde falló *Talk*? En la superficie, todos los factores apuntaban al éxito. Pero si miramos en la profundidad, la revista enfrentaba obstáculos reales desde el principio, obstáculos que pudimos haber visto con mayor claridad si no hubiéramos estado tan atrapados por la promoción excesiva. Por un lado, *Talk* tenía una pronunciada sensibilidad estilo Nueva York-Hollywood, a pesar de que necesitábamos venderla bien en los mercados a través de todo el país. Tina estaba tan involucrada en el mundo de las fiestas de moda de Nueva York, del teatro y de los círculos de los medios de comunicación, que fue más allá al asumir que los lectores también deseaban eso. El mejor ejemplo de esto fue el mes en que, en el último minuto, tomó una decisión repentina al poner el éxito de Broadway *The Producers* en la portada. Era una portada que seguramente le gustaría a la gente de Nueva York y a los aficionados al teatro, pero el resto del país apenas si habría oído todavía de la obra. Como lo descubrimos de la manera difícil, lo que es un éxito en Manhattan no necesariamente se vende en Memphis.

Otro problema era que la sociedad de *Talk* con Harvey Weinstein y Miramax, que había sido considerada como "sinergia" por los que estaban dentro de la revista, fue vista con suspicacia por los que estaban fuera. La idea era que el contenido pudiera fluir con libertad entre los socios —Miramax podría tomar historias de las páginas de *Talk* para crear películas, mientras que *Talk* podría cubrir las películas de Miramax y la industria del cine desde una perspectiva interna. Pero la relación atrajo críticas desde el principio: ¿Se le permitía a Tina darle a *Talk* una voz editorial independiente, o era un portavoz de relaciones públicas para Miramax?

También, mientras Tina y su personal trabajaban duro para mantener los costos bajo control, *Talk* era una revista muy cara de producir. Debido al nivel estratosférico de la promoción exagerada, incrementada por una entrevista que apareció en el sorprendente primer ejemplar en donde Hillary Clinton habló públicamente de las infidelidades de su esposo, se estableció la expectativa de que nada que no fuese un ejemplar espectacular cada mes, daría satisfacción a los lectores. La presión existía y los costos de cumplir esas expectativas se mantenían altos, mes con mes, sobre todo cuando las ventas en los puestos de periódicos y las suscripciones empezaron a bajar.

A los seis meses del lanzamiento, podíamos decir que *Talk* no estaba funcionando. Después del primer ejemplar, que fue un éxito arrollador, el crecimiento de la circulación comenzó a estancarse y luego hundirse. Las ventas en los puestos de periódicos disminuían. La velocidad de respuesta a las inserciones —esas pequeñas tarjetas para suscribirse que vienen en medio de la revista— cayeron pronto y son un barómetro clave para medir la respuesta a una revista. Hasta entonces, las páginas de publicidad estaban mejorando, pero necesitábamos desesperadamente más lectores.

Al menos una persona dentro de Hearst, Mark Miller, el vicepresidente ejecutivo y director ejecutivo de Hearst Magazines, empezó a sonar la alarma de inmediato. Mark es un hombre de puros números, que pone esmero en mirar indicadores económicos desde un ángulo analítico más que emocional. Habla el lenguaje de "puntos de referencia" y, desde su punto de vista, *Talk* no estaba lográndolos y no parecía que fuera a hacerlo. Nuestra experiencia es que pocas revistas que despegan lento encuentran la tracción que necesitan para triunfar.

Sin embargo, Tina Brown tenía reputación de que sabía cómo darle la vuelta a revistas que se encontraban en picada. *Vanity Fair*, la revista de Condé Nast, era un ejemplo perfecto: era una eterna perdedora cuando Tina la tomó y, con el tiempo, la convirtió en la revista de la que más se hablaba en los puestos de periódicos, con una circulación sólida y toneladas de páginas de publicidad. Si Condé Nast hubiera desconectado a *Vanity Fair* antes de que Tina tuviera la oportunidad de hacer trabajar su magia, se hubieran perdido de riquezas inimaginables.

Así que, ¿cuándo sabes que es el momento de desconectar el cable de un proyecto que te encanta? Si lo apagas muy pronto, podrías perderte de un gran punto de retorno. Si lo apagas demasiado tarde, podrías terminar tirando el dinero a la basura. Es una pregunta difícil, que no tiene una sola respuesta. Pero hay una regla que he podido aprender:

Mejor toma una decisión difícil antes que después.

Tomar decisiones que afectan la vida de las personas no es fácil. Como puedes imaginarte, la parte que menos me gusta de mi trabajo es tener que despedir gente, o cerrar revistas enteras. Pero siempre tengo en mente la respuesta de un alto ejecutivo cuando le pregunté si se arrepentía de una decisión difícil que había tomado.

—Lo único de lo que me arrepiento —dijo—, es que no la tomé antes. —Si una decisión difícil parece inevitable, es mejor para todos no posponerla innecesariamente.

En los años desde que cerramos *Talk*, Tina Brown ha sido citada públicamente diciendo que creía que Hearst y Disney/Miramax habían desconectado el cable muy pronto. Entiendo por qué siente eso, ya que le había dado a la revista absolutamente todo lo que tenía y estaba orgullosa, con razón, del producto editorial. Pero creo que le dimos a *Talk* tanto tiempo como pudimos, dados los números y la tinta roja que veíamos. Y después de los ataques terroristas del 11 de septiembre de 2001, cuando el mercado de la publicidad sufrió una gran baja, era todavía más difícil ver que el futuro de la revista mejorara.

Habíamos tenido varias juntas internas privadas para hablar acerca de *Talk*, incluidas algunas con Harvey. El día, a finales de enero de 2002, cuando finalmente decidimos cerrar la revista, el personal estaba a la mitad de la preparación del ejemplar del mes siguiente. Mientras estuve en las oficinas de la revista, dando la noticia a los trabajadores, llorando me preguntaron, y se entendía, si podían seguir adelante y producir ese último ejemplar.

Fue muy duro, pero tuve que decir que no. Dos semanas más de trabajo significaban dos semanas más de costos y, además, con algunos empleados de la sala listos con el teléfono celular en la mano para llamar a sus amistades (y posiblemente a periodistas), sabíamos que la noticia de cerrar la revista se extendería rápidamente. Lo último que queríamos era permitir a los medios de comunicación que tuvieran una fiesta pública prolongada; desde el primer anuncio del cierre hasta el último ejemplar de lo que había sido tan prometedora revista. ¿Me odió el personal ese día? ¿Y odiaron a Hearst, a Harvey y a Disney? Es probable. Pero desafortunadamente, la vida como ejecutiva se trata de tomar decisiones duras, no de ser popular. Necesitábamos dar las malas noticias ahí y terminar con eso.

Aprendí muchas lecciones importantes del episodio con *Talk*. Por un lado, es difícil establecer puntos de referencia rigurosos hacia el triunfo, luego evaluarlos sin emociones mientras continúas. Por el otro, hacía votos por que nunca más nos involucráramos en una revista sobre la cual tuviéramos tan poco control editorial. No importa cuánta fe teníamos en Tina, necesitábamos tener cierta voz en cuanto a lo que iba a aparecer en la revista, más que ser el equivalente a banqueros en ella. Y nunca más intervendríamos tan tarde en los pasos del desarrollo de una nueva revista sin reestructurar un trato que fuera justo para ambas partes.

Por último, la promoción exagerada por la que fuimos seducidos terminó estorbando. Como lo dijo la propia Tina Brown en una entrevista en 2003:

—Los rumores pueden ser dañinos. Ciertamente lo fue en el caso de *Talk*. Es decir, ofrecimos una fiesta de lanzamiento fastuosa que en realidad suscribió (el productor de cine y teatro David Brown) la teoría del negocio del espectáculo; que es: "Nunca des una fiesta mejor que la película". —Estoy segura de que ninguno de nosotros jamás olvidará esa deslumbrante fiesta de lanzamiento; pero, más importante, tenemos que asegurarnos de nunca olvidar esta lección.

El demonio está en los detalles

Nuestra experiencia con *Talk* dejó en claro que prestar atención a los detalles con frecuencia marca la diferencia entre el éxito y el fracaso. Y eso es cierto no sólo para los grandes proyectos de planeación y ejecución, sino para casi todas las facetas de tu vida laboral.

La primera vez que me invitaron a reunirme con el consejo de una organización sin fines de lucro, estaba encantada. El hecho de que te pidan que formes parte de un consejo es un signo de respeto a tus habilidades e ideas. Así que acepté de inmediato, y cuando llegó el día de mi primera junta de consejo, entré a la sala de juntas con una gran sonrisa y mucha energía. A la mitad de la orden del día, lancé lo que según yo era una gran idea. Pero, para mi sorpresa, las caras alrededor de la mesa se pusieron en blanco. Se inició una corta discusión sin entusiasmo, y mi idea pronto fue rechazada. No me aplastó, pero ciertamente me decepcionó.

A la mañana siguiente, una compañera miembro del consejo a quien había conocido pero que en realidad no conocía bien, me llamó y me invitó a desayunar. Después de una plática amena, se inclinó por encima de la mesa y me preguntó:

—¿Cathie, alguna vez habías sido miembro de un consejo?

—No —contesté brillantemente—. Ésta es mi primera vez.

—Bueno —dijo—, voy a decirte cómo conducirte en un consejo.

No estaba segura de lo que quería decir. Sabía lo que generalmente se esperaba de los miembros de un consejo: ayudar a guiar una organización, proporcionar una mirada financiera, mantener la rendición de cuentas, ese tipo de cosas. ¿Qué más había que saber?

—La idea que presentaste ayer fue genial —me dijo—. Pero antes debiste haber construido un soporte para ella. Necesitas consultarlo, obtener opiniones y asegurarte de que tienes algunas personas de tu lado antes de que empiece la junta. De esa manera, cuando presentes tu idea, ya tendrás la semilla del soporte colectivo.

Al momento en que las palabras salieron de su boca, la idea parecía tan obvia. Sin embargo, nunca antes se me había ocurrido que *sembrar una junta* fuera una estrategia necesaria. Como pronto me di cuenta, es una estrategia que aplica no sólo a las juntas de consejo, sino a cualquier junta en la que planeas presentar una idea o una propuesta. Si estás tratando de ganar apoyo, ¿por qué no darte una posición al frente para iniciar?

Sembrar una junta es una de las muchas estrategias de prestar atención a los detalles que, si se utilizan con sabiduría, pueden llevarte más allá de ser bueno en tu trabajo: ser buenísimo. Veamos algunas más.

JUNTAS

1. Que sean pocas y con poca gente.

¿Te has dado cuenta de que entre más gente hay en una junta, menos se logra? Cuando tienes que lidiar con la opinión, interjecciones y lenguaje corporal de ocho personas, el número de interrupciones sin sentido crece de manera exponencial. Convoca a poca gente a las juntas, no más de tres o cuatro de las personas más esenciales. Y con ese propósito, convoca a una junta sólo cuando en verdad sea necesario. No caigas presa de la *juntitis*, enfermedad en la que cada pequeña decisión se convierte en ocasión para reservar una sala de juntas y calentar las cafeteras.

2. Que sean cortas y que terminen a tiempo.

Una vez que la gente entra en eso de las juntas, parece que nunca quiere salir de ellas. Asegúrate de empezar a tiempo —incluso tal vez unos minutos antes— y termina a la hora que prometiste. También, siempre acude a una junta con una idea clara de por qué estás ahí, y una vez que el propósito de la junta se haya logrado, ¡propón un descanso! De otra forma, es fácil quedarse atrapado en pláticas y digresiones innecesarias.

3. Enfócate en la meta, no en el proceso.

Lo primero que hago en una junta es preguntar: ¿Qué queremos lograr? ¿Qué decisiones deben tomarse? Las juntas pueden ser tanto para discutir como para tomar decisiones, sólo asegúrate cuál es la meta desde el principio. Con mucha frecuencia la gente se va enamorando del proceso, con el deseo de debatir cada pequeño detalle y explorar cada probabilidad oculta, sin importar si la meta de la junta jamás se logra. No te quedes atrapado en el *proceso* a costa del *progre-*

so. Es una buena idea establecer una orden del día y apegarse a ella, colocando los temas más importantes al principio porque, inevitablemente, ésos tomarán más tiempo.

4. Identifica los pasos siguientes antes de que termine la junta.

Es una gran pérdida de tiempo salir de una junta para luego verse envuelto en múltiples correos electrónicos y llamadas para descifrar qué se tiene que hacer después. Al final de cada junta, decide ahí mismo, mientras están todos, cuáles son los siguientes pasos. Enseguida designa a una persona para que envíe, vía electrónica, a cada uno una breve recapitulación de la junta, las decisiones que se tomaron y las acciones a seguir. De esa manera hay un seguimiento por escrito y cualquier malentendido se resolverá rápido.

Cómo sentarse

1. Piensa antes de que se sienten.

Cuando entras a una sala de juntas, comida formal u otro tipo de ambiente de trabajo, piensa dos veces antes de apoltronarte en la silla más próxima. Primero, considera lo que puedes ganar de un lugar escogido de forma estratégica, y cómo te percibirán, dependiendo de dónde te sientes. Si entro en una sala de juntas donde las únicas dos mujeres presentes están sentadas juntas en un extremo, por ejemplo, me siento en cualquier otro lado; de otra manera, parece como si las mujeres estuvieran acurrucadas. En una mesa larga siempre evito sentarme en el "hoyo negro" de las esquinas, donde no puedes ver y no te pueden ver los demás.

2.   Haz tus planes para la cena con cuidado.

Las primeras veces que fui a conferencias no hacía muy bien mis planes para cenar y acababa cenando ya fuera con colegas o con los de la competencia; incluso, una o dos veces, me di por vencida y pedí servicio al cuarto, lo cual es completamente antiético si piensas por qué fuiste a la conferencia. Asegúrate de identificar algún cliente o posible cliente para ir juntos a cenar, y planealo por adelantado. ¿Por qué no aprovechar el tiempo para hacer algún negocio, incluso cuando es un ambiente más casual?

3.   No dejes nada al azar cuando se trate de sentar a los demás.

Si estás a cargo de un evento, junta o cena, presta especial atención a cómo sentar a la gente. Al Neuharth siempre hizo esto de manera religiosa; sabía a quién quería a su lado y a quién quería relegar en Siberia. De igual forma, cuando estés a cargo de sentar a los invitados en un evento, no pienses dónde le *gustaría* a la gente sentarse; piensa en el acomodo más productivo posible. Para un evento grande, con frecuencia paso horas sólo planeando la manera de sentar a las personas; esto siempre te recompensa.

RECEPCIONES

1.   Evita a tus amigos.

Siempre que estoy en una recepción o fiesta de negocios no paso mucho tiempo mezclándome con mis amigos o con colegas cercanos. Por el contrario, busco gente a la que todavía no conozco, o a la que no conozco bien. Es una perfecta oportunidad para hacer o fortalecer contactos. De hecho, en verdad busco estas oportunidades para conocer y mezclarme en un escenario relajado, ya que es una forma conveniente y divertida de conocer a la gente.

2. Conoce quiénes son y permíteles conocer quién eres.

Antes de una recepción o junta afuera, asegúrate de averiguar quién estará ahí y cuáles son sus títulos. A la gente le gusta ser llamada por su nombre, y se siente halagada si sabes quién es antes de que te lo digan. También, lleva tarjetas de presentación contigo y preséntate tanto con tu nombre como con tu apellido. Y si estás organizando un evento, siempre utiliza identificadores.

3. Deslízate para llegar al lugar correcto.

Hace algunos años llevé a mi entonces hija adolescente, Alison, y a una amiga al estreno de una película. Cuando mencionó que en verdad quería conocer a la estrella, me imaginé que a ella le daría un poco de pena, así que le dije que necesitaba ser un poco agresiva y deslizarse al grupo de personas que inevitablemente rodearían a la estrella. Lo mismo es cierto para ti si hay alguien a quien quieres conocer —famoso o no— en una recepción. Incluso si esa persona está rodeada de otras, ¡aprovecha el momento! Ve y preséntate, porque si decides esperar un momento más tranquilo, tal vez nunca llegue. Así que: ve, ve, ve.

4. Rápido, da seguimiento.

Si acabas de conocer a alguien en un evento o recepción, en especial si es muy conocido o poderoso, la verdad es que seguramente no se acordará de ti por mucho tiempo. Así que da seguimiento, de inmediato —dentro de las primeras 24 horas es mejor— con un rápido mensaje electrónico, nota o llamada telefónica. No esperes a que en verdad quieras acercarte a esa persona por algo en específico; entre más esperes, mayores las oportunidades de que se haya olvidado por completo de ti. Pregunta si se pueden ver, como un seguimiento, y sé persistente; tal vez tome meses coincidir en el calendario con un ocupado ejecutivo.

Presentaciones

1. **Asegúrate de que tu audiovisual esté en perfectas condiciones.**

Bastante básico, ¿no? Sin embargo no creerías el numero de veces que he estado en presentaciones donde el Power Point se estropeó o la conexión a internet no funcionó o el micrófono estaba muerto; he presenciado cualquier percance en el que puedas pensar. Y créeme, nunca es una imagen impresionante. Todas y cada una de las ocasiones que tengas programado hacer una presentación, llega temprano a la sala, antes que los demás, y checa dos veces tu equipo audiovisual. Y asegúrate de saber a quién llamar en caso de problemas, averigua su extensión o teléfono celular.

2. **Aguanta la entrega de notas**

Siempre que lleves notas a una reunión, recuerda no entregarlas hasta que estés listo para que la gente las vea. Tan pronto como estén en sus manos, tu audiencia, dejará de prestar atención a todo lo que estés diciendo y estudiará con detenimiento esas notas, como si tuvieran mensajes secretos del cielo. Controla la atención de tu audiencia: agárrate de esas notas.

3. **Deja el séquito en casa.**

Cuando empezamos a planear nuestro lanzamiento de la revista para el equipo de Oprah Winfrey, una de las primeras decisiones que tomamos fue quién iría a Chicago para la gran reunión. Ellen Levine era una opción obvia, porque ella ya tenía una relación con Oprah. Y como presidenta de Hearst Magazines, era yo quien estaría haciendo el lanzamiento. Después de pensarlo un poco, decidí que dos eran suficiente; no tenía sentido entrar partiendo plaza a las oficinas de Harpo con todo un contingente. Era una junta, no una guerra, así que no había necesidad de mostrar fuerza en números. De igual forma, si te han invitado a hacer una presentación a un cliente potencial, no vayas con un mundo de gente, déjalo en dos o tres. Lo mismo con las juntas en la propia compañía, si son pequeñas, serán menos las complicaciones.

Fiestas de la oficina

1. Recibe a la gente en la puerta.

Pararse junto a la puerta es un gran lugar para estar en una fiesta, en especial si eres el anfitrión o el jefe. ¿Por qué? Porque es el lugar donde garantizas absolutamente ver a todos. Mezclarse es divertido, pero la puerta es el lugar donde estar, al menos al principio, en especial si es importante para ti ver a todos. En nuestra fiesta anual de empleados me ubico en la puerta quince minutos antes del inicio, y me quedo ahí hasta haber estrechado la mano de 1,200 personas. A ellos les gusta el toque personal y a mí, también.

2. Retírate antes de que se ponga fea la cosa.

De toda la gente, Rupert Murdoch me dio este consejo: "No te quedes mucho en la fiesta". Si eres el jefe, este consejo aplica de manera especial, porque la verdad es que tus empleados podrán relajarse y divertirse más una vez que te hayas ido. E incluso si no eres el jefe, recuerda que no tiene sentido quedarse hasta apagar las luces o limpiar a fondo el bar. No importa el puesto que tengas en tu compañía, estarás mucho mejor si no eres testigo de lo que suceda cuando los últimos pesados fiesteros estén en la pista de baile o en el bar. Retírate cuando todavía esté divertido, nunca tendrás motivo para arrepentirte.

3.   No te emborraches.

Los anales de la historia de las fiestas de la oficina están llenos de relatos de calamidades y vergüenzas, ninguna de las cuales contaré aquí, tratando de mantener el buen gusto. Estoy segura de que has escuchado historias clásicas con moralejas: sólo que no te conviertas en protagonista de una.

DE VIAJE

1.   Al menos una habitación de distancia.

En el capítulo 3 conté la historia de cómo aprendí que los colegas en verdad no deben compartir habitaciones, en la medida de lo posible. Aquí está el corolario: cuando reservas una habitación separada para cada quien, trata de que en *verdad* estén separadas, con al menos una habitación entre cada una. La verdad es que no sabes lo que tus colegas estarán haciendo durante su tiempo libre en un viaje de negocios. Y a veces no *quieres* saber.

2.   Juégatela segura.

Vale la pena ser cautelosa como mujer que viaja sola, incluso en un ambiente de trabajo. Si estás registrada en una habitación al final de un largo pasillo, por ejemplo, pide otra para evitar estar en un área aislada. Y si un colega varón te ofrece acompañarte a tu habitación, recházalo de manera educada; muchos de esos ofrecimientos son completamente inocentes, pero no necesitas el dolor de cabeza de lidiar con los pocos que no lo son. Al principio de mi carrera cometí el error de aceptar lo que yo pensé era una oferta caballerosa de un acompañamiento amistoso a mi habitación. Aunque nada terrible pasó al final, nunca olvidaré la imagen del hombre poniendo el pie en la puerta de mi cuarto, manteniéndola entreabierta, mientras yo trataba de cerrarla sin romperle el pie. Fue una extraña y penosa situación, una que me aseguré nunca vivir.

3. Regístrate temprano, antes de ir a tu evento.

En fechas recientes, mi colega Michael Clinton y yo volamos a Chicago para unas juntas de trabajo. Habíamos hecho la reservación en el Ritz Carlton con bastante anticipación, pero como nuestra agenda estaba apretada, fuimos directo a la cena en lugar de registrarnos primero en el hotel. ¡Error! Cuando llegamos al hotel a las 10:30 p.m., después de la recepción y de la cena, nos dijeron que nuestras "habitaciones garantizadas" estaban ocupadas. Armamos un escándalo, pero el personal del hotel nos dijo que estaba totalmente saturado y que todo lo que podían hacer era llamar a otro hotel. Así que ahí vamos con nuestras maletas en medio de la noche, cansados y frustrados, cuando podíamos haber estado dormidos.

Contrataciones

1. No te enamores de tu candidato.

Cuando alguien llega para una entrevista, debes saber desde antes qué información necesitas obtener, porque algunos candidatos te moverán el tapete. Es fácil quedarse atrapado con el encanto de una persona, pero el encanto no necesariamente produce resultados. Así que llega con una lista de las preguntas fuertes y asegúrate de obtener respuesta a todas ellas.

2.   Sigue la regla de las tres reuniones.

Para contrataciones en verdad importantes, trata de reunirte con el candidato tres veces, al menos una, en una comida. En la primera reunión, los dos están vendiendo, y se hace difícil saber lo que en verdad quieres. La segunda vez, puedes evaluar factores importantes como: ¿Puede esta persona mantener una conversación? ¿Es interesante? ¿Inteligente? ¿Agradable? Para la tercera ocasión, la conversación es más real y, finalmente, puedes evaluar si la persona tiene las habilidades, los atributos y la experiencia para el trabajo.

3.   Mezcla y combina.

La sabiduría convencional dice que deberías escoger al candidato con las mejores habilidades y con la personalidad más compatible con la tuya. Pero eso es sólo la mitad. Más que contratar a la persona que más te gusta, piensa cómo él o ella encajarán con el resto del equipo. Si tu equipo actual es fuerte en cuanto a pensadores analíticos, tal vez agregar un pensador más creativo a la mezcla dará más sabor al caldo. También, a pesar de que contratar todo un equipo lleno de versiones de ti mismo puede ser cómodo, no será el mejor equipo que pudiste contratar. Contrata para tus debilidades, no para tus fortalezas.

4.   Sigue tus instintos.

La parte más importante de cualquier entrevista son los primeros cinco minutos. Durante ese tiempo, puedo conocer muchas cosas sobre el candidato. ¿Cómo se conduce? ¿Me mira a los ojos cuando habla? ¿Se expresa con confianza? Tú quieres un candidato que se vea grandioso en el papel, por supuesto, pero debes confiar en tus instintos otro tanto. Si te sientes inseguro de alguien pero no sabes por qué, créeme, la respuesta vendrá tarde o temprano. Es mejor confiar en tus instintos desde el principio.

DESPIDOS

1.   ¡Hazlos rápido!

La primera vez que despedí a alguien fue en la revista *Ms.* Valerie Salembier y yo fuimos juntas y la mujer estaba en choque y molesta. Se lanzó a dar una larga explicación de por qué debíamos darle otra oportunidad y, desafortunadamente, la escuchamos y respondimos. Así seguimos una y otra vez, por cerca de una hora, antes de que finalmente nos diéramos cuenta de que esta mujer nos tendría ahí hasta que le diéramos una segunda oportunidad o diéramos por terminada la conversación de una vez por todas. Al final, Valerie y yo estábamos hechas un desastre sin ningún motivo, ya que el resultado final era exactamente el mismo que si lo hubiéramos hecho rápido. De ahí en adelante, supe que cuando despidiera a alguien, tenía que hacerlo rápido y no dejarme envolver en el debate. La realidad es que una vez que las palabras "Te estamos dejando ir" salen de tu boca, la persona de todos modos no va a escuchar nada de lo que digas después.

2.   Escoge un lugar neutral y lleva a alguien más.

Cuando vas a despedir a alguien, llévalo a la sala de juntas o a cualquier otro lugar neutral. Es tentador hacerlo en tu oficina, pero no puedes levantarte y salir cuando la conversación termine, y tal vez pretenda mantenerte ahí por más tiempo. Y siempre ten a otra persona en la sala como testigo. En estos tiempos de litigio, es mejor protegerte de posibles dimes y diretes.

3.   Trata a la gente de manera justa.

Cuando despides a alguien, se va a sentir terrible, así que no hay necesidad de que se lo restriegues en la cara. Incluso si la persona ha hecho algo malo y está a punto de que la escolten fuera del edificio, incluso si te ha enloquecido por los últimos seis meses y no puedes esperar a deshacerte de ella, entrega la noticia de manera firme, pero justa. De hecho hemos tenido gente que nos envía notas después de ser despedida, diciendo: "Gracias por ser tan justa y directa". Nunca hay inconvenientes al tomar el camino más ético.

4.   Si es a ti a quien despiden, trata de tomar la noticia con la mayor calma posible.

Explotar o disgustarse no ayudará y puede quemar puentes que tal vez necesites más tarde. Siéntete libre de preguntar, pero no trates de cambiar la opinión del empleador, pues la decisión ya está tomada. Más importante: trata de aprender lo que puedas de esta situación, para evitar que ocurra de nuevo.

5.   No tengas miedo de romper el molde.

Como todo lo demás en el lugar de trabajo, las contrataciones, los despidos y otros asuntos relativos al personal no tienen que ser conforme al guión actual. Martha Nelson, editora por muchos años y ahora directora editorial de la revista *People*, una vez me dijo su estrategia para mover a alguien de puesto sin correrlo.

—En realidad nunca despedí a nadie —dijo—. Lo que hice fue traer a alguien con el mismo título. Finalmente, el titular se daría cuenta de que había sido reemplazado y se iría por decisión propia.

Y Pat Carbine, en su inimitable manera, cuenta esta historia de cómo una vez mantuvo a un empleado que quería renunciar. Una mujer que trabajaba para ella cometió un error y estaba apenada y desalentada. No sólo quería dejar su trabajo, sino dejar Nueva York y regresarse a casa.

Pat lo describe así: "Estaba escuchando con atención y de repente tuve una epifanía".

—Escucha —le dije—, esto es lo que es tan interesante de las renuncias. Por razones que parecen absolutamente correctas y razonables, una persona puede decidir que quiere renunciar. Pero eso es sólo la mitad. La otra mitad es que la persona del otro lado del escritorio tiene que aceptarlo. Y no voy a hacer eso hoy. No estoy convencida de que estés renunciando por las razones correctas. —La mujer se quedó pasmada, pero tomó a pecho los comentarios de Pat. Acabó quedándose en *Ms.* lo cual fue bueno para ella y bueno para la revista. Pero si Pat hubiera tenido miedo de romper el molde, esta mujer se hubiera ido.

Hay otra cosa muy interesante sobre esa historia. Es un ejemplo perfecto de la habilidad innata de Pat para medir las motivaciones y las necesidades de la gente, una cualidad valiosa que hizo a Pat una jefa excepcional. Entender las pasiones de las demás personas es una clave para ser un gran líder. Y como veremos en el próximo capítulo, entender tus propias pasiones es la clave para liderar una vida satisfactoria, productiva y plena, tanto dentro como fuera del trabajo.

CAPÍTULO 6

Pasión

Si es que existe eso de la "genética de ventas", definitivamente nací con ella. Desde que era chiquita y vivía en Chicago, me encantaba persuadir a la gente de comprar lo que yo tenía para vender. Primero fue limonada. Después, lo que probablemente fue el disgusto de toda la colonia, cuando tenía como ocho años, empecé a vender de puerta en puerta un pequeño periódico católico. Estaba tan emocionada y era tan persistente que incluso me las ingenié para vender suscripciones a un par de vecinos protestantes antes de que mis padres me frenaran.

Mi padre trabajaba en el negocio de comida y tenía su marca propia, y mi madre era una mamá tradicional que se quedaba en casa, criando a mi hermana, a mi hermano y a mí. La compañía de papá tenía una planta manufacturera a hora y media en coche al sur de Chicago, donde hacían mostazas tipo gourmet, mayonesas y aderezos de ensalada, y a mí me encantaba ir ahí siempre que me llevara. Puede que la mayonesa no sea el producto más deslumbrante del mundo, pero todo el prospecto de hacer negocio de ella parecía magia para mí. Cuando lo veía ir y venir de los viajes, con la maleta en mano, soñaba en qué tipo de aventuras pudo haber tenido en el camino.

Gracias al éxito de mi papá en el trabajo, nuestra familia disfrutó una vida confortable de clase media. No necesité trabajar en los veranos mientras estuve en preparatoria, pero de todos modos lo hice porque quería. Me gustaba vestirme, tomar el tren para ir al centro de Chicago y entrar en un edificio de oficinas o tienda de departamentos. Nunca sentí que fuera un *trabajo*; sólo me parecía la manera más padre, más divertida de pasar el verano. También me gustaba ganar mi propio dinero.

Mi padre trabajaba duro y siguió trabajando incluso después de una enfermedad degenerativa en los ojos que empezó a robarle la vista, cuando yo era adolescente. Recibió varios transplantes de córnea, y ninguno funcionó. Pero nunca dejó de lado la esperanza. Incluso cuando estuvo completamente ciego, alrededor de los cincuenta, nunca usó bastón y rehusaba caminar más lento. Usaba lentes obscuros, contrató un chofer que lo llevara a donde necesitaba ir y a un asistente que le leyera; y así se mantuvo haciendo casi todo lo que hacía antes.

Me gusta pensar que soy parecida a mi papá en ciertos aspectos —nuestra pasión compartida por los negocios, trabajar para triunfar y la persistencia—. Y me gustaría pensar que si alguna vez enfrentara el mismo tipo de adversidad que él, respondería con mucha dedicación para superarla. Mi padre en verdad fue una inspiración para mí, en muchos aspectos.

Te cuento esto porque estos factores formaron las raíces de cualquier éxito que yo haya tenido, en el trabajo y en la vida.

Cuando miro hacia atrás mi niñez, mis años en preparatoria y en la universidad, es sorprendente la claridad con la que tracé mis intereses e inclinaciones que después dieron forma a mi vida profesional. De esas primeras experiencias vendiendo periódico, pasando por sentir la excitación de cuando tuve mi primer trabajo de verano como cajera y envolviendo regalos en la tienda de departamentos *Marshall Field's*, supe lo que me daba energía y lo que me gustaba hacer.

Si planeas trabajar 40 horas a la semana desde los veinte hasta los sesenta, pasarás cerca de 90,000 horas de tu vida en el trabajo. Por esa simple razón, te debes a ti mismo descubrir algo que en verdad disfrutes hacer. Aparte, si haces algo que te gusta, serás mejor en ello. ¿Por qué pasar tu vida laboral trabajando duro en tareas que no te gustan cuando hay tantas otras opciones que puedes explorar? Ya sea que apenas estés empezando, ganando experiencia o contemplando la idea de un cambio a la mitad del camino, tiene sentido dar un paso hacia atrás y examinar lo que estás haciendo y porqué lo estás haciendo. Eso puede parecer muy básico, pero algunas veces es difícil evaluar con honestidad cuáles son tus sentimientos sobre tu vida laboral. ¿Alguna vez...

- te has preguntado si tus habilidades serían de mayor utilidad en otra línea de trabajo?
- te has levantado en la mañana con pavor a iniciar un día de trabajo?
- te has encontrado con frecuencia vagando con la mente en escenarios como "que tal si", imaginando cómo pudo haber sido diferente tu vida si hubieras escogido otro camino?
- has sospechado que serías más feliz en otro lugar, pero ignoras el sentimiento, como si simplemente fuera demasiado difícil "empezar otra vez"?

Si es así, ciertamente no estás solo. Pero tampoco estás atado, porque en cualquier momento tienes el poder de re-evaluar tu vida. De hecho, utilicemos este capítulo para hacerlo ahora mismo. Un punto esencial para empezar es:

> **Sé quien eres en todo lo que hagas.**

¿Quién era tu maestro favorito en la preparatoria? Si eres como la mayoría de la gente, el recuerdo de esa persona te trae al rostro una sonrisa instantánea mientras recuerdas momentos significativos en su clase. Por lo común, nuestros maestros favoritos son los que nos guiaron a las materias que finalmente nos gustaron.

Ahora tómate un momento para pensar en tus maestros menos favoritos. No sé tú, pero en mi caso fueron los que parecían estar en piloto automático, enseñando con un sentimiento del deber, más que de placer, y sólo contando los meses o años para llegar a la jubilación. Estos maestros carecían de autenticidad en su trabajo, lo cual no era justo para sus alumnos ni para ellos mismos.

¿Cómo ves esa autenticidad en ti mismo? Es vital conocerte y actuar con base en ese conocimiento. A continuación, algunas preguntas básicas para empezar:

- ¿Eres introvertido o extrovertido?
- ¿Te sientes más inclinado hacia el mundo corporativo, las instituciones no lucrativas, la academia o algo totalmente diferente?
- ¿Estarías más contento en una compañía grande y establecida, o en una que apenas inicia?
- ¿Deberías estudiar una maestría? ¿O es mejor enfocarte en ganar más experiencia en el mundo del trabajo?

Vamos una por una:

1.   ¿Eres introvertido o extrovertido?

Hace mucho tiempo tomé un curso de entrenamiento
diverso impartido por un instructor fabuloso. Tenía muchas
visiones, una de las cuales se me quedó grabada:

—Algunas personas cargan baterías estando calladas y
siendo reflexivas —dijo—, mientras otras toman su energía
estando cerca de otras. —Ésta es la diferencia entre los in-
trovertidos y los extrovertidos.

¿A más de la mitad de este libro, puedes adivinar de qué
tipo soy? No es un concurso: soy extrovertida de pies a cabeza. Me encanta estar rodeada de gente, lo que hizo el mundo
de las ventas una elección natural para mí. No me iría tan
bien en un trabajo que requiriera trabajar sola, y no puedo
imaginar que estaría contenta de hacerlo. Por otro lado, para
aquéllos que cargan energía de la soledad, mi trabajo probablemente les parecería una tortura. Responder a esta pregunta es el paso clave para imaginar qué tipo de trabajo será el
más satisfactorio para ti.

Al margen, es una buena idea tomar el Indicador Tipo
de Myers-Briggs, una herramienta para evaluar los rasgos de
tu personalidad. El test, que es en esencia un cuestionario,
provee un resumen breve de tu tipo de personalidad —por
ejemplo, si tiendes a tomar decisiones basado en la lógica
o en el sentimiento—. Muchas compañías y organizaciones
utilizan este test cuando contratan a alguien para un nivel
ejecutivo, la mejor manera de escoger equipos cuyas habilidades son complementarias. La primera vez que lo tomé, reveló rasgos sobre mi personalidad que yo nunca antes había
considerado. Así que echa un vistazo en internet para mayor
información, e inténtalo. Puede que aprendas alo nuevo y
valioso sobre ti mismo.

**2. ¿Te sientes más inclinado hacia el mundo corpora-
tivo, las instituciones no lucrativas, la academia o
algo totalmente diferente?**

Para algunas personas, esta pregunta tiene una respuesta fácil. Si siempre has querido ser chef, por ejemplo, nunca
vas a ser feliz en una oficina. Pero algunas veces no es tan
claro dónde están tus verdaderas preferencias. Trabajar en
una institución no lucrativa, un museo, caridad o fundación,
puede que te ofrezca muchas recompensas, pero puede que
no te ofrezca todas las prestaciones de un trabajo en una
corporación, en particular en términos económicos. Por el
contrario, trabajar en una compañía puede ser un reto y remunerador, mientras que tal vez no te ofrezca satisfacciones
personales profundas.

Y también existen matices entre estas opciones. En el
transcurso de mi carrera me han ofrecido varias oportunidades para trabajar fuera del mundo de los medios de comunicación. Pero mientras me sentía halagada e intrigada por las
ofertas, siempre regresé a la misma pregunta: ¿Encajo ahí?
¿Seré feliz? ¿Seré exitosa? Una vez, durante el *boom* de finales
de los noventa, me ofrecieron un trabajo en una naciente
compañía de internet, en el Valle del Silicio. Pudo haber sido
un campo nuevo, emocionante y potencialmente lucrativo
para mí, pero mientras caminaba por las oficinas de la compañía, y miraba las filas y filas de gente escribiendo en sus
computadoras en silencio, no dejaba de pensar: "Soy un pez
fuera del agua. ¿Qué demonios aporto yo aquí?"

Compara eso con mi primer día en *Hearst* cuando el
entonces director ejecutivo, Frank Bennack, me presentó a
20 o 30 ejecutivos en la sala de juntas. Reconocí a casi todos
los presentes, aunque en realidad los hubiera tratado o no,
porque había estado en el negocio de los medios de comunicación por tanto tiempo. Sabía que quería todo lo que el

trabajo tenía para ofrecerme: encabezar una gran división corporativa, estar de regreso en Nueva York, ser parte de una compañía de medios de comunicación con un alto perfil. Al mirar alrededor de la sala, tenía una gran sonrisa en el rostro, porque me sentía como si estuviera en casa, en un lugar donde podía hacer una contribución significativa. Es un gran sentimiento —uno que también mereces tener en tu vida laboral.

Así que ¿cómo puedes determinar dónde podrás estar más satisfecho? Primero, haz algunas investigaciones. Cada compañía tiene una página en internet, así que consulta en línea y estudia su misión, sus productos y sus servicios. Muchas compañías también colocan ofertas de trabajo en sus páginas *web*, así que sigue buscando a ver si hay alguna en particular para la que te gustaría trabajar. Y si en verdad quieres saber como es el trabajo en algún sitio, la manera más fácil es preguntar a alguien que ya trabaje ahí. Aprovechando tus contactos, pregunta hasta que encuentres a alguien que trabaje ahí. A mucha gente le gusta hablar de su trabajo y su compañía, así que no temas hacer esa conexión.

Segundo, si quieres más experiencia sustancial en el campo que te interesa, en especial si es en el sector no lucrativo, siempre puedes ofrecerte como voluntario o practicante para poner un pie en la puerta. Si estás interesado en la radio, ofrécete como voluntario en tu filial local de la radio nacional. Si te encanta el arte, puedes trabajar como docente o guía para el museo de tu ciudad. Con mucha frecuencia, ese tipo de organizaciones no tienen suficiente personal, y dan la bienvenida a ayuda voluntaria, motivada e inteligente. Y muchas veces las prácticas se convierten en puestos permanentes.

Tercero, piensa en serio qué tanta intensidad deseas o puedes manejar en el trabajo. Diferentes industrias tienen horarios muy variados, así que toma una decisión informada. Si estás interesado en la banca de inversión, consultorías financieras o trabajar como asociado para un gran despacho de abogados, ¿estás listo para horas infernales y demandantes tiempos de entrega? ¿O preferirías un ambiente de trabajo de bajo perfil, donde puedas salir a las 5:00 o 6:00 p.m. todos los días? Cada selección tiene sus pros y sus contras; la clave es entender tus deseos y motivaciones y tomar una decisión en consecuencia.

Por último, confía en tus instintos cuando consideres el tipo de carrera que quieres continuar. Muy a menudo tus instintos te dirán cuándo estás tomando el camino equivocado, incluso si tu cerebro te está diciendo lo contrario. En especial, esto ayuda si te sientes presionado por tus padres, esposo o colegas, para seguir cierto camino. No abandones la lógica, pero presta atención a lo que dicen tus instintos.

3.   ¿Estarías más contento en una compañía grande y establecida, o en una que apenas inicia?

Me encantan los inicios. Me encanta el correr de la adrenalina al tomar parte en una empresa nueva y arriesgada; la amplia sensación de que estamos haciendo las reglas en el camino. Me encanta el hecho de que en un inicio, casi siempre puedes tomar parte en las decisiones y proyectos del consejo, más que desviarte en un área específica dentro de la jerarquía rígida de una compañía establecida.

Dicho eso, existen verdaderos apuros al trabajar en algo que inicia. La incertidumbre es: nunca sabes si la compañía sobrevivirá, mucho menos si prosperará. Puede ser frustrante nunca saber qué nuevo tema vas a enfrentar cuando llegues al trabajo cada mañana. Y no tendrás el soporte que tendrías en una compañía grande; no hay departamento de X, Y o Z para entrar y pedir ayuda en las tareas que te están dando problemas. Así que los inicios claramente no son para todos.

Con frecuencia me piden dar discursos a estudiantes y a practicantes, y a menudo me preguntan si recomendaría trabajar en una compañía que apenas inicia. La respuesta es un rotundo sí. Durante mi carrera he trabajado en cuatro diferentes empresas que iniciaban y no cambiaría la experiencia por nada. Si tienes espíritu pionero y puedes seguir el paso, el calor y la incertidumbre, entonces adelante. Recibirás un entrenamiento que no podrás adquirir en otro lado. Pero si sabes que necesitas más estructura en el trabajo, entonces no tiene sentido que te sientas miserable sólo por el beneficio de la experiencia.

4. ¿Deberías estudiar una maestría? ¿O es mejor enfocarte en ganar más experiencia en el mundo del trabajo?

¡Ah, la eterna pregunta! ¿Necesitas una maestría? Y si sí, ¿para cuándo? ¿Tiene sentido interrumpir tu carrera para regresar a la escuela? Enfrenté todas estas preguntas a principios de mi carrera y, afortunadamente, tuve a alguien que me guiara por el sistema infalible para tomar mi decisión.

Esto me pasó cuando me mudé a San Francisco para trabajar en la revista de Francis Ford Coppola, y que fracasó. A los treinta, me encontré sin trabajo, fuera del mundo de las revistas de Nueva York e insegura de cuál debía ser mi siguiente paso. Como detallé en capítulos anteriores, tenía una debilidad que sabía que podía dificultar mi progreso como ejecutiva en el mundo de las revistas. Quería tener un entendimiento más sólido del lado financiero, y un mejor conocimiento de los números y datos. También, tener el antecedente de una maestría me ayudaría a obtener mejores puestos e ir hacia adelante, en especial porque había obtenido mi licenciatura de una universidad pequeña. ¿Pero era éste el momento de hacerlo? Lo pensé una y otra vez, tratando de decidir, y de pronto le pregunté qué pensaba a un amigo que era consultor de una revista en Nueva York.

—Hay dos razones para estudiar una maestría cuando estás a la mitad de tu carrera —me dijo—. Primero, si quieres hacer un cambio de carrera —como moverte de la publicidad al mundo bancario— entonces es muy importante. —No quería cambiar de carrera, así que ésa estaba descartada. —La otra razón —siguió— es si ya topaste con pared respecto a tus ingresos. Si alguna de las razones aplica, entonces estúdiala. Si no, mejor sigue trabajando, tanto por el ingreso que perderás como por el costo de la maestría.

Para mí, la segunda razón no aplicaba tampoco, así que al final decidí no estudiarla, y he estado agradecida con mi amigo desde entonces por haberme ofrecido un test claro para tomar mi decisión.

¿Pero qué pasa si apenas estás empezando y no has establecido una carrera todavía? Puedo decirte que si ahora estuviera apenas graduándome de la universidad, definitivamente estudiaría una maestría. Sí, puedes triunfar sin una, pero estarás en ventaja para iniciar si la tienes. La base del conocimiento que recibirás —incluida la instrucción especial en tus habilidades más débiles— será de ayuda. Tener una maestría en tu currículo automáticamente te ayuda a dar el brinco para que te consideren de manera más seria en los trabajos. Y casi siempre te sentirás con más confianza en el mercado laboral por tenerla, lo cual es una ayuda tremenda.

CUANDO vine por primera vez a Nueva York y empecé a conseguir entrevistas para pedir trabajo, me sentía casi mareada por la posibilidad. Aparte de ese extraño momento en el elevador de Condé Nast, donde me sentí como una campesina en mi traje conservador del Medio Oeste, siempre me gustó ir a nuevas oficinas, conocer gente nueva y explorar el mundo de los medios de comunicación de Nueva York. Viendo hacia atrás, los ejecutivos que me entrevistaron debieron haberme visto como un cachorro juguetón.

De hecho, toda esa energía trabajó en mi favor, al menos una vez. Después de una entrevista en la revista *Holiday*, salí al área de los elevadores, donde un hombre mayor y guapo (probablemente tenía como cuarenta, lo que me parecía viejo en esos tiempos) estaba esperando el elevador.

—Hola —dijo—. No te reconozco, ¿eres nueva aquí?

—Oh —contesté—, no trabajo aquí, acabo de tener una entrevista de trabajo con Phyllis Rillinghast. ¡Me fue muy bien! Parece maravillosa y por supuesto me encanta la revista... —Y seguí y seguí, hasta que el tipo pareció desconcertado. Después de bajar por el elevador, él tomó su camino y yo el mío, y no pensé en la conversación otra vez hasta después de que me ofrecieron el trabajo. Entonces, mi nueva jefa, Phyllis, me dijo que el Hombre Elevador la había llamado a la mañana siguiente para decirle:

—No sé quién es esa chica, pero más te vale contratarla, porque está muy entusiasmada con este trabajo. —Resulta que él era el director general de la revista.

Esto nos lleva a nuestra siguiente regla del pulgar:

Encuentra algo que te emocione.

Cada trabajo implica hacer algunas cosas que preferirías no hacer. Sin embargo, debes ser capaz de encontrar una profesión que disfrutes en su nivel más básico y, más importante, que te proporcione satisfacciones. De otra forma, no sólo te estás haciendo trampa, sino, muy probablemente, estás haciéndole trampa a tu empleador también.

Alguien en una ocasión me preguntó:

—¿Nunca tienes ganas de sólo alejarte de las revistas por un rato? ¿Cuando sales de vacaciones, corres sin ver los puestos de revistas para que no tengas que pensar en ellas?

La pregunta en un primer momento me pareció chistosa, porque absolutamente me encantan las revistas y casi nunca voy a algún lado sin una bolsa llena de ellas —tanto las nuestras como las de nuestros competidores—. Sin embargo, entre más pienso en ello, más me doy cuenta de que no todas las personas son lo suficientemente afortunadas o persistentes para haber encontrado la profesión que tanto les gusta. Por otro lado, tal vez sepan lo que les encanta hacer, pero no han buscado la manera de convertirlo en una profesión.

Esto me lleva de regreso a Atoosa Rubenstein. Abrí el capítulo 1 con una historia sobre Atoosa, quien a los 26 años me había impresionado con su empuje y deseo de crear una gran revista para adolescentes. Tenía una visión de lo que quería hacer, y creía en ello completamente. Mientras la idea de la revista *CosmoGirl* era muy buena, lo que me cautivó fue la pasión de Atoosa por el proyecto. Sabía en qué era buena y, con nuestra ayuda, canalizó esa energía en un producto viable con posibilidades de ser elaborado.

Atoosa sirvió como la editora fundadora de *CosmoGirl* durante sus primeros cuatro años, y después de que Hearst adquirió *Seventeen*, la movimos para ser editora ahí —el puesto que tenía cuando yo empecé a trabajar en este libro—. Ahora, mientras escribo esto, Atoosa ha decidido dejar Hearst, para seguir un nuevo sueño. Quiere crear su propio negocio con una multiplataforma, enfocado a mujeres jóvenes a través de una variedad de medios de comunicación.

Atoosa exudaba energía y creatividad en Hearst, que por supuesto extrañamos. Dicho eso, estoy contenta por ella de que esté impulsándose a sí misma para conseguir su nuevo sueño. Después de todo, le dimos a Atoosa su gran oportunidad y creció mientras estuvo ahí, así que es gratificante verla creyendo lo suficiente en ella misma como para tomar este gran riesgo.

PROBABLEMENTE en este momento algunos de ustedes estarán pensando: *Claro, Cathie, es fácil perseguir un sueño si sabes cuál es*. Pero, ¿qué pasa si estás teniendo problemas para encontrar lo que en verdad quieres en el trabajo y en la vida? Puede ayudar el hecho de descubrir lo que *no* quieres.

Está bien decir: No, gracias.

Hace algunos años almorcé con el directivo de una gran compañía de cosméticos. Lo conocía de años y almorzábamos con regularidad, así que me sorprendí un poco cuando de repente levantó el tono de la conversación.

—Cathie —dijo abruptamente—, tengo una pregunta para ti —hizo una pausa mientras me senté pensando en lo que podía venir—. ¿Cómo te sentirías de ser presidenta de mi compañía? —preguntó.

Es mucho lo que uno podría decir a tal proposición, pero desafortunadamente la única cosa que brotó de mi boca fue:

—*¿Qué?* —Estaba absolutamente estupefacta; no había visto venir esto para nada, y casi no podía creerlo. Él sólo sonrió, esperando que yo respondiera de manera más coherente, lo que finalmente logré hacer.

—Soy una ejecutiva de medios de comunicación —le dije—, no una ejecutiva de cosméticos.

—Bueno, piénsalo un poco —dijo—. Y entonces hablemos más cuando lo hayas meditado.

En efecto, lo medité. Ésta era una compañía enormemente exitosa y muy reconocida, y la oferta era tanto halagadora como intrigante. Sin embargo, entre más lo pensaba,
más me daba cuenta de que eran las revistas y no el maquillaje
lo que hacía palpitar mi corazón. Así que la siguiente ocasión
que nos vimos, le dije:

—Esto es difícil de decir, pero necesitas alguien que
viva y respire cosméticos, alguien que se levante a media noche y diga: '¡Morado! ¡Ése es el nuevo color de la primavera!'
Honestamente, no soy ese tipo de persona.

Hablamos por un rato, y no estoy segura de si jamás lo
convencí de mi razonamiento, pero él fue muy cortés respecto a todo el asunto. La verdad es que, si hubiera tomado
el trabajo, posiblemente hubiera disfrutado muchos de sus
aspectos. Aun así, nunca me he arrepentido de la decisión.
Para mí, tener la oportunidad de ser líder en la industria que
adoro pesa más que todas las demás consideraciones.

Esta bien, ahora que he pasado la mayor parte de este
capítulo exhortándote a que sigas tus sueños, y que digas
"no" cuando tu corazón no está en algo, déjame lanzarte una
curva. Hay un corolario importante para ese consejo:

> **Está bien decir sí por razones estratégicas.**

Después de pasar más de ocho años en el *USA Today*, la
mayor parte de ellos como la directora general del periódico,
estaba lista para un cambio. El tiempo que había pasado ahí
había sido sumamente satisfactorio, pero también extenuan-
te, y parecía no haber ningún puesto más alto en Gannett, la
compañía matriz del periódico, al que pudiera aspirar. ¿Pero
adónde me podría ir? Tenía dos metas estratégicas: salir con
elegancia del *USA Today*, e irme como presidenta y direc-

tora general de una gran división de una compañía u organización de medios de comunicación. A pesar de que había
pasado la primera parte de mi carrera en las revistas, para
este momento había estado fuera de ese mundo por cerca de
una década. No estaba claro ningún paso siguiente para mí,
así que pasé algún tiempo considerando mis opciones, hasta
el día en que un par de personas de Booz Allen, la firma de
consultoría gerencial, vino a verme a mi oficina.

Estaban realizando un estudio para dos asociaciones
comerciales de la industria del periódico y querían hacerme
algunas preguntas. En el transcurso de nuestra conversación
aprendí que las asociaciones, que representaban más de mil
periódicos a lo largo del país, probablemente se iban a fusio-
nar y estaban buscando un director ejecutivo que encabezara
todo el asunto.

—Lo que la nueva asociación necesitará —dijo uno de
los consultores—, es un director ejecutivo que ayude a po-
sicionar a los periódicos en un mundo cambiante de medios
de comunicación. Necesitará un director ejecutivo mucho
más visible que los que tradicionalmente dirigen las asociaciones comerciales.

De inmediato empezaron a funcionar mis neuronas.
Querían a alguien que se sintiera cómodo de representar a
los periódicos en una variedad de escenarios, desde discursos y entrevistas hasta apariciones frente a los miembros del
Congreso. Y necesitaban a alguien que dominara de cabo a
rabo el negocio de los periódicos. Hasta ahí, todo bien. Sin
embargo, incluso si asumía que podía obtener el trabajo, ya
sabía que era uno en el que no podía permanecer para siempre. Esto era muy diferente a lo que había estado haciendo
y no estaba segura de que disfrutaría —o incluso sería buena— cabildeando en el Congreso, lo cual sería gran parte del
trabajo. Lo que en verdad quería era la oportunidad de dirigir

una compañía, y ser la cabeza de una asociación no lucrativa grande e importante me acercaría un paso más a eso.

No era el trabajo de mis sueños pero sería un trabajo que representaría un gran paso adelante. Así que fui por él.

Tan pronto como me nombraron directora ejecutiva de la American Newspaper Publishers Association (después la renombraron Newspaper Association of America o NAA), de inmediato enfrenté las preguntas de los reporteros queriendo saber por qué una ejecutiva de operaciones como yo había escogido dirigir una asociación comercial. Pensé la respuesta más sutil y con una sonrisa contesté:

—Es un gran reto pensar en el futuro de toda una industria, en especial con la llegada de todas las nuevas tecnologías. —Un reto que todavía enfrenta la industria hoy día. Después empecé a hacer lo mejor que podía.

Pasé casi cinco años en la NAA y aprendí muchísimo. No fue el trabajo más sexi de mi carrera, pero fue muy satisfactorio. También me ayudó a ser una ejecutiva más equilibrada, y dio solidez a mi reputación como alguien que podía dirigir una gran organización. Además, pude conocer bastante bien al presidente del consejo de la NAA, lo cual marcó el principio de una relación de trabajo productiva y maravillosa que continúa hasta hoy. ¿El nombre de ese presidente del consejo? Frank Bennack, quien entonces era el director ejecutivo de Hearst y hoy continúa colaborando como vicepresidente del consejo. No obtuve mi trabajo en Hearst sólo por trabajar con Frank en la NAA, pero seguramente no estorbó. Así que no tengas miedo de dar pasos en tu carrera que sean con estrictos fines estratégicos. En efecto, deseas seguir tus sueños, pero a veces el camino de tus sueños involucra un desvío bien pensado y cuidadoso. En el mismo sentido, a continuación encontrarás un pequeño consejo que te sorprenderá escuchar de mí:

> **No tengas miedo de salirte por completo,
> si eso es lo que en verdad quieres.**

En el otoño del 2006, Ruth Diem, la directora de recursos humanos de Hearst, me dijo que estaba planeando retirarse antes de tiempo y que dejaría la compañía a finales de año. No podía soportar la idea de que Ruth se fuera; es talentosa, con empatía y una dedicada ejecutiva del área de recursos humanos.

Sin embargo, preocupada por cómo afectaría a Hearst la partida de Ruth, no podía dejar de sentirme contenta por ella. A los 55, tendrá muchos años para viajar, buscar sus intereses, disfrutar a su familia, cualquier cosa que escoja hacer. Ruth siempre ha trabajado duro, así que ésta no era una decisión fácil para ella. Se necesitan agallas para dejar un trabajo en el que eres exitoso y que disfrutas. A pesar de que quería que se quedara, pensando sólo en mí, aplaudía su decisión y el valor para tomarla.

De manera similar, mi sobrina, Anne, tomó la decisión de cambiar la dirección de su carrera. Había trabajado en una gran agencia de publicidad y luego decidió estudiar una maestría. Después de eso entró a trabajar para una compañía de internet, pero después de un año, y de todo lo que había hecho para llegar ahí, Anne decidió que no era donde quería estar. Quería más realización en su vida laboral, así que dio un giro de 180 grados, hacia el mundo de lo no lucrativo. Anne ha estado en el American Museum of Natural History por cuatro años y, a pesar de que dejó atrás una carrera más lucrativa y de ritmo dinámico, no la ha extrañado ni por un momento.

Ya que soy una persona que recibe tanta satisfacción de su trabajo, puede que pienses que mi mensaje sería: "Trabaja por caminos difíciles y quédate con tu carrera sin importar qué". No, no lo es.

Por supuesto, quiero que las personas encuentren satisfacciones en sus trabajos —y quisiera pensar que este libro les va a ayudar—. Pero si le das al mundo de los negocios lo mejor de ti y al final te das cuenta que tu verdadera felicidad está en otro lado, es mucho más importante buscar esa felicidad que ser miserable por el bien de una carrera. Esto puede ser cierto como principio básico (asumiendo que tienes algún otro tipo de ingreso y que no te quedarás en la bancarrota), o sólo uno temporal. Ya sea que te des un tiempo para criar a tus hijos, viajar, aprender a practicar el surf o lo que sea, es vital que busques satisfacción en todos los aspectos de la vida, no sólo en el trabajo.

Y con eso hemos llegado tal vez al mensaje más importante de este libro: la idea de cultivar lo que yo llamo una vida de 360 grados. Continúa con la lectura para ver de qué se trata.

Vida de 360°

Durante mi segundo año en el Trinity College (ahora Trinity University) en Washington, D.C., escuché sobre la opción de pasar mi penúltimo año de la carrera en el extranjero. Apenas podía creer lo que estaba oyendo. ¿En verdad era esto posible? Si era así, ¿por qué no todos lo hacían? De inmediato, empecé a hablar con mis padres, quienes nunca habían estado en Europa, acerca de pasar mi tercer año de la carrera en Italia.

Trinity era una muy buena universidad, pero era una institución católica pequeña, sólo de mujeres, y estaba deseosa de aventuras más grandes. Recuerdo decirle a mi padre, en un momento de petulancia:

—Estoy cansada de *nerds*, monjas y mujeres.

De pronto quise pasar un año en Europa más de lo que nunca había deseado algo. La condición principal de mi padre fue que tenía que conseguir un crédito completo mientras estuviera en el extranjero, así que encontré un programa que permitiría transferir mis créditos a Trinity. Unos meses después, me encontraba en un avión con destino a Roma. Parecía un sueño.

Cuando miro atrás en mi vida, puedo ver que viví algunas experiencias memorables y momentos emocionantes. Pero nada se compara con ese año en Italia. Incluso ahora, cuando pienso y escribo sobre ello, no puedo evitar sonreír; todo fue una aventura nueva, una emoción que esperaba ser descubierta.

Rápido hice amigos, y viajamos cada fin de semana, amontonándonos en los coches o incluso pidiendo aventón para llegar a ciudades cercanas. En las vacaciones nos íbamos más lejos: a París y a Londres para el Día de Acción de Gracias, al Medio Oriente para Navidad, a España para la Pascua. En Año Nuevo, tomé champaña y bailé el baile del conejo en el hotel Cairo Milton, y luego visité los famosos cedros de Líbano y monté a caballo por las grandes pirámides de Egipto al amanecer. Y en el verano, cuando terminó mi programa, pedí aventón junto con mi amiga Eugenia, una chica divertida y vivaz de Mobile, Alabama, desde Roma hasta el norte de Irlanda, algo que se podía hacer de forma segura en esos tiempos, aunque ninguna se lo dijimos a nuestros padres. Hasta ahora somos grandes amigas.

Ese año cambió mi vida. Desde entonces, estaba determinada a agarrarme de todo lo que pudiera, a probar y experimentar el mundo lo más posible.

Unos años después, una vez graduada de Trinity, y ya que vivía en mi primer departamento en Nueva York, tuve una conversación difícil con mi madre en

una de sus visitas. Ella había vivido una vida muy tradicional, como ama de casa y madre que permaneció
en su hogar, y se sentía turbada por las decisiones
que yo estaba tomando.

—Cariño —dijo—, ¿no te quieres casar? ¿No
quieres sentar cabeza?

—Mamá —le dije—, todavía no sé exactamente
qué es lo que quiero, pero quiero ver y experimentar
todo lo que pueda, no quedarme en un solo lugar y
hacer las mismas cosas todos los días. No sé qué va
a salir de todo esto, pero sólo quiero un tipo de vida
diferente.

Se veía como si le hubieran dado una bofetada.
No tenía la intención de que mis palabras parecieran
un reproche, pero ciertamente la lastimaron. Es como
si estuviera rechazando los valores que ella más apre-
ciaba, a pesar de que *sí* quería las cosas que ella tenía, y eventualmente las tendría: un esposo, hijos y mi
propia familia muy unida. Sólo que estaba muy emocionada con todas las posibilidades de una carrera ex-
citante como para hacerlo a su manera.

Hay una frase que se puso de moda hace un
tiempo: "Tenerlo todo". Durante algunos años, las revistas, los periódicos y la televisión estaban llenos
de historias de supermujeres que estaban haciendo
todo: trabajar tiempo completo, criar niños perfectos,
ser voluntarias en las escuelas de sus hijos y ser anfi-
trionas de cenas elegantísimas en sus tiempos libres.
Estas mujeres estaban hechas para ser motivo de inspiración pero, por el contrario, terminaron haciendo
sentir a todas las demás como inadecuadas y, probablemente, con ataques de nervios en algunos años.

Como alguien que con frecuencia se percibe como que "lo tiene todo", permíteme decir esto abier-tamente: odio esa frase. La implicación es que todas las personas desean exactamente lo mismo, lo que es totalmente falso. No tienes que casarte con el aboga-do o el doctor, ganar el Abierto de Tenis de los Estados Unidos y convertirte en director general el mismo año para encontrar el éxito y la felicidad. Tener lo que yo llamo una Vida de 360° no se trata de alcanzar la cúspide en todo lo que haces, es lograr un equilibrio. Significa crear una existencia desarrollada plenamen-te, una que abarque satisfacciones profundas en tu vida personal, laboral y familiar.

Te he dado todo tipo de consejos en los capítulos anteriores, pero ahora estamos en verdad entrando al corazón del asunto. Si hay algo que te lleves con este libro, espero que sea esto: esforzarte ciegamente para tenerlo todo no es la respuesta. Y no tienes que traba-jar para tener el todo de Cathie Black, el todo de tus co-legas o incluso el todo de tu madre. Nadie puede definir el éxito y la satisfacción personal por ti, excepto *tú*.

> **Ten tu propio todo; no el de alguien más.**

Una confesión: era una adicta al trabajo entre los veinte y los treinta. Quería mucho no sólo lograr, sino ir más lejos, más rápido y hacer más que los demás. Todo lo que fuera necesario para ir más lejos en mi carrera, eso es lo que me la pasaba haciendo. Fui muy feliz durante esos años y, honestamente, no me arrepiento de ningún momento de todo ese trabajo tan pesado.

Sin embargo, hoy, con un esposo desde hace 25 años, dos hijos adolescentes y un labrador negro y orejoncito, tengo un aprecio más profundo por todos los placeres que la vida te puede dar, que no tienen que ver con el trabajo. Todavía trabajo muy duro y viajo constantemente, pero cuando estoy lejos del trabajo, en verdad estoy lejos de él. Incluso si eres ambicioso, no es un crimen salirte del trabajo algún día a las 5:30 p.m. Porque la realidad es que vas a ser un mejor y más eficiente empleado si tienes una vida personal satisfactoria.

Así que, ¿cómo defines el éxito para ti mismo? ¿Cómo determinas no sólo lo que quieres en la vida, sino lo que en verdad puedes lograr? Una manera es analizar estas preguntas desde un ángulo un poco diferente: tal vez puedas tener todas las cosas que quieres, sólo que no todas al mismo tiempo. En mi caso, esto significó enfocarme principalmente en el trabajo entre los veinte y los treinta y tantos y ser mamá a los cuarenta. Esa elección no le vendría bien a todas, en especial si consideramos las complicaciones potenciales relacionadas con la edad al embarazarse después de los cuarenta, pero a mí me funcionó. ¿Qué sería mejor para ti? Exploraremos esa pregunta a detalle en la siguiente sección, cuando lleguemos al *quid* de la cuestión al tomar tus propias decisiones.

Pero antes de eso, aquí comparto dos pensamientos para que ayuden a guiarte. El primero es un viejo dicho popular: cuando vas a la feria, los premios no son lo importante, sino la diversión de haber estado allí. El segundo es de Oprah Winfrey, y es uno de mis favoritos de siempre, porque es un consejo perfecto: Vive tu mejor vida. No necesariamente la vida más exitosa, y no la vida de nadie más, sino tu mejor vida.

Ahora veamos los detalles prácticos de cómo puedes hacer eso. La primera gran regla para lograr tu Vida de 360° es ésta:

> **Enfrenta tus elecciones honesta y directamente.**

Considera estas preguntas:

- ¿Tienes espacio en tu vida para un esposo o compañero, o crees que llegarás más lejos si permaneces soltero y trabajas más fuerte? Si tienes novio, ¿te apoya en tus metas de trabajo? ¿Sus expectativas cambiarán una vez que estén casados?
- ¿Cuál de las dos opciones deseas: tener hijos o desarrollar una carrera?
- ¿Un trabajo de medio tiempo es una opción o el de tiempo completo y dos ingresos en el hogar es la única manera que crees conveniente para lograr el nivel de vida que deseas?
- Si decides tomarte un par de años para criar a tus hijos pequeños, ¿puedes asumir el hecho de que cuando regreses, algunos colegas te habrán brincado en la jerarquía?

Cuando empiezas a tomar grandes decisiones sobre tu vida y tu carrera, debes ser absolutamente honesto sobre las respuestas a este tipo de preguntas; de otra manera sólo te crearás más problemas en el camino. Permíteme darte algunos ejemplos.

Me casé con mi primer esposo poco antes de entrar a trabajar en la revista *Ms.* Estábamos bien en muchos aspectos, pero cuando empecé a cambiar —a estar más compenetrada con el movimiento feminista y con más confianza en mí misma y en el trabajo— nuestra relación empezó a sufrir. Él trabajaba en la estructura masculina de Wall Street, y era parte de una familia irlandesa bastante tradicional, el más chico de cinco hijos. Después de un rato, simplemente crecimos demasiado lejos para mantener nuestro matrimonio unido. Después de que nos divorciamos, recuerdo haber pensado que nunca necesitaría un esposo para lograr éxito en mi carrera y que era perfectamente capaz de avanzar por mí misma.

Ahí había otra verdad escondida bajo la superficie; sin embargo, en verdad quería tener a alguien en mi vida para compartir las alegrías y las frustraciones. Seguramente pude haber sido feliz yo sola. Pero no hay duda de que desde que conocí a Tom Harvey y me casé con él, he sido mucho más feliz que si me hubiera quedado soltera. ¿Esto significa que todos deben casarse? Por supuesto que no. Muchas mujeres son más que felices estando solteras. Sólo asegúrate de ser honesta contigo misma y con lo que quieres.

La pregunta que más me hacen es acerca de cómo equilibrar el trabajo con la familia. Hace muchos años, una colega me preguntó sobre regresar al trabajo mientras mis hijos estaban pequeños. Tom y yo adoptamos nuestro primer hijo, Duffy, en 1987 cuando yo trabajaba en el *USA Today* y regresé a trabajar cuatro semanas después. Habíamos contratado a una nana de tiempo completo, lo que me permitió regresar tan pronto. ¿Debí haberme tomado más tiempo para ajustarme al hecho de ser madre? Por supuesto. Pero entonces, en la locura de los primeros años del *USA Today*, y antes de que la ley laboral ordenara dar a las nuevas madres doce semanas de incapacidad por maternidad, dejar de trabajar por tres meses no se hubiera escuchado, tal vez hubiera sido imposible. Las mujeres simplemente no hacían eso.

—¿Cómo es que te decidiste a regresar al trabajo? —me preguntó esta colega—. ¿Te preocupó el hecho de dejar a tu hijo con una nana? —Sus ojos empezaron a llenarse de lágrimas, y de pronto me di cuenta de que no estaba pensando en mi situación sino en la suya—. También quiero tener hijos —dijo—, pero la idea de regresar a trabajar y dejarlos con alguien más me rompe el alma.

—Bueno —dije con gentileza—, si se te rompe el corazón por eso, entonces parece que ya tomaste una decisión. Si puedes darte el lujo de no trabajar, entonces ahí es donde claramente está tu corazón.

Algunas mujeres no quieren nada más que quedarse en casa con sus hijos, y otras mueren por regresar al trabajo. La mayoría de nosotras estamos a la mitad. La clave es tomar la decisión que sea correcta para ti, sin importar cuál crea la demás gente que deba ser tu respuesta.

Así que digamos que ya tomaste la decisión de que quieres tanto una familia como una carrera. ¿Cómo puedes hacerlo todo?

Resuelve la ecuación hijos + trabajo.

Como mencioné antes, regresé al trabajo a las pocas semanas de adoptar a nuestro hijo Duffy (adoptamos a nuestra hija Alison cuatro años después). Tom y yo, estábamos satisfechos de tomar la decisión de que yo regresara de tiempo completo a trabajar. En efecto, llevé a Duffy conmigo a algunas juntas del *USA Today* fuera de la oficina, en compañía de la nana o de mi suegra. Al Neuharth —quien tenía ideas muy progresistas sobre las familias y el trabajo— motivaba a los padres a que llevaran a sus hijos al trabajo de vez en cuando. Pero incluso con estas ventajas, recuerdo el acto de malabarismo que fue criar a nuestros hijos, trabajar largas horas y viajar tanto, todo al mismo tiempo.

Gran parte de resolver la ecuación hijos + trabajo recae en las expectativas de logro. Las vidas de muchas personas se ven afectadas cuando deciden tener hijos. Tus colegas tienen que hacer trabajo extra durante tu incapacidad de maternidad (o de paternidad), tus clientes tienen que tratar con gente nueva mientras estás fuera, tu jefe se las tiene que ingeniar para dirigir un equipo al que le falta la persona clave. Y tú, por supuesto, tienes que enfrentar la realidad de que tu ausencia puede afectar tu situación en la oficina. El primer paso para lograr que estas transiciones sean más suaves es establecer expectativas claras para todos. ¿Cuánto tiempo estarás lejos del trabajo? ¿La gente puede llamarte a casa si surgen problemas? ¿Trabajarás unas horas al día, unos días a la semana o nada? ¿Estarás disponible para ir a la oficina en caso de emergencia?

Estaba platicando con una colega el otro día, y me dijo:

—Cuando tuve mi primer hijo cometí el error de decirle a todos 'Claro, me pueden llamar en cualquier momento'. ¡Y vaya que si me hablaron! —El teléfono nunca no dejó de sonar, así que para su segundo hijo, su mensaje fue diferente. "Estoy disponible en el teléfono de 8:00 a 9:00 a.m., y de 4:00 a 5:00 p.m., entre semana. Eso es todo". Todos —incluidos clientes fuera de la oficina— sabían exactamente cuándo llamar, y cuándo planeaba regresar. Y sabían qué esperar hasta que ella regresara, así que no hubo malentendidos.

Cuando regreses a la oficina, asegúrate de que las reglas fundamentales son claras para todos. Si tu hijo se enferma, ¿esperas poder ir a casa? ¿Puedes alterar tu horario de trabajo para acoplarte a las necesidades de tu hijo? ¿Quién asumirá tus responsabilidades en tu ausencia? Y —muy importante— ¿hay algún mecanismo en el lugar para asegurar que tus colegas solteros o sin hijos no se sientan que de manera injusta se les está forzando a cargar con el muerto? Todas estas consideraciones necesitan verse por adelantado, para que todos los miembros del equipo sepan cómo están las cosas. Si tu compañía u organización es lo suficientemente grande para tener un departamento de recursos humanos, hazle una visita para saber cuáles son los lineamientos establecidos. Si no, sostén una plática franca con tu jefe.

Éstas son estrategias útiles para manejar situaciones en el trabajo. ¿Pero qué pasa cuando te enfrentas a situaciones en casa, en especial cuando no puedes pagar ayuda de tiempo completo? Ha sido interesante notar que, más o menos en la última década, la simple noción de la vida familiar ha estado cambiando. Parece haber más demandas que nunca de mujeres jóvenes en el trabajo y más necesidades financieras de ambos cónyuges para trabajar, lo que ha permitido arreglos más fáciles en cuanto al cuidado de los niños.

No hace mucho estaba en una recepción en Detroit hablando con una clienta que era madre de un niño pequeño.

—Quiero presentarte a alguien —me dijo, señalando a una amiga—. Ésta es la otra madre de mi hija. —Las dos mujeres no tenían una relación; la segunda mujer era una vecina quien a menudo cuidaba a la hija de mi clienta. De hecho, cuidaba a los hijos de muchos vecinos; no por la paga, sino sólo por ayudar.

La descripción de su "otra madre" me recordó el título del primer libro de Hillary Clinton, *It takes a Village*. La frase es en realidad un proverbio africano, pero viene al caso más que nunca en nuestra sociedad estadounidense de ritmo acelerado del siglo XXI. Si te puedes permitir emocionalmente dejar que otros entren en tu círculo íntimo —amigos, abuelos, parientes políticos, vecinos y otros— verás que es mucho más fácil navegar en los asuntos de la familia y el trabajo.

Por fortuna, para las mujeres jóvenes el papel de los hombres en la vida del hogar y cuidado de los niños ha cambiado de manera dramática en las últimas décadas. Antes los hombres estaban prácticamente ausentes de estas responsabilidades, pero ahora muchos están tomando un rol activo. Recientemente estaba en la cafetería de Hearst cuando vi a un par de muchachos conversando. Mientras me acercaba, podía oír de lo que hablaban.

—Sí, se levantó a las 3:00 a.m., pero le di su biberón durante unos quince minutos y de inmediato se volvió a quedar dormida —dijo uno.

—El mío duerme ya toda la noche, dijo el otro.
—Tuve que reírme; ésta no era una conversación que podría haber escuchado cinco años antes.

Lo que nos hace llegar a otra consideración para crear una Vida de 360°. Para aquellos que están solteros pero buscan pareja, es importante considerar qué tipo de persona quieren finalmente tener en sus vidas. Desde el principio de mi relación con Tom fue claro que él apoyaba y motivaba mi trabajo, y que se haría cargo de su parte en las labores de la casa. De hecho, desde que mi madre escuchó que estaba saliendo con un abogado católico que era un gran cocinero, me dijo:

—¡Llévate a ése al altar! —Y siempre he estado contenta de haberlo hecho, ya que mi vida ha sido mucho más plena —no sólo en es aspecto personal, sino también profesional— gracias a esa relación.

Así que no tengas miedo a aspirar a todo lo que quieres. Es posible tener una familia y una carrera, aunque tanto el tiempo como la energía son finitos, así que tendrás que tomar decisiones y, a veces, hacer sacrificios. Siéntete libre de explorar cualquier solución a la ecuación hijos + trabajo —ya seas parte de una familia tradicional o no tan tradicional— eso puede funcionarte. Y recuerda: no se trata de ver si puedes hacer todo; se trata de si puedes ser feliz con lo que sea que hagas.

CAPÍTULO 7

Actitud

En las semanas posteriores a que la revista de Francis Ford Coppola quebrara, el director general de la revista *New York*, Jack Thomas, me pagó una visita a San Francisco. Había trabajado para la *New York* unos años antes de haberme ido al oeste del país, así que Jack me conocía, así como mi trayectoria de trabajo. Me invitó a una cena muy linda y como a la mitad, me dijo:

—Cathie, ¿qué te parecería regresar a trabajar para nosotros, como nuestra directora general asociada?

Hice una pausa, reflexionando si debía decir lo que en verdad estaba pensando. Mientras Jack me miraba ilusionado a lo largo de la mesa, decidí que debía hacerlo.

—Bueno, Jack —le dije—, esto puede sonar arrogante y tal vez no te guste oírlo, pero el único trabajo que quiero en la revista *New York* es el tuyo. Quiero ser la directora general.

Se detuvo a la mitad del bocado y bajó su tenedor.

—Bueno —dijo—, eso es interesante. Después de un momento, se recuperó y siguió cenando, aunque no estoy segura si en algún momento volvió a recuperar el apetito. No terminé siendo la directora general de la revista *New York* en ese momento, pero en algunos años, lo fui. De hecho, fui la primera directora general de una revista semanal de gran consumo.

Cuando viste que este capítulo se llamaba "Actitud", pudiste haber esperado una lección de cómo comportarte con propiedad (o incluso cómo *no* tener actitud) en el trabajo. Pero este capítulo es algo más profundo y mucho más importante. Se trata de cómo desarrollar una actitud de sanas expectativas para ti mismo: cómo creer que mereces el tipo de trabajo, responsabilidad, salario, prestaciones —de hecho, el tipo de vida— que realmente mereces.

Mucha gente, en especial las mujeres, trabajan duro y tienen grandes habilidades, pero no entienden o no tienen fe en su propio valor. ¿Alguna vez...

- reaccionaste a una revisión positiva de tu desempeño con un gesto de gratitud demasiado efusivo, incluso cuando trabajaste duro y te ganaste cada elogio?
- respondiste al elogio insistiendo que no habías hecho nada especial?
- te quedaste en segundo plano mientras otros de tu equipo se llevaron el crédito de tu trabajo, porque te sentías chistoso de ponerte al frente?

Éstas pueden ser reacciones perfectamente normales, pero entorpecerán tu progreso en el mundo del trabajo. La humildad y la modestia son cualidades personales valiosas en verdad, pero no servirán de mucho para que avances en tu puesto en el trabajo. Si tu primera respuesta a un elogio es minimizarlo, necesitas preguntarte por qué. Una de las habilidades más importantes que puedes aprender es cómo:

> **Valorarte por tus aspiraciones,
> no por tus limitaciones.**

Yo no empecé pensando que quería ser la presidenta de una compañía de revistas. Durante la primera parte de mi carrera, en realidad nunca pensé así de lejos. Como muchas mujeres, vi mi ascenso en la escalera corporativa de manera secuencial, un trabajo después del siguiente, no como una gran campaña planeada con anticipación.

Sin embargo, siempre incluso desde el principio de mi carrera, quería y esperaba que cada trabajo fuera el mejor que pudiera obtener en ese momento, como tomar mi primer trabajo en la revista *Holiday*. Me habían entrevistado para varios otros puestos a nivel principiante en compañías como Doubleday, Curtis Publishing, Time Inc. y Condé Nast, pero una de las cosas que me llamaron la atención de *Holiday* fue el hecho de que mi puesto sería de asistente de ventas en lugar de secretaria. Las responsabilidades y salario puede que fueran exactamente iguales, pero me imaginé que obtendría un mejor trabajo la próxima vez que lo solicitara si para empezar partía de un puesto que sonara mejor.

Hubiera sido fácil para mí pensar: *Sabes, en realidad no tengo habilidades particulares que me pongan en un mejor lugar que ser secretaria, así que tal vez debería estar contenta con eso.* La realidad fue que, gracias a algunos trabajos de verano en oficinas, sabía mecanografiar, contestar el teléfono y archivar, y eso era todo. Pero en lugar de estar de acuerdo en definirme conforme a mis *limitaciones*, escogí valorarme conforme a mis *aspiraciones*. Ésta es una distinción crucial, ya que forma parte del bloque básico de construcción para el éxito eventual en tu vida laboral.

Sólo existe una persona que puede mantenerte atrás en tu trabajo, y ése eres tú. Seguro, algunas personas podrán tratar de robarte el crédito de tu trabajo, frustrar tus esfuerzos, o socavarte de otra manera, pero si rehúsas ser intimidado, es decir, si mantienes confianza esencial en tu propio talento y contribuciones, nunca serán más que estorbos temporales. De hecho, tener confianza en cualquier habilidad que tengas es a menudo más importante que en verdad tener habilidades excepcionales. Permíteme explicar lo que quiero decir.

Una noche en la mesa del comedor, cuando tenía como siete años, anuncié a mis padres:

—Quiero aprender a montar a caballo. —Nadie en la familia estaba interesado en los caballos, pero yo había estado en un establo cercano en varias ocasiones y estaba fascinada por los caballos, el olor, los instructores con botas altas, toda la atmósfera. Así que empecé a tomar clases y, a pesar de que nunca fui buena, trabajé duro y en verdad lo disfruté.

Nunca se me ocurrió que podía no ser tan buena como otras chicas que llevaban más tiempo montando o que eran técnicamente más competentes. Varios años después, una amiga que era excelente jinete me dijo:

—Cathie, soy mucho mejor jinete que tú, pero de alguna manera, cuando estás frente a un juez en una competencia, montando alrededor del picadero, simplemente actúas como si fueras la mejor del mundo. —Nunca había pensado en eso antes, pero ella tenía razón. Normalmente parecía una mejor jinete de lo que era debido a mi porte. Y con el tiempo, me di cuenta de que las personas tienden a encajar en una de las siguientes cuatro categorías cuando se trata de ver su actitud frente a sus propias habilidades:

- Son buenas en lo que hacen, y lo saben.
- Son buenas en lo que hacen, pero no lo saben o no lo creen.
- No son muy buenas en lo que hacen, y lo saben.
- No son muy buenas en lo que hacen, pero piensan que lo son o al menos se presentan como si lo fueran.

En mi experiencia, más mujeres que hombres caen en la segunda categoría. Son buenas en lo que hacen y son increíblemente valiosas para sus equipos de trabajo, pero por alguna razón continuamente ellas mismas se devalúan. De las cuatro categorías, ésta no es sólo la más contraproducente, sino una de las más comunes (y, por cierto, para que conste, muchos más hombres que mujeres parecen caer en la última categoría). Así que no cometas el error de devaluarte a ti mismo ni tus esfuerzos; sólo terminarás bloqueando tu propio progreso.

MIENTRAS escribo este capítulo, una historia del *New York Times* intitulada *Gender Pay Gap, Once Narrowing, Is Stuck in Place* está causando bastante revuelo. De acuerdo con el artículo, los niveles de remuneración para las mujeres, que siempre han sido más bajos que los de los hombres con trabajos similares, empezaron a ponerse al día en las décadas de los ochenta y noventa. Pero desde entonces, las mujeres con licenciaturas de cuatro años han visto que la brecha se ha ampliado entre sus salarios y los de sus contrapartes varones. Es un gran paso hacia atrás para la noción de equidad de género en el trabajo.

A la luz de dicha información, es una verdad desafortunada que un empleador no te ofrezca un salario equiparado a lo que vale tu trabajo. Pero, por fortuna, siempre está en tus manos asegurarte de que no aceptarás menos de lo que mereces. Así que:

Mantente firme en cuanto a la compensación.

Desde la primera vez que presioné a un empleador para obtener un mejor salario (hace mucho, cuando me entrevisté para la revista *Holiday*, como lo describí en el capítulo 2), nunca me ha dado pena pedir el nivel de salario que creí merecer. Tú también puedes hacerlo, incluso si parece extraño o si sientes que estás presionando. Es cuestión de aprender a valorarte de manera apropiada.

La primera y mejor regla para recordar es ésta: tu poder de regateo es mayor antes de que aceptes del trabajo, así que negocia duro en ese momento, cuando el empleador quiere hacerte una oferta. El hecho es que, entre más te valores (sin excederte), más respeto ganarás de tu posible patrón. Si te presentas como que sabes lo que mereces —como tener expectativas de una compensación apropiada a tus habilidades y responsabilidades— aumentarás inmensamente tus oportunidades. Es simplemente causa-efecto: cuando muestras que te respetas, lo demás te respetarán más.

La verdad, éste no es siempre un camino fácil. Puede que termines con mucha oposición por parte de la persona que está contratándote, o eventualmente de otros en la compañía, si te mantienes firme y pides lo que crees que mereces. Descubrí esto de la manera difícil cuando tomé el trabajo de la ANPA (después la NAA) que te conté en el capítulo 6. La experiencia que tuve no sólo fue desconcertante sino casi surrealista.

Éste era un gran trabajo con un alto perfil, y el consejo de la organización estaba ansioso de contratar a alguien con una buena presencia en la industria. Frank Bennack, quien era el presidente del consejo del comité investigador, me había preguntado:

—¿Estás interesada en el trabajo?

—Sí, asumiendo que el salario sea igual a lo que gano en el *USA Today*. No me interesa ganar menos —le dije.

Así que negocié mi contrato basada en los factores usuales: los salarios comparables con otras grandes asociaciones comerciales, el nivel de mi experiencia y la cantidad de dinero que quería ganar (a partir de lo que ganaba en ese momento en el *USA Today*). Ya que me estaba cambiando de una compañía privada (Gannett) a una asociación comercial, necesitarían incrementar el salario que me ofrecían para compensar los beneficios de la bolsa de valores que estaba perdiendo. Acordamos los términos bastante rápido y empecé a trabajar, emocionada con el reto de *taclear* un nuevo puesto.

Unos meses después, una influyente revista local llamada *Washingtonian* publicó una historia con mi fotografía y un encabezado provocativo que cuestionaba si en verdad yo valía el salario que estaba recibiendo. Ahora, admitámoslo, no mucha gente en Washington ganaba salarios comparables al mío en esos tiempos, pero el directivo de otra asociación —hombres como el difunto Jack Valenti, la cabeza por mucho tiempo de la Motion Pictures Association of America— ciertamente lo ganaba y nadie los cuestionaba. Mi esposo, Tom, estaba molesto por lo que vio en el inherente tono sexista de la pregunta; también aguantó muchas burlas de sus colegas de la Veterans Administration.

Todos estaban enviando por fax la historia y decían: "¡¿Ya viste lo que gana la esposa de Tom?!", me dijo después riendo. Una de las muchas cosas que me encantan de Tom es su despreocupación sobre el hecho de que yo gane más que él.

¿Cómo no habría de sentirme incómoda de ver un encabezado como ese? Me sentí invadida y apenada, y ni siquiera una vez sentí que pudiera ser cierto. Bajo ningún criterio razonable ni objetivo estaba sobrepagada. Si mi salario le parecía excesivo a otros, bueno, ése era su problema. Pero ver la historia de esa revista definitivamente no me hacía sentir bien. Tampoco era divertido saber que la gente en el trabajo estuviera murmurando sobre el tema a mis espaldas.

Así que mantente firme, pero también preparado para retroceder. Y recuerda que hay una razón por la que ciertos trabajos están muy bien pagados o incluso arriba del mercado, pues con frecuencia vienen con sus respectivos dolores de cabeza, en forma de horas eternas, tareas herculanas, jefes que son como de pesadilla, entre otros. Ve y negocia el salario que te sientas contento de ganar. Porque, una vez más, como con muchas cosas en la vida, si no lo haces por ti mismo, ¿quién lo hará?

No menos importante que negociar un buen salario es negociar —y aprovechar— tus prestaciones. Eso significa:

Pide las vacaciones que mereces.

En mi segundo año en el *USA Today*, cuando el periódico estaba peleando por sobrevivir y el personal trabajaba 24 horas, siete días a la semana (antes de que ese término se inventara),

decidí que tenía que tomar vacaciones de más de una semana. Estaba exhausta. Tom rentó un departamento en el sur
de Francia por dos semanas en agosto y, a pesar de que en
verdad merecía las vacaciones, tuve que sacar todo mi valor
para decirle a Al Neuharth que planeaba tomarme todo ese
tiempo. Parecía que nunca nadie en Gannett había tomado
vacaciones, así que sabía que no estaría muy contento y tendría que permanecer firme para asegurarme de que no me
obligara a olvidar mis planes. Decidí avisarle con mucha anticipación, comunicándoselo desde principios de junio.

Neuharth estaba parado junto a Charles Overby, su
asistente ejecutivo, cerca de su oficina una mañana cuando
tomé la iniciativa.

—Al —dije—, acabo de enviarte un memo, pero te lo
quiero decir en persona: estaré en Francia de vacaciones las
últimas dos semanas de agosto.

Volteó para darme la cara, claramente sorprendido.

—¿Qué tú qué? —ladró—. ¿Te vas a Francia? ¿Por *dos
semanas*? En realidad no gritó:

—Cathie, ¿estás *loca*? —pero eso es lo que en realidad
se percibió en el aire.

Sabía que nunca tomaría las vacaciones que merecía si
no hacía frente a Neuharth justo en ese momento.

—Sí —dije—. Dos semanas. En Francia.

Me juzgó por un momento, se encogió de hombros y
dijo:

—Está bien. Sólo asegúrate de estar en contacto con la
oficina. —Entonces se volteó hacia Charles Overby. Y eso
fue todo.

Después, Charles vino conmigo y me dijo:

—Cathie, ¡no puedo creer que hiciste eso! ¡Nunca hubiera tenido el valor de pedir *dos semanas*! ¿Viste su cara?
—Charles se rió y siguió:

—Bueno, eso rompió el hielo. Ahora, yo también voy a pedir un descanso para agosto.

Tus prestaciones, incluidas las vacaciones, son cada una tan importante como tu salario y tu puesto, así que no tengas miedo de presionar para obtener lo que necesitas y quieres. Si tienes alguna enfermedad que requiere que sigas un plan de salud minucioso, pide a tu empleador lo que necesitas. Si quieres unas vacaciones de tres semanas y no de dos, entonces pídelas (avisando a tu jefe con suficiente anticipación, por supuesto). Lo peor que puede pasar es que rechace tu petición.

Quieres trabajar para un empleador que valore tus habilidades, así que míralo de esta manera: si un empleador potencial rechaza peticiones razonables, probablemente no es alguien con quien de todos modos quieras trabajar, ya que ese tipo de actitud casi siempre prevalecerá en toda la compañía. O simplemente no puede ofrecerte lo que quieres; una compañía pequeña que está empezando, por ejemplo, probablemente no pueda darte las cuatro semanas de vacaciones que quieres. Está en ti hacer una excepción si en realidad quieres un trabajo en particular.

Y por el amor de Dios, usa las vacaciones que te has ganado. Muchas personas dejan que se le acumulen las vacaciones, sin tomar todas las que les corresponden, a menos que estén por perderlas. Por más ocupada que estuve en algún trabajo, siempre encontré el tiempo para tomar unas vacaciones familiares —desde un rancho, la playa, un safari o Disney World— que te dan tiempo para restaurarte, refrescarte y pasar algún tiempo con la familia. Éste es otro componente importante de tener una Vida de 360°.

Con frecuencia, encontrar satisfacción en el trabajo es simplemente un asunto de crear las condiciones para ello. Cuando negocias un salario que crees merecer, o cuando te tomas uno o dos días libres para recargar baterías, estás dándote las herramientas para una vida laboral más satisfactoria y, por lo tanto, más productiva. Un buen jefe reconocerá eso.

Aquí te presento otra gran manera de proporcionarte tú mismo las herramientas para triunfar:

> ## Sal de ahí y crea contactos.

Crear redes de contactos es otra de esas frases o palabras como "ser mentor" y "poder" que nunca me han gustado, en parte porque suenan muy gastadas. Sin embargo, la idea detrás de crear redes de contactos es increíblemente constructiva. Siempre que tengas la oportunidad de expandir tu círculo de amistades y colegas, debes hacerlo; y hay numerosas organizaciones, conferencias y reuniones que pueden ayudarte a hacerlo.

He acudido a todo tipo de conferencias a lo largo de los años, desde pequeñas reuniones informales hasta eventos a los que se puede acudir sólo con invitación, como el organizado por la revista *Fortune* cada año, *Most Powerful Women's Summit*, o la conferencia de medios de comunicación en Sun Valley de la Allen & Co., repleta de estrellas. Antes iba a conferencias con dos metas específicas en mente. Primero, quería conocer a tantas personas como pudiera, por motivos de crecimiento personal y profesional. Segundo, quería hacer útiles contactos de negocios: conocer clientes potenciales de publicidad, o incluso contrataciones potenciales. No sólo se trataba de la experiencia de formar vínculos con otros profesionales; sino de aprovechar oportunidades de negocios donde pudiera encontrarlas.

¿Eso te suena calculador? No debería. Por supuesto, es útil para nosotras, como mujeres profesionales, contar con lugares en donde vincularte con otras mujeres —ésa es una de las razones por las que empecé la conferencia de *Mind, Body and Soul*—. Pero no hay razón para no hacer múltiples cosas a la vez (¡otra frase sobreutilizada!) y darte la oportunidad de hacer algunos negocios al mismo tiempo.

Así que, ¿por dónde empezar? Veamos un ejemplo: si eres mujer y haces una búsqueda en internet, por medio de Google, bajo las palabras negocio, mujeres y el nombre de tu ciudad, encontrarás varios vínculos útiles. La sección de negocios de tu periódico local tendrá seguramente listas de eventos y organizaciones en tu ciudad, y puedes checar también la cámara de comercio local. Un mentor incluso te puede ayudar a introducirte a un grupo que cubra tus necesidades, o puedes empezar tú misma con un grupo. Es bastante fácil conjuntar pequeñas discusiones en mesas redondas con otras mujeres trabajadoras, vía correo electrónico o por medio de anuncios que puedes poner en otras oficinas.

Cualquier manera de crear redes de contactos es útil, pero la creación de redes para las mujeres puede ser particularmente valiosa, porque no siempre es posible penetrar en las redes de hombres que existen. La llamada red de exalumnos no es tan estricta y cerrada con las mujeres como antes, pero todavía persisten ciertas restricciones. A pesar del progreso que han logrado las mujeres en las últimas dos décadas, los hombres todavía ocupan la mayoría de las direcciones generales y puestos en los consejos de las compañías. Según cifras ofrecidas por la organización no lucrativa Catalyst, las mujeres lideran solamente nueve de las compañías que conforman las 500 de la revista *Fortune*. Y sólo 16% de todos los puestos corporativos en esas compañías son ocupados por mujeres.

Un artículo de diciembre de 2006 del *New York Times* ofreció ideas sorprendentes acerca de qué tan lejos todavía tienen que llegar las mujeres para ser aceptadas como pares por los hombres, incluso cuando ya ascendieron la escalera corporativa. El artículo describía la experiencia de Carol Bartz, una directora general competente desde hace muchos años en la industria de la tecnología. A continuación, veamos un extracto del artículo:

> A pesar de su reputación ganada a pulso como una mujer de negocios astuta, la señora Bartz se dio cuenta de que la habían saltado en varias ocasiones en una reciente junta de líderes de negocios y políticos en Washington. La razón era que los hombres de la mesa asumían que ella era una asistente, no una compañera ejecutiva.
>
> —Pasa todo el tiempo —dijo la señora Bartz secamente, recordando el incidente—. Algunas veces me levanto. Otras, sólo lo ignoro.

Soy bastante afortunada de trabajar en una industria con un alto porcentaje de mujeres en los roles ejecutivos, así que no he enfrentado ese tipo de actitudes que otras ejecutivas sí. Pero si eres mujer y estás interesada en un campo más dominado por hombres —por ejemplo, inversiones, banca y ciertos campos de la tecnología— necesitarás estar lista para enfrentar posibles prejuicios en el trabajo. Puede que seas lo suficientemente afortunada para que nunca sea tema de conversación, pero es inteligente estar preparada. Así que echemos un vistazo a cómo puedes hacerlo.

Ten cuidado de no tener resentimientos.

Es fácil tener resentimientos sobre el comportamiento de alguien más, pero al final ese resentimiento sólo te abruma y nada hace para resolver el problema. A continuación, un ejemplo de lo que quiero decir.

Una de mis primeras jefas era una mujer muy demandante. Tenía su propia manera de hacer las cosas y esperaba que el resto de nosotros en la oficina siguiéramos el ejemplo, sin importar qué tan inconsecuentes o incluso tontos fueran sus requerimientos. Insistía en que nunca usáramos clips en los expedientes, que engrapáramos los papeles con un cierto ángulo, que mantuviéramos nuestras cosas en los escritorios con cierto orden. Era obsesiva hasta el límite, pero hasta la fecha no puedo ver un clip en un expediente sin que me acerque a sacarlo.

Cuando llegábamos a casa después del trabajo, mis compañeras de departamento y yo intercambiábamos historias y les daba todos los detalles de las últimas peticiones de mi jefa. Meses después, cuando mi jefa se fue a otro empleo, una de mis compañeras de departamento me dijo:

—¡Debes sentirte tan aliviada! ¡Parecía que era horrible trabajar para ella!

—¿Eso parecía? —pregunté. —A pesar de que mi jefa nos hacía peticiones singulares, ciertamente no era horrible —de hecho, me caía muy bien—. Tener singularidades como las de ella, venían con el paquete. Objetivamente, tal vez *era* un poco dura, pero el hecho de que nunca me enfoqué en eso me ayudó mucho en mi trabajo, porque no gasté energía en preocuparme por ello.

A pesar de que éste no era un caso de sexismo, sí ilustra la mejor manera de tratar con el más mínimo conflicto sexista que puedas encontrar en el trabajo. Ya que muchos serán de hecho menores, la manera en cómo respondes a ellos será al final mucho más importante que el conflicto por sí mismo. No todos los comentarios casuales de un hombre son hostigamiento, y no todos los desaires que percibes pretenden serlo. Así que escoge tus batallas con cuidado; con sentido común y sensibilidad, por lo regular es posible hacer que los problemas pequeños no se conviertan en grandes. Sin embargo, si estás viviendo verdadera hostilidad u hostigamiento sexual en el trabajo, tienes todo el derecho de hablar. Asesórate con el departamento de recursos humanos, primero, para que sepas cuál es la mejor y más efectiva manera de enfrentar el problema.

Puede ser que te sientas segura de no encontrar discriminación contra las mujeres en tu trabajo. En los últimos años he platicado con muchas jóvenes en Hearst, y con otras jóvenes mujeres de negocios; algunas piensan que el sexismo todavía rige. Otras refieren que sus colegas varones las tratan como iguales, y que no piensan que las relaciones hombre-mujer en el trabajo sean un problema.

Valerie Salembier, la directora general de *Harper's Bazaar*, también se ha dado cuenta de esta tendencia.

—Las mujeres en sus veintes y treintas creen que pueden hacerlo todo —me dijo recientemente—. Nunca han sido agradecidas con sus trabajos. ¡Yo pasé años siendo agradecida con los trabajos que tuve!

Sus señalamientos me hicieron pensar en lo que vociferaba de manera familiar Gloria Steinem:

—¡Las mujeres tienen un caso terminal de gratitud! —diría ella—. Si nos dan la mitad de la hogaza de pan, decimos: '¡Muchas gracias!' ¿Por qué nunca se nos ocurre decir:

'¿Qué? ¿Sólo la mitad de la hogaza?' —Sin embargo, peda-cito a pedacito, la "gratitud terminal" que Gloria observaba parece estar desapareciendo y, con suerte, los techos de vi-drio y las viejas redes de hombres seguirán el ejemplo.

Dicho eso, otro comentario que escucho con frecuen-cia de mujeres jóvenes pone de manifiesto que no todos los temas han sido resueltos: "¿Cómo puedo comunicarme de manera directa sin parecer agresiva o detestable?" Se pre-guntan si una mujer fuerte es percibida de manera inevitable como una mujer difícil y si las mujeres tienen que comu-nicarse de diferente manera que los hombres para llegar al mismo lugar. Quiero asegurarles que:

Puedes ser fuerte sin ser detestable.

En fechas recientes, una mujer describió cómo con frecuen-cia platicaba por ahí de lo que en verdad necesitaba, en un esfuerzo por no parecer demasiado demandante. Había em-pezado desde abajo en el trabajo, pero mientras fue escalan-do y las personas empezaron a reportarle a ella, se dio cuenta de que no tenía idea de cómo comunicarse con los demás. No quería que pensaran que estaba dominándolos con su nuevo poder, así que siempre se dirigía a sus superiores con un lenguaje suave y lleno de disculpas: "Espero que no le importe si le pregunto…" o "Sería de mucha ayuda si usted pudiera tal vez…"

—En algún momento —dijo con frustración—, sólo quieres decir: '¡Lo necesito ahora!' —Pero por alguna razón, ella —y muchas otras como ella, aparentemente— sentían que decir eso de manera directa parecería agresivo o poco amistoso.

Como relaté en capítulos anteriores, yo resultaba ser más agresiva, un trato que a la mayoría de los empleados de *Ms.*, en particular, les costaba trabajo manejar. Después de hacer un esfuerzo consciente para liderar con más sensibilidad —un esfuerzo que sigo haciendo hasta la fecha— he suavizado mi estilo. Sin embargo, no soy toda suavidad en el trabajo. Soy muy directa con los empleados y no tengo problemas en dejar claro cuando no estoy contenta o quiero que algo se haga de manera diferente. Y a pesar de que disfruto las pequeñas charlas (y un poco de chisme) tanto como los demás, no tengo mucho tiempo para eso en el trabajo, y soy rápida para regresar la conversación a lo programado, para que los asuntos importantes se atiendan. Éstas no son clásicamente características "lindas", pero no han impactado de manera negativa mi reputación como ejecutiva.

La moraleja es: en verdad es posible ser directo sin ser déspota. A continuación, algunos consejos directos y simples de cómo hacerlo.

1. **Enfócate en que te respeten más que en caer bien.**
Es un instinto natural desear caer bien, y también puede ser de ayuda en el lado profesional cuando a la gente que trabaja contigo le caes bien. Sin embargo, es mucho más importante ser respetado, ya que ahí está la cualidad que reproduce el éxito en un ambiente de trabajo. Piensa en el bufón de la oficina que nunca termina un trabajo en el tiempo previsto, y entenderás exactamente lo que quiero decir. Puede ser que les caiga bien a todos, pero sin respeto, nunca llegará a algún lado. También ten en mente la diferencia crucial entre ser respetado y caer bien: uno está en tus manos y el otro, no. A algunas personas no les caerás bien sin importar cuánto trates de ganártelas; es sólo un asunto de química personal. Pero si trabajas para ganar respeto, la gente te responderá,

incluso a regañadientes. Y, por supuesto, bastante interesante, cuando te enfocas menos en si le caes bien a los demás, tenderás a caerles mejor.

2. Cuida la delgada línea entre el humor y el sarcasmo.

Una de las cosas en las que he trabajado por años es reconocer la diferencia entre un comentario chistoso que sólo es chistoso, y uno que es mordaz. El humor es un bien increíblemente valioso —una buena risa tiene efectos positivos en la oficina— pero sólo se necesita un comentario nada recomendable para agredir a alguien y echar a perder una buena relación de trabajo. Si eres de los que gusta de hacer comentarios ponzoñosos, tal vez haya una razón más profunda detrás, y tus colegas y empleadores sentirán eso. También, es mejor ser directo respecto a problemas o asuntos que tienes con la gente, y guarda el humor para temas más ligeros.

3. No trates de comunicarte por medio de pistas o dobles mensajes.

Uno de los ejercicios más frustrantes para un empleado es tratar de discernir si su jefe está tratando de comunicarle algo por medio del tono, significados ocultos o pistas. Aquí hay un elemento de control. Cuando haces que la gente trabaje extra para descifrar lo que en verdad estás diciendo, los sacas de balance de manera injusta. Al cabo de los años, mis asociados normalmente se han expresado con aprecio diciendo que cuando les hablo, lo que oyen es exactamente lo que quiero decir. Siempre trato de comunicarme con la gente de la manera más simple y directa posible. Mostrar respeto por la gente a quien le estás hablando, lleva a menos malos entendidos y mejora el ánimo en la oficina.

4. Confía en que tus comentarios serán recibidos de acuerdo con la intención con la que los hiciste.

Unas páginas atrás describí a una mujer joven que temía que por sólo decir "Lo necesito ahora", directo y sin preámbulos, resultaría detestable o agresiva.

—Bueno, ¿eso es lo que piensas cuando alguien te habla de esa manera? —le pregunté.

—No —dijo—. Pero de alguna manera se oye diferente.

El error que esta mujer cometió fue adivinar las respuestas de las otras personas hacia ella; sólo necesitaba decir su parte con confianza y esperar que el mensaje llegara. Cuando estás nervioso por decir algo, el oyente normalmente asumirá que tienes alguna razón para estar nervioso. Si mientras hablas piensas: *Espero que esto no parezca rudo*, las oportunidades están mucho más lejos de lo que en verdad parecen. Si vas a comunicarte de manera efectiva y ganarte el respeto de tus empleados y colegas, debes aprender a confiar en que tus comentarios serán recibidos como los envías. Ese tipo de actitud te traerá triunfos más rápido de lo que jamás esperaste.

UNA OCASIÓN, cuando Al Neuharth era ejecutivo de la cadena de periódicos Knight, programó un junta a la 1:00 p.m. en la oficina de su jefe, Jack Knight. Justo cuando empezó la junta, Knight recibió una llamada telefónica del presidente de Gannett, Paul Miller, para informarle a Knight que Neuharth, quien estaba sentado a unos metros de él, dejaría Knight para tomar un trabajo en Gannett.

Knight estaba atónito, no sin razón. Y probablemente hubiera estado más atónito si hubiera sabido que Neuharth había orquestado todo el asunto, asegurándose de que estaría sentado justo ahí con Knight cuando Miller le diera las noticias. Como luego lo explicó Neuharth, él quería que Knight supiera que Miller lo había perseguido y no al revés.

Pero conociendo a Neuharth, sospecho que también había otra razón. Sabía que el hecho de arreglar que el presidente de Gannett hiciera esa llamada por él haría que Knight lo viera como una persona digna de respeto.

Me encanta esta historia, porque es un ejemplo perfecto de las agallas y determinación de Neuharth. Nunca dudó en buscarse todas las ventajas que pudiera para sí mismo, incluso tener que arreglar algún pequeño ardid por aquí y por allá para conseguirlas. Todos podríamos aprender una o dos cosas de Neuharth sobre cómo:

Orquestar (y esperar) tu propio éxito.

La historia de Neuharth puede que sea un ejemplo extremo, pero la lección que hay detrás es buena. Nunca debes sentirte incómodo o reacio de crear ventajas para ti mismo. Y si estás trabajando duro y produciendo resultados, tienes todo el derecho de contar con el reconocimiento, bonos y promociones que vendrán en el camino.

Una vez más, ésta es una habilidad que los hombres parecen tener en una mayor proporción que las mujeres. La historia que siempre me recuerda esto es la de un hombre en Hearst que me dijo un día:

—He estado aquí por una década y ¡nunca me han nombrado director general de una revista!

Parecía sentirse desairado, cuando por supuesto había muchas otras consideraciones —no sólo la longevidad en el trabajo— las que llevaban a ser nombrado director general de una revista. Es un trabajo tremendamente codiciado, la posición de negocios más alta en una revista, sin embargo este hombre parecía estar sorprendido de que nunca se la hubieran dado. Es difícil imaginar a muchas mujeres diciendo lo mismo.

Una de las razones por las que las mujeres tienden a tener menos expectativas para ellas mismas puede encontrarse en este comentario que me hizo una joven en Hearst:

—Si sugiero una idea y nueve personas dicen: 'Es fantástica', pero a una persona no le gusta, en verdad me preocupo mucho por ese voto que discrepa.

Muy seguido, las mujeres quieren 100% de las entradas; es decir, la certeza absoluta de que están en lo correcto, que lo merecen o que están preparadas, antes de arriesgarse. Eso no es sólo irreal, sino contraproducente. Demasiado seguido, si tratas de darle gusto a todos, tu mensaje termina tan confuso que concluyes sin darle gusto a nadie.

Por último, el asunto de la actitud no es sólo sobre aprender a cómo tener éxito. Es también sobre aprender a cómo responder al éxito.

Acepta el crédito cuando es tuyo.

Cuando me nombraron presidenta del *USA Today*, empecé a recibir mucha atención y, cuando las cosas iban bien, hasta elogios en la prensa. Había pocas mujeres en puestos comparables al mío, eso sólo era parte de la historia. En un momento, le dije a mi esposo, Tom:

—¿Sabes?, me están dando mucho crédito aquí. Pero tengo un gran equipo detrás de mí y es un gran factor del éxito que estamos teniendo. No me parece justo.

—Cathie —dijo—, sólo acepta el crédito cuando sea tuyo, porque seguramente te echarán la maldita culpa si algo falla. —Y mientras, aparecían titulares del estilo: ¿PODRÁ CATHIE BLACK SALVAR EL *USA TODAY*?, Tom estuvo en lo correcto; era mi cabeza la que hubiera rodado si hubiéramos fracasado. Así que decidí seguir el consejo de Tom, y aceptar el crédito cuando lo mereciera. Puedes aceptar elogios con humildad, pero en pocas palabras: sí, acéptalo. Te lo has ganado.

Cosmopolitan

Sentada en la mesa de juntas de la oficina de Frank Bennack, el director general de Hearst en ese momento, pensé: "Dios mío, Frank va a tener un ataque al corazón justo aquí". Su cara estaba muy roja, y las venas se le saltaban en el cuello. En todo el tiempo que tenía de conocer a Frank, nunca lo había escuchado levantar la voz, pero en esta junta con la nueva editora de *Cosmopolitan*, Bonnie Fuller, parecía que estaba a punto de salirse de sus casillas.

Frank le había pedido a Bonnie que presentara sus ideas para *Cosmopolitan*, la revista que había sido editada en los treinta años previos por la legendaria Helen Gurley Brown. Helen había convertido a *Cosmo* en un monstruo, casi triplicando su circulación de cerca de 900,000 a casi 2.5 millones de ejemplares. *Cosmo* era ahora la revista más vendida para mujeres jóvenes y Helen —una fuerza de la naturaleza, sumamente flaca y acicalada con joyas— era la cara de la revista. Le había inyectado una increíble energía a la publicación, acudiendo a eventos por todo Nueva York y ronroneando su frase "¡Hola minino!" para saludar a cualquier persona que se encontrara.

Cosmopolitan era la que más ganaba, así que en el piso corporativo de Hearst, había una entendible turbación sobre dar vuelta a las riendas, incluso hacia un talento probado de las revistas como Bonnie Fuller, quien había dirigido con éxito la revista *Marie Claire* por dos años, antes de venir a *Cosmo*.

Con eso en mente, uno pudo haber esperado que Bonnie pisara con cuidado cuando tomó la revista. Por el contrario, llegó con los ánimos a todo vapor. Decidió revisar la imagen de *Cosmo*, y trajo a su propio equipo para hacerlo. Bonnie había pasado los últimos meses sumida en la oficina del sótano con su equipo, rediseñando la revista, incluso mientras Helen trabajaba en sus últimos ejemplares en las oficinas de *Cosmo*. Con la fecha del primer ejemplar de Bonnie cerca, esta junta se había programado para que ella pudiera mostrarle a Frank la nueva imagen.

Mientras Bonnie mostraba con seguridad la portada y las primeras 30 páginas de la revista, podías ver cómo se tensaba la cara de Frank. Yo había visto el nuevo diseño y era muy diferente de la *Cosmo* vigente, con mejor fotografía, gráficos más fuertes y más color.

—Bonnie, ¿qué has hecho? —Preguntó, subiendo el tono de voz—. ¿Quién hizo esto? ¿Quién está en tu equipo creativo?

Bonnie dijo varios nombres, incluido su principal colaborador, el nuevo director creativo, Donald Robertson.

Se le desorbitaron los ojos.

—Bueno —dijo—, ¿y qué pasó con el personal de Helen?

—Todos están por irse —contestó Bonnie—. O ya se fueron.

Frank se veía atónito.

—¿Quieres decir que toda la gente que ha producido esta revista increíblemente exitosa por décadas, que ha ganado cientos de millones de dólares a lo largo de los años, se fue? —dijo bruscamente y poniéndose rojo—. ¿No crees que esa gente sabe un poco sobre producir una revista que vende?

Miré a Bonnie. Para mi sorpresa, sólo se quedó sentada con calma, con el rostro impasible, consumiendo a Frank. Su arranque no parecía ponerla nerviosa en lo más mínimo. Él continuó como por un minuto y, cuando parecía que estaba esperando una respuesta, ella habló.

—Frank, ésta es la decisión correcta —le dijo con calma—. Ésta es una generación muy visual, y necesitamos que la revista refleje eso. Es lo correcto para *Cosmopolitan*. No te preocupes: va a estar bien. Va a estar maravilloso.

No estoy segura si Frank se tranquilizó con las palabras de Bonnie ese día, pero ella sí continuó con su nuevo diseño. Y justo como lo acababa de decir, era lo correcto para la revista. Helen había hecho un trabajo absolutamente fantástico, pero era una persona de palabras, en una época en que incrementaba enormemente lo visual, y aunque la fórmula de la revista parecía ser infalible, sí necesitaba actualizarse para una nueva generación. Los instintos de Bonnie para empujar a *Cosmo* a una nueva y diferente época estaban justo en el dinero.

Hay una excelente lección en esto, una que se ha repetido en *Cosmo* con la sucesora de Bonnie, Kate White. No importa qué tan exitoso sea tu producto o tu proyecto, es importante:

Refrescar y reinventar.

Considerando el éxito de *Cosmopolitan*, bajo el mando de Helen Gurley Brown, el instinto de dejarla que continuara sola —con la idea de que "si no está descompuesto, no lo arregles"— era normal. Sin embargo, Bonnie entendió que el momento para impulsar la revista hacia delante era entonces, no después, cuando pareciera obsoleta. Tan exitosa como era *Cosmo*, Bonnie quería volverla todavía más. Quería jugar a ganar, más que jugar a no perder.

Yo no era fanática de todo lo que hacía Bonnie. Por un lado, como escribí en el capítulo 5, no soy del estilo de mandar bombas de un lado al otro cuando empiezas un trabajo, bombardeando al equipo anterior y dejando a los sobrevivientes en estado de choque. Hubo definitivamente mucho de eso en los primeros meses de Bonnie. Sin embargo, el período en el que Bonnie fungió como editora, fue benéfico por muchas razones, incluido el incremento de ventas en los puestos de periódicos, el rediseño completo y un eslogan publicitario maravilloso: *Fun Fearless Female*[1]. El mejor eslogan es el que se puede aplicar solamente a una revista, y éste aplica para *Cosmo* —y sólo *Cosmo*— a la perfección.

Lo anterior nos lleva a la parte clave de cualquier estrategia para refrescar y reinventar un producto: incluso cuando actualizas y mejoras, tienes que cuidar el hecho de preservar su carácter esencial, eso que hace que la gente regrese a él. En el caso de *Cosmo*, hay ciertos elementos básicos que no han cambiado en años, y probablemente nunca cambiarán. Las mujeres jóvenes siempre estarán buscando consejos sobre relaciones interpersonales, sexo, belleza, trabajo, compras, moda, salud y autoestima: los temas que las mujeres han tenido en mente por generaciones.

La Coca-Cola Company, de la que soy miembro del consejo, dio al mundo de los consumidores un ejemplo de qué era "ir demasiado lejos" para cambiar un producto tan amado. En 1985, la compañía lanzó *New Coke*, reemplazando la fórmula original de la bebida que había perdurado por décadas. Las pruebas de sabor habían mostrado que a la gente le gustaba más la nueva bebida, pero los consumidores reaccionaron con vehemencia. Bombardearon a la compañía con cartas y llamadas que mostraban enojo, suplicando que regresara la Coca-Cola regular. Setenta y siete días después de que se introdujo la *New Coke*, la compañía hizo justo eso. Era un paso caro y penoso, pero se corrigió rápido.

---

[1] N. del T. El significado del eslogan corresponde a: "Mujeres divertidas y sin miedo".

Así que el truco es mantenerte al día con los tiempos, explorar posibles mejoras para nuevos productos al tiempo de saber lo que debe quedar intacto. Una editora que ha hecho esto muy bien es la sucesora de Bonnie Fuller en *Cosmopolitan*, Kate White. Ha descubierto un instinto agudo para saber cómo:

> **Pensar más grande y más amplio,
> en cuanto a marcas.**

Cuando Bonnie Fuller dejó *Cosmo* después de sólo dos años (se fue para ser editora de *Glamour*, en donde estuvo poco tiempo), necesitábamos encontrar rápido un gran editor para reemplazarla. Inmediatamente pensé en Kate White, quien era entonces editora de *Redbook*, y la llamé un sábado para pedirle que nos viéramos el domingo en la tarde.

—¿No me estás corriendo, verdad? —preguntó.

—Por supuesto que no —le dije—. Sólo ve a mi oficina a las 5:00 p.m. Quiero hablarte sobre algo importante.

Kate llegó puntual, y después de una charla amena, fui al grano:

—¿Qué te parecería ser la editora de *Cosmo*?

Pensé que se caería de la silla.

—¡Tienes que estar bromeando! —dijo—. ¡Esto es fantástico! —Después me dijo que no tenía idea de que eso era lo que le quería preguntar, pero tan pronto como las palabras salieron de mi boca, pude ver que las neuronas de Kate empezaban a trabajar. Ésta sería para ella una maravillosa oportunidad de utilizar sus habilidades en nuestra marca principal. Desde hace nueve años, esas neuronas nunca han disminuido su ritmo, y tampoco las ganancias.

Kate ha sido una verdadera fuerza para la expansión de la marca *Cosmopolitan*, incluido el lanzamiento de la división de libros, *Cosmo Books*, que ha editado títulos increíblemente exitosos como *Cosmo Kama Sutra*, que ha publicado más de 400,000 ejemplares. También tomó la iniciativa de asociarse con la radio satelital *Sirius*, creando un canal especializado llamado *Cosmo Radio*. La revista también tiene *Cosmo Mobile*, en donde las lectoras pueden pedir su horóscopo diario y los titulares para recibirlos en sus teléfonos celulares, así como una extensa red en internet. Kate ha hecho mucho más que sólo editar bien la revista; ella y la directora general, Donna Kalagian Lagani, la han convertido en un centro neurálgico con una multiplataforma de la marca, lo que es más difícil de lo que parece.

Helen, Bonnie y Kate, cada una puso su propia estampa en *Cosmopolitan*. Son diferentes tipos de editoras, con muy diferentes conjuntos de habilidades, y si cualquiera de ellas hubiera intentado ser como las demás, no hubieran traído sus propias y únicas mejoras a la revista. Aquí hay una gran lección: ten el coraje de empujar hacia adelante, haciendo que tu producto, tu compañía u organización sea mejor. Y ten confianza en tu única y original manera de hacerlo, porque estarás poniendo algo sobre la mesa que nadie más podrá.

CAPÍTULO 8

Liderazgo

¿Qué te viene a la cabeza cuando escuchas la palabra *líder?* Si eres como la mayoría de la gente, imaginas un general dirigiendo soldados a una batalla, o un político entusiasmando a una multitud para que actúe. La palabra liderazgo normalmente te hace pensar en acciones proactivas y enérgicas.

Sin embargo, hay muchos aspectos más sutiles para ser un gran líder. Y a pesar de que puedan ser menos obvios, cada uno es tan importante como el otro, en especial para los que no poseen el talento natural y carisma de un "líder nato". Me llevó toda mi carrera aprender los secretos de un gran liderazgo, así que quiero darte una ventaja para empezar, haciendo distinción entre los esenciales. Primero:

> ## (Sé líder) con afecto (pero no lo llames así en la oficina).

En la conferencia de hace algunos años *Body, Mind Soul,* una ejecutiva publicitaria llamada Mary se abrió al grupo con una historia sobre su jefe. Mary había ascendido con firmeza la escalera corporativa, trabajando largas horas y exigiéndose implacablemente, en un esfuerzo por llegar al siguiente escalón. Pero cuando llegó hasta arriba, como presidenta de una agencia, empezó a desmoronarse.

Se dio cuenta de que, como alta ejecutiva, no estaba haciendo el mismo tipo de trabajo que había hecho en su camino cuesta arriba; trabajo que le encantaba y en el que era buena. No se entrevistaba con clientes ni tampoco lanzaba tantos nuevos proyectos como antes; por el contrario, dirigía a otros que lo hacían. También estaba pasando más tiempo en tareas administrativas, como presupuestos, asuntos del personal y revisiones financieras. Y de repente, se dio cuenta de no era tan buena en sus nuevas tareas. Mary se volvió cada vez más infeliz en su trabajo, y empezó no sólo a dormir menos sino también a tomar una copa de vino demasiado seguido. Así que fue con el presidente del consejo de la compañía matriz y le dijo:

—Necesito una licencia. Necesito tomarme cuatro semanas.

Si fueras el presidente del consejo, ¿qué harías en una situación como ésta? Él tenía varias opciones:

• Dejar que Mary se tomara las cuatro semanas —había estado trabajando duro y necesitaba calmarse.

- Dejar que Mary se tomara las cuatro semanas, pero pedirle que estuviera disponible para atender juntas importantes o llamadas telefónicas. Después de todo, ¿cómo se vería que la presidenta de la agencia estuviera fuera de combate por completo?
- Pedirle a Mary que se tomara menos tiempo y evaluara si necesitaba más tiempo.
- Despedir a Mary. Si no podía con la presión, no debería ser presidenta de la agencia.

Él no escogió ninguna de estas opciones. Por el contrario, le dijo:

—Mary, cuatro semanas no son suficientes. En realidad necesitas más tiempo para pensar en tu vida y evaluar tus prioridades. Tómate más tiempo, tómate dos meses.

Mary estaba atónita. Nunca se imaginó que él la apoyara tanto. Con sentimiento de culpa, le dijo:

—Bueno, por supuesto que estaré aquí para la junta de negocios del jueves, y puedo venir para presentaciones en verdad importantes durante mi licencia. —Pero el presidente del consejo le dijo:

—No, una licencia es una licencia. No quiero una sola llamada de tu parte en los próximos dos meses. Cuando te vayas hoy en la noche, te vas. Deja tu directorio telefónico, tu teléfono celular y tu *BlackBerry*.

Suena demasiado increíble para ser verdad, ¿no? Mientras Mary contaba su historia, todas nos quedamos sentadas sin quitarle los ojos de encima por esta historia inusual de amabilidad corporativa. Y Mary, en efecto, se tomó los dos meses enteros de descanso. Daba largas caminatas, iba a museos y leía libros; todo esto le sirvió para refrescar su perspectiva y restaurar su energía. Cuando regresó al trabajo, tenía una actitud y una perspectiva nuevas, y nunca ha mirado hacia atrás. Tampoco olvidó nunca la empatía que su jefe —quien claramente vio que ella necesitaba un descanso sustancial y no cosmético— le mostró.

Me gusta el término "dirección con empatía" porque es un recordatorio de tener en mente los sentimientos y necesidades de tu equipo, no sólo las necesidades de tu proyecto. Esto es especialmente importante tenerlo en mente si tú, como yo, eres bastante autosuficiente en la oficina. Ya que nunca he requerido mucho "cuidado y alimentación" en el trabajo, en ocasiones olvido que los demás no son iguales. Me recordaron esto en un intercambio simpático con la exdirectora de recursos humanos de Hearst, Ruth Diem, cuando estaban terminando nuestro edificio. En casi todos los pisos, excepto en el corporativo, las oficinas tenían paredes de vidrio, sin persianas ni cortinas. Esto se había hecho para lograr un ambiente muy abierto, que era exactamente lo que estábamos buscando, pero no ofrecía ningún tipo de privacidad.

En algún momento, Ruth me dijo:

—Cathie, necesitamos asegurarnos de que haya un lugar en donde la gente pueda tener un poco de privacidad, en donde la gente pueda ir a llorar.

—¿Lo necesitamos? —pregunté sorprendida—. ¿Cuánta gente llora en el trabajo?

—Mucha —se rió. Pero su punto era válido y es algo que nunca se me hubiera ocurrido. Ella estaba tomando en consideración las necesidades de nuestros empleados, incluso si pudieran ser diferentes a las suyas. No es una habilidad propia de cada quien, pero en verdad es una que vale la pena cultivar (por cierto, en verdad creamos un espacio cerrado donde la gente pudiera ir a descansar o a dedicar un momento de recogimiento para sí misma).

Como he aprendido con los años, hay una manera infalible de asegurarse de que conoces y entiendes las necesidades y las preocupaciones de tus empleados. Y aunque suena simple, en realidad requiere más trabajo de lo que crees:

> ## Sé el mejor oyente que puedas ser.

Si hay una habilidad en la que he trabajado duro para aprender, es ésta. Es indiscutiblemente una de las habilidades más importantes que necesitas como líder, porque afecta cada elemento de la productividad de tu equipo.

Es fácil oír lo que quieres y es mucho más difícil realmente captar el significado y motivaciones de la gente. Pero una vez que empiezas a oír —realmente oír— te sorprenderás de lo mucho que puedes aprender. Y no sólo eso, el simple hecho de que estés oyendo motivará a otros a expresarse. Mientras estás en eso, recuerda que escuchar implica más que sólo oír las palabras de las personas. También es tomar en cuenta el tono y el lenguaje corporal, que son pistas claras de cómo se siente una persona, incluso cuando tiene problemas para expresarse. Y como dijo el gran Yogi Berra en una ocasión: "Puedes observar mucho con tan sólo mirar".

En algún momento de mi carrera escuché a una experta en dirección hablar sobre el tema de las juntas.

—Las personas vienen a una junta por una de tres razones diferentes —dijo—. Una, porque tienen que. Dos, porque es un descanso de todo lo que harán ese día. O, tres, porque son prisioneras.

Ese resumen se quedó en mi mente todos estos años, porque me di cuenta de que incluso cuando estamos en la misma sala, junta o evento, otras personas pueden estar experimentando cosas diferentes a mí. Hay tantas dinámicas como personas en una sala, y a menudo hasta más.

Esta consultora en dirección siguió describiendo las diferentes formas en que la gente se comunica en las juntas.

—Algunas personas quieren hablar todo el tiempo, y otras nunca quieren decir ni una palabra. Esto no significa que no tengan qué decir, sólo significa que tal vez prefieran conversaciones entre dos personas. —Como extrovertida, me di cuenta de que muy seguido hice suposiciones injustas sobre el conocimiento o habilidades de las personas, basada, en parte, en cómo se desarrollaban en grupo. Las había juzgado de acuerdo a como me juzgaría a mí misma si estuviera actuando igual, sin nunca considerar que simplemente teníamos diferentes manera de hacer las cosas.

Una vez que me di cuenta de esto, cambió mi forma de evaluar a la gente. También me llevó a cambiar mi estilo de liderazgo. Antes, hubiera ido a una junta y la hubiera dirigido desde el principio, pidiendo a la gente que contestara ciertas preguntas y guiando la conversación. Asumía que liderar una conversación era la mejor manera de ser líder. Ahora, normalmente inicio las juntas con un pequeño resumen de por qué estamos ahí, y lo que pretendemos lograr. Luego me siento y escucho las intervenciones de los demás. Es sorprendente cuánto he aprendido y que de otra manera me hubiera perdido.

Sí, algunas veces el liderazgo involucra saber cuándo no liderar. Eso es porque:

Los grandes líderes son grandes delegando.

Aprender a delegar es una de las habilidades más difíciles de desarrollar mientras avanzas en la escalera corporativa; sin embargo es una de las más cruciales. No puedes convertirte en un líder efectivo si haces todo tú mismo, en parte porque entre más alto estés, más tareas recaen en tu ámbito. Si tratas de hacerlo todo por ti mismo, no sólo te volverás loco, sino que seguramente fallarás. Hundirte en minucias es uno de los errores más comunes y más mortíferos que puedes cometer mientras asciendes en el escalafón corporativo. Cuando estás demasiado empantanado en cada detalle, es fácil perder de vista el panorama completo.

Pregúntate esto: ¿Hay una razón legítima para que esta tarea necesite mi atención personal? Con más frecuencia de lo que piensas, verás que la respuesta es no.

Permitir que otros tomen el liderazgo —en juntas, en proyectos o en cualquier aspecto del trabajo— también logra algo más profundo: hace que otras personas se sientan más involucrados en los resultados, y les da un sentido de logro y pertenencia que de otra manera no tendrían; les permite brillar. No hay mejor manera de mantener a los de tu equipo concentrados, comprometidos y satisfechos, que darles la habilidad de lograr metas importantes por ellos mismos.

Otra cualidad del buen liderazgo es ser capaz de mantener perspectivas más amplias cuando otros pudieran estar demasiado enfocados en los detalles. Es saber cómo

---

Enfocarte en soluciones, no en problemas.

En el Prólogo, describí la reacción de Joe Welty el día que me presentaron como la nueva presidenta del *USA Today*, cuando me dijo:

—Sólo quiero que sepas que no te voy a reportar a ti.

—Justo desde el principio, era claro que la actitud de Welty iba a ser un problema.

¡Y sí que lo fue! Durante los primeros meses en el *USA Today*, Welty jugó sucio al buscar quedar siempre por encima de mí. Convocaba a juntas y no me avisaba. Cuando yo convocaba a una junta a la que él no estaba invitado, se presentaba y se paraba junto a la puerta, de brazos cruzados, como para demostrar que él todavía estaba a cargo. La creciente tensión entre nosotros se filtró en la oficina. Se estaba convirtiendo en una situación progresivamente más difícil.

Pude haber ido con Al Neuharth y quejarme o pedirle que encontrara la manera de solucionarlo. Pero eso hubiera violado esta importante regla: No le lleves problemas a tu superior; llévale soluciones. Decidí que sería mejor buscar yo misma una solución y luego presentársela a Neuharth,

Ray Gaulke, mi colega de Gannett, me ayudó a crear un plan. En lugar de dejar a Welty en el *USA Today*, donde podía continuar el enfrentamiento conmigo, ¿por qué no moverlo a un puesto semejante dentro de Gannett? De esa manera, Welty tendría responsabilidades equivalentes, pero no tendríamos que tratar el uno con el otro de manera directa, y la paz regresaría a las oficinas del *USA Today*. Era una solución simple que dejaría a todas las partes contentas. También, Welty y Neuharth mantendrían su palabra, siempre una buena meta por conquistar.

Ray y yo invitamos a Neuharth y al director general del *USA Today*, Jack Heselden, a cenar para presentarles nuestro plan. Lo soltamos con cuidado, punto por punto.

—Esto funcionará para todos los involucrados —les dije—. Y debemos ponerlo en práctica de inmediato.

Del otro lado de la mesa, Neuharth parecía no estar impresionado. Señaló un par de objeciones, picando y examinando alrededor de nuestro plan. ¿Estaba segura de que la salida de Welty no impactaría de manera negativa nuestro progreso publicitario en el *USA Today*? La situación financiera era dura, después de todo, así que cada venta de publicidad era importantísima. ¿Había cubierto todas las bases en términos de quién tomaría la estafeta cuando Welty se fuera? ¿Éste era el mejor plan para el periódico, o era mi manera de deshacerme de alguien con quien estaba en conflicto?

Ray y yo contestamos las preguntas de Neuharth una tras otra, esperando estar haciendo progresos. Entonces, de pronto, Neuharth se inclinó con una sonrisa de satisfacción, de la bolsa de su saco tomó un pedazo de papel. Con aire histriónico, lo desdobló y empezó a leerlo. Era el borrador de un comunicado de prensa, preparado antes de la cena, que anunciaba exactamente el movimiento que habíamos estado impulsando: Joe Welty iba a ser nombrado vicepresidente ejecutivo de Gannett Media Sales, la división recién creada que encabezaba Ray Gaulke.

Ray y yo nos quedamos estupefactos. Tuve que reírme por todas mis preocupaciones sobre si Neuharth aceptaría el plan. Era obvio que iba un paso adelante de nosotros. Fue una de las muchas veces que, a pesar de sus peculiaridades y provocaciones, tuve que maravillarme de la capacidad extraordinaria que Neuharth tiene de anticiparse y ver más allá de lo evidente. Una de sus mejores cualidades como líder.

Al Neuharth me simpatizaba y disfrutábamos una buena relación de trabajo. Podía ser ligero y divertido, incluso se tomaba bien que en ocasiones me burlara de él. Dicho eso, siempre se supo quién era el jefe en el *USA Today*. Nunca permitió que esa línea se traspasara, lo que es la siguiente cualidad clave del liderazgo de nuestra lista.

> ## Aprende la diferencia entre ser jugador y ser entrenador.

Cuando conocí a Michael Clinton, acababa de dejar Condé Nast después de trece años, y lo habían recomendado como alguien a quien yo debería contratar si podía. Michael es una persona increíblemente equilibrada, no sólo un muy buen ejecutivo dentro de la publicidad, sino un viajero del mundo, fotógrafo experto, piloto y excelente orador. Había oído todo esto sobre Michael, y sabía que me impresionaría cuando lo conociera. Pero lo que no tenía idea es lo mucho que me agradaría en persona. La pérdida de Condé Nast sería la ganancia de Hearst.

En nuestra primera entrevista, con unos tragos en el restaurante de Mickey Mantle en el sur de Central Park en Manhattan, Michael y yo nos llevamos como si nos conociéramos de toda la vida. Hablamos durante varias horas, sorprendidos de ver lo natural que fluía nuestra conversación y de lo mucho que nuestras ideas estaban en sintonía. Michael y yo escribimos los términos de nuestro contrato en una servilleta en esa primera entrevista, y empezó a trabajar en Hearst muy pronto después de eso.

Ya que Michael me reporta a mí, nuestra relación es distinta de la que hubiera sido si trabajáramos en compañías diferentes; a pesar de que somos muy amistosos, siempre está claro que somos primero colegas y luego amigos. La realidad es que muchas personas no quieren que su jefe actúe como si fuera su mejor amigo, y un jefe que aspira a una amistad con sus empleados deja menos clara la línea, de una manera poco saludable. Después de todo, tú eres quien toma las decisiones difíciles en la contratación y otros movimientos de personal delicados, así que no quieres complicar esas decisiones de manera innecesaria.

Puede que no pienses que una dinámica amigo-empleador es un tema tan importante en el lugar de trabajo. Pero en una encuesta reciente citada en el *USA Today*, cuando se le preguntó a más de 900 empleados "¿Cuál es el pecado más grande de tu jefe?", la respuesta número uno fue "Ser el me-

jor amigo de todos". Es un gran problema, no sólo porque
complica las relaciones de trabajo, sino porque puede llevar a
resentimientos entre empleados, quienes pueden ver favori-
tismo incluso cuando no lo hay. Así que facilita las cosas para
ti y para tus empleados, y mantén esas líneas intactas.

A FINALES de 1995, poco antes de que llegara a Hearst, el
director general, Frank Bennack, había decidido hacer una
transición editorial en *Cosmopolitan*. Helen Gurley Brown había sido la editora en jefe de *Cosmo* por tres décadas: una
carrera extraordinaria en el negocio de las revistas, y un legado de su dedicación, habilidad y lealtad a la compañía. En
ese momento, Helen estaba en sus setentas y con un nuevo
editor programado para llegar, ¿qué podía ofrecerle Hearst
ahora? Ella todavía iba a la oficina todos los días, llegaba
temprano y se quedaba hasta tarde, y estaba tan comprometida con *Cosmo* como siempre.

Después de ideas y discusiones entre los más altos ejecutivos de Hearst en el área de revistas, se creó un nuevo
puesto para Helen: editora en jefe de las ediciones internacionales de *Cosmopolitan*. Era perfecto. *Cosmo* tiene una presencia mundial sin precedentes, y ofrecer a Helen un rol en
la expansión y mejora de las ediciones internacionales era
lo mejor para todos. Esto le permitía continuar involucrada
con la revista, y significaba que Hearst continuaría benefi-
ciándose de su presencia y aportaciones.

La elección de crear un puesto para Helen apunta a una
de las cualidades que me gustan más de la Hearst Corporation:
la práctica de toda la compañía de tratar a los empleados
y exempleados con lealtad y respeto. Es un gesto generoso y
admirable que nos lleva a nuestra siguiente lección de ser un
buen líder:

La lealtad no es sólo de los perros.

Cuando empecé en Hearst, pensaba que era extraño que varias de las oficinas del piso corporativo estuvieran con frecuencia vacías, y sin embargo los asistentes trabajaban duro y en forma fuera de ellas. De momento pensé que éstas eran oficinas de personas que se habían retirado después de trabajar décadas en Hearst. Gracias en gran parte a Frank Bennack, para quien la lealtad es un credo estricto, a muchos de los altos ejecutivos que se han retirado se les ha dado la oportunidad de mantener una oficina, para que pudieran seguir siendo parte de la vida corporativa incluso ya retirados.

La lealtad de Hearst hacia sus empleados es bien conocida en la industria, así que yo fui la más sorprendida cuando Bonnie Fuller la desafió de una manera muy significativa. Hay muchas cosas que admiro de Bonnie, pero éste fue un momento en que su ambición la llevó a pasarse de la raya.

En 1992, Hearst contrató una editora dinámica y experta de una revista británica, Liz Tilberis, para que se hiciera cargo *Harper's Bazaar,* una de nuestras revistas más antiguas y prestigiadas. Liz y su familia se mudaron a Nueva York, y pronto se convirtió en una de las preferidas en el mundo de la moda, con su encanto, ingenio, y sensato acercamiento a su vida y a su trabajo. Entonces, como al año de estar en el trabajo, le diagnosticaron cáncer de ovario, uno de los tipos de cáncer más difíciles de combatir. Su pronóstico no era bueno.

Liz peleó contra la enfermedad con valentía y continuó trabajando todos los días que se sentía bien para hacerlo. En el transcurso de seis años, tuvo semanas buenas y semanas malas, pero nunca dejó de cumplir con sus responsabilidades en *Harper's Bazaar*. Su pelea fue muy conocida en los mundos de las revistas y la moda y, en una industria que premia la apariencia física, dejó toda pretensión de vanidad de lado. Mantenía su cabellera con un corte duendecillo y siguió yendo al trabajo durante y después de la quimioterapia. Liz estaba determinada a no dejar que el cáncer la venciera, y a continuar editando la revista a pesar de lo que viniera.

Mientras tanto, Bonnie, quien había sido editora en jefe de *Cosmo* durante un par de años, abiertamente dejó saber que le gustaría ser la siguiente editora de *Harper's Bazaar*. Desafortunadamente, lo hizo mientras Liz estaba todavía al pie del cañón como editora pero claramente perdiendo su batalla. Frank Bennack había hecho el compromiso con Liz de que sería la editora de *Harper's* mientras viviera, una posición de lealtad característica de Frank (y de Hearst). No había manera de reemplazar a Liz, no cuando estaba peleando tan duro para hacer el trabajo para el que la habíamos contratado.

En algún momento de la primavera de 1998, mientras Liz estaba particularmente enferma, Bonnie le dijo a Frank que quería una garantía por escrito de que sería la editora de *Harper's Bazaar* cuando Liz muriera. Sin que esto le causase sorpresa, Frank dijo que no. Su sentido de propiedad nunca le hubiera permitido hacer ese trato con Bonnie, no mientras Liz estuviera viva.

Mientras tanto, Bonnie había recibido una oferta de Condé Nast y era claro que la tomaría si no le prometíamos el trabajo en *Harper's Bazaar*. Ella estaba impaciente y era insistente, pero Hearst simplemente no deseaba garantizarle lo que ella quería. Así que Bonnie dejó Hearst, aceptando la oferta de Condé Nast de ser editora de *Glamour*.

Perdimos una talentosa editora de revistas. Sin embargo, al mostrar lealtad a Liz Tilberis, quien murió en la primavera de 1999, habiendo trabajado en *Harper's Bazaar* hasta el final, hicimos lo correcto. Es una decisión de la que nadie se ha arrepentido en Hearst. Esto nos lleva a nuestra siguiente cualidad detrás de cámaras de un gran liderazgo:

> **La decisión ética es siempre la correcta.**

En los últimos cinco años, parece que ha habido un explosivo aumento de los crímenes de cuello blanco. Los escándalos corporativos, directores generales ofreciendo lujosas fiestas particulares con el dinero de la compañía, opciones de compra/venta de acciones con fechas anteriores. El mal comportamiento corporativo se ha incrementado y las imágenes en la televisión de ejecutivos esposados y trasladados a prisión se han convertido en una escena común.

Obviamente, no quieres quebrantar la ley cuado estás desempeñando tu trabajo. La manera de lograrlo es tomar las decisiones basado en algo más que en sólo hacer dinero, expandir un producto o avanzar en tu carrera. Ya que es tentador tomar atajos y sobrepasar las fronteras, debes saber que en verdad es posible triunfar al tiempo que mantienes tu ética ciento por ciento intacta. Por ejemplo, en los primeros años de la revista *Ms.*, antes de que el movimiento de no fumadores hubiera tomado fuerza, teníamos una gran programación de anuncios de Philip Morris, la compañía de tabaco. Philip Morris era un gran anunciante en la revista, y habíamos llevado sus anuncios de *Marlboro* por algún tiempo. Luego la compañía empezó una nueva campaña, para una marca llamada *Virginia Slims*.

Virginia Slims era un cigarro dirigido en específico a mujeres fumadoras, así que era normal que Philip Morris quisiera anunciarse en revistas para mujeres, incluida *Ms.* La campaña, que presentaba fotos de mujeres vestidas con estilo en ropa de diseñador, tenía un eslogan memorable, *"You've come a long way, baby"*,[1] el cual se convirtió pronto en una frase de moda muy conocida. *Virginia Slims* también patrocinaba torneos de tenis de alto perfil y producía un calendario anual con citas e historias de mujeres famosas.

Me había reunido con la gerente de marca de *Virginia Slims*, Ellen Merlo, y estaba lista para hacer el compromiso de comprar anuncios en *Ms*. Obtuvimos de ella el prototipo de anuncios, y los llevé a la oficina para enseñárselos a la editora Gloria Steinem, quien miraba de cerca cualquier cosa y todo lo que pasara con *Ms*. Ya que éramos una publicación feminista, con la misión especial de apoyar la causa de las mujeres, Gloria siempre vigilaba qué anuncios, historias y fotografías aparecían en la revista.

Llevé el anuncio a la oficina de Gloria y la miró. Después de un momento, me dijo:

—No podemos publicar esto.

—¿Por qué no? —pregunté—. ¿Qué está mal?

—Primero —dijo Gloria—, da la impresión de que fumar es un signo de progreso. Es decir 'Has llegado lejos, nena' junto con la imagen de una mujer fumando, está dando por completo el mensaje equivocado. Después —siguió—, la palabra 'nena' es infantil para las mujeres. —Ella sentía fuertemente que la campaña publicitaria era condescendiente.

Al igual que la gerente de publicidad, odiaba ver que rechazáramos cualquier anuncio y, para ser francos, *Ms*. no estaba en posición financiera de rechazar ingresos. Gloria accedió a un compromiso: pondríamos un pequeño anuncio del calendario de *Virginia Slims* para ver cómo respondían las lectoras.

---

[1] N. del T. "Has llegado lejos, nena".

El instinto de Gloria había sido correcto. Cuando el pequeño anuncio del calendario de *Virginia Slims* salió, la revista recibió docenas de cartas de protesta de los lectores, a pesar de que anunciaba el calendario, no los cigarros por sí mismos. Las lectoras de *Ms.* tenían un sentido de propiedad de "su" revista, y esto claramente las había hecho saltar.

Gloria todavía pudo haber escogido lanzar los anuncios a pesar de la información que obtuvo, pero se mantuvo firme. Esto no era de lo que se trataba *Ms.*, y aunque necesitábamos ese ingreso que los anuncios nos hubieran proporcionado, ella sentía fuertemente que aceptarlos comprometería nuestra misión y nuestra ética. Desde la perspectiva de los negocios, no me preocupé mucho por su decisión. Pero desde la perspectiva ética, y en términos de vivir la misión y metas de *Ms.*, entendí por completo por qué lo hizo.

Desafortunadamente, la decisión de rechazar los anuncios de *Virginia Slims* trajo como consecuencia que Philip Morris retirara sus anuncios de *Ms.*, un movimiento que nos costó 250,000 dólares sólo en el primer año del boicot. Esto fue un enorme golpe financiero y todavía se empeoró. Philip Morris rehusó a anunciarse en *Ms.* en los siguientes 16 años, lo que le costó a la revista una cifra impronunciable de millones de dólares.

Nadie dijo jamás que fuera fácil seguir el camino de la ética. Pero sé que Gloria Steinem nunca se arrepintió de su elección, ni debió hacerlo. *Ms.* sobrevivió el boicot con su misión, su conciencia y sus lectores intactos, y a la larga, eso es lo que más importa. Tomar decisiones éticas es por lo general también una buena decisión de negocios, ya que los consumidores tienden a sentir más lealtad por las compañías con las que se sienten bien en lo personal.

Esta historia también señala otra lección clave en cuanto al liderazgo. Gloria Steinem nunca se echó para atrás en

cuanto a asumir la responsabilidad de su decisión, sin importar cuánto dinero le costó a la revista. Tuvo la habilidad de
un verdadero líder:

> **Recordar que la responsabilidad termina en ti.**

Una de las partes más difíciles de mi trabajo llega cuando
tengo que cerrar una revista. No hay nada más difícil que
enfrentar un salón lleno de gente que ha dado todo por hacer que una revista funcione, y decirle que vamos a desen-
chufar la clavija. No obstante, siempre me aseguro de dar
las noticias yo misma. Podría enviar a otro ejecutivo de alto
rango de Hearst, pero como presidenta de *Hearst Magazines*,
siempre he sentido de manera profunda que la responsabilidad termina en mí. Si deseo recibir crédito por nuestros
éxitos, tengo que estar igualmente preparada para asumir mi
responsabilidad por los fracasos. Hacer menos sería como
escabullirme.

Lo mismo es cierto para cualquier éxito o fracaso en la
oficina. ¿Alguna vez has tenido un jefe que:

- Le echa la culpa a su equipo de las fallas, incluso si
  son consecuencia de su pobre liderazgo?
- Buscó un chivo expiatorio con el propósito de verse
  bien ante su propio jefe?
- Forzó a sus subordinados a hacer tareas poco placen-
  teras que debió haber hecho él mismo?

Todas estas tendencias están demasiado lejos de lo común en el trabajo, y son devastadoras para la actuación y la
cohesión de un equipo. Como jefe, debes pensar que estás
enseñando habilidades de liderazgo mostrándote a ti mismo
como ejemplo de persona libre de errores, pero tu equipo

sabe la verdad. Y saber que tu jefe se está escabullendo de la responsabilidad, sólo provoca amargura y falta de afecto. Suena extraño decirlo, pero un gran componente de ser un líder efectivo es simplemente tomar la decisión de liderar y asumir las responsabilidades de lo que venga. Otro sondeo publicado en el *USA Today* reveló que en una encuesta de casi 1000 personas, 71% dijo que *no* quería ser el jefe. Sólo 26% dijo que le gustaría ser el jefe, y el resto, estaba indeciso; lo que habla de lo temerosa o poco deseosa que está la gente de dar ese paso y asumir la responsabilidad.

Hay otro dicho sobre el liderazgo: "Es fácil ser un líder en las buenas, pero es en las malas cuando los líderes se separan de los directores". Así que no temas hacer tu trabajo en las malas y asumir tu responsabilidad. Tu equipo y tus jefes lo apreciarán más de lo que crees.

De igual forma, cuando marcha mal y tienes la solución en las manos —ya sea que seas el líder o que estés más abajo en el tótem— no tengas miedo de hacer tu trabajo y asumir tu responsabilidad. Negar tu responsabilidad no te hará verte mejor ni te exonerará; de hecho, tendrá el efecto contrario. Confiesa de inmediato, ofrece disculpas y propón una solución para seguir adelante. Todos en tu equipo te apreciarán más por eso.

DURANTE mi carrera, en los tiempos en los que la diversidad en el medio corporativo significaba hombres blancos de edad media que pertenecían a diferentes clubes sociales, Al Neuharth hizo el movimiento radical de nombrar mujeres como directoras editoriales de varios periódicos de Gannett. Una era Sue Clark-Johnson, a quien promovió a directora general del *Niagara Gazette*.

—Sue —le dijo Al Neuharth— el director general se va a retirar. ¿Estás interesada en el puesto?

—¿Crees que estoy lista? —le preguntó ella.

—Claro que no —le contestó él—, pero nunca he estado listo para ningún trabajo que he hecho. Si haces un mal papel, simplemente te despido. Si haces un buen trabajo, te doy un ascenso. —Y así fue. Sue terminó haciendo un trabajo espléndido y continuó ascendiendo el escalafón corporativo dentro de Gannett, donde hoy es presidenta de la división de periódicos.

Me encanta esta historia porque aglutina perfectamente la actitud de Al Neuharth sobre la diversidad en el trabajo. Honestamente, no le importaba dónde había ido la gente a la escuela, su color de piel o si era hombre o mujer. Todo lo que le preocupaba eran los resultados, y se encargaba de dejarlo claro una y otra vez, no sólo de manera verbal sino en las contrataciones que hacía. La vida en Gannett era una verdadera *meritocracia*, años antes de que esa idea estuviera de moda en el mundo de los negocios (como solíamos bromear, Gannett era una de las pocas compañías donde, en las juntas de directores, había afuera una fila de mujeres esperando para entrar al baño). Es un excelente recordatorio de nuestra siguiente regla del buen liderazgo:

> **Avienta a todos a la alberca.**

En este capítulo escribí que los buenos líderes dan a sus equipos la oportunidad de lograr metas importantes por sí solos. Neuharth simplificó este punto mucho más. En sus palabras, él "lanzaría a la gente a la alberca para ver si podían nadar". Le daba a la gente la oportunidad de triunfar, y si tomaban ventaja de eso, mejor para ellos y, por supuesto, para Gannett.

Para Neuharth, la diversidad era una meta. Podías argumentar que él la perseguía porque era lo correcto, pero no era el motivo por el cual lo hacía. Lo hacía porque daba sentido a los negocios inteligentes. Por un lado, no puedes llegar a audiencias diversas si no eres una compañía diversa. Cualquier compañía que tiene un equipo monolítico con empleados del mismo género y del mismo grupo étnico, entenderá cómo comercializar productos a su grupo particular, pero en la sociedad cambiante de hoy, ésa es una receta sólo para el éxito marginal, si no es que un rotundo fracaso. En las últimas décadas, la cara de Estados Unidos ha cambiado, no sólo en términos de cómo nos vemos y de dónde somos, sino cómo escogimos identificarnos a nosotros mismos.

Cuando, vivía siendo pequeña en Chicago, era una ciudad muy dividida étnicamente. Cuando conocías a alguien, casi siempre te preguntaban:

—¿Qué eres? —y en mi caso, la respuesta era:

—Irlandesa —porque la gente tendía a identificarse de acuerdo con sus orígenes étnicos. Ahora, por supuesto, esa pregunta parece fuera de época, en parte porque más estadounidenses vienen de hogares con mezclas raciales y en parte porque ya no pensamos tanto en esos términos. En la medida en que la sociedad estadounidense es cada día más multicultural, las compañías necesitan cambiar su manera de dirigir su comercialización a los consumidores, o enfrentar las consecuencias.

También ayuda a recordar que contratar personas con diferentes orígenes, edades, temperamentos y experiencia reditúa mucho en términos de cómo funciona tu equipo. Es mejor mezclar, ya que contratar gente como tú simplemente trae las mismas perspectivas y habilidades, más que la diversidad de habilidades que con mayor frecuencia te llevan al éxito. Así que no tengas miedo de aventar a todos a la alberca. Te podrías sorprender al ver quiénes son tus mejores nadadores. Armar un gran equipo es el primer paso de un gran liderazgo. Una vez que tienes un equipo a bordo, el segundo paso es ayudarlo a trabajar de la manera más eficiente posible. Una manera de hacer eso es:

> ## Aprender a hacer compartimientos.

Alguna vez:

- ¿Te has visto en una junta con la mente vagando al pensar en todo el trabajo que tienes que hacer?
- ¿Te has quedado atorado en alguna tarea en particular porque no puedes concentrarte en una nueva hasta que la primera esté completamente terminada?
- ¿Te has distraído al tratar de hacer demasiado a la vez y terminas haciendo todo a la mitad, pero nada bien hecho?
- ¿Has tenido problemas para dejar el estrés del trabajo en la oficina? ¿O has permitido que el estrés de la casa te proyecte una sombra en el trabajo?

Éstos son problemas comunes y todos son el resultado de una falta de habilidad para hacer compartimientos. Esto suena un poco clínico, así que déjame explicarte lo que quiero decir.

En el sentido más básico, *hacer compartimientos* significa enfocarte en una sola cosa a la vez. Es una habilidad importante, en especial para cualquiera que aspira a tener un puesto de liderazgo. El tono de cualquier departamento, organización o negocio se fija desde arriba, y los empleados responderán en consecuencia a cómo lideran sus ejecutivos. Un ejecutivo que está disperso y distraído, se dará cuenta de que su equipo responde de la misma manera, así que trabajar en esa habilidad es remunerador.

¿Cómo puedes hacer eso? Bueno, si estás en una junta, no te sientes ahí nada más revisando tu *BlackBerry*. Créeme, sea lo que sea, puede esperar; y si en verdad no, para empezar probablemente no deberías estar en esa junta. Cuando estás al teléfono con alguien, enfócate en lo que te está diciendo, no en responder un correo electrónico o en ordenar tu escritorio. Puedes pensar que ahorras tiempo al enfocarte en muchas tareas, pero probablemente termines necesitando pedir a la persona al otro lado de la línea que repita las cosas, lo que te hará perder más tiempo.

Enfócate por completo y escucha por completo, y cuando salgas de la oficina al final del día, deja el estrés del trabajo ahí. Casi todos son mejores cuando se toman un tiempo fuera de la oficina, porque sirve para refrescarse y renovar las propias perspectivas. Incluso si eres el jefe, eso no quiere decir que tengas que vivir en la oficina o nunca pensar en nada más. En mi experiencia, los mejores jefes —y las personas más felices— son los que tienen algo por qué irse a casa después de que cerraron la puerta de la oficina detrás de ellos.

También es importante:

Saber cuándo retroceder.

Una tarde recibí una llamada de Ellen Levine, quien entonces era la editora en jefe de *Good Housekeeping*. Acababa de tener una discusión acalorada con otro editor, y me llamaba para ponerme al tanto de la situación.

—Explotamos —dijo Ellen, una frase que me preocupó, ya que ella era una persona poco nerviosa.

¿Qué debía hacer? Lo pensé el resto del día y decidí que más que meterme en medio, me quedaría a un lado para ver si ellos podían arreglárselas solos. Esto no era fácil de hacer; yo quería que esta disputa se solucionara antes de que pudiera volverse una verdadera enemistad. Era un riesgo, pero decidí confiar en su habilidad para resolverla.

Pasaron tres días y, finalmente, al cuarto día, Ellen me llamó para decirme que ya habían resuelto el asunto. Me sentí muy aliviada. Me había preocupado cuando no oí más de ella, pero al final, el hecho de que Ellen y su editor hubieran resuelto el asunto solos y no porque hubieran recibido la solución desde arriba, era un buen presagio para que su relación siguiera adelante.

Nunca es fácil dejar pasar una crisis, incluso cuando parece ser pequeña o temporal. Pero a menudo éstas son las ocasiones en que es mejor hacerlo, ya que le permite a tu equipo practicar sus propias habilidades para resolver problemas. Y retroceder es una prueba más de que:

> **Hay más de una manera para triunfar.**

En entrevistas, con frecuencia me preguntan sobre las lecciones que he aprendido de otros líderes de negocios. Al colaborar con dos consejos corporativos, el de la Coca-Cola y el de la IBM, he sido muy afortunada de conocer y observar a varios directores generales muy exitosos con altos perfiles. He leído sus libros, los he visto dar conferencias, hemos sido compañeros en cenas y he leído entrevistas que han dado. Es interesante que la lección más importante que he obtenido del contacto con estos hombres y mujeres es que no hay un grupo único de reglas para tener éxito, así como que tratar de copiar lo que alguien ha hecho no ayudará.

He tenido mucho éxito personal en mi carrera, y a las compañías y organizaciones para las que he trabajado también les ha ido bien. Pero todo lo que ha funcionado para mí —mi estilo personal de liderazgo, las elecciones en mi carrera y el grupo de habilidades— sólo hace una receta para el éxito. En su nivel más básico, el éxito nace de reconocer y utilizar tus habilidades únicas, trabajar fuerte, trabajar con inteligencia, y seguir tus instintos. Nunca dejes que ningún llamado gurú te haga pensar que hay una receta talla única. No la hay.

Si hay una cualidad que todos los directores generales que conozco tienen, es que todos se sienten verdaderamente cómodos con su propia persona. Así que confía en ti mismo, y escucha tus instintos naturales. Es la mejor manera de imaginar tu propio camino personal al éxito.

MIENTRAS estuve en la revista *Ms.*, una amiga de Pat Carbine, llamada Ronnie Eldridge, se estaba postulando para el ayuntamiento de la ciudad de Nueva York. Pat nos animaba a involucrarnos en su campaña, así que organizamos varios eventos de queso, pan y vino para reunir fondos, con botellas de vino tinto barato y grandes charolas de quesos. Eran asuntos modestos, e invariablemente terminaban con muy bajas sumas de dinero: tal vez unos cientos de dólares por dos horas efectivas de trabajo. Caí en la cuenta de que las mujeres todavía tenían que darse cuenta de que si quieres colocar a alguien en un puesto, tienes que girar cheques para ayudarlo a que esto ocurra.

Así que conseguí el nombre de una recaudadora profesional de fondos y la llamé para pedirle consejo. Nos vimos para desayunar, y le conté de nuestros esfuerzos para recaudar fondos para Ronnie. Lo que me respondió se me quedó grabado.

—Cariño —dijo—, no sabes lo primero que hay que saber sobre recaudar fondos. Te voy a decir lo más importante. Cuando quieres recaudar dinero para alguien, necesitas hacerlo en la casa de alguien. Debes dirigirte a la concurrencia y decirles: 'personalmente voy a contribuir con 500 dólares', o incluso más. Esto es porque las personas que aceptan la invitación a una recaudación de fondos quieren saber con qué cantidad mínima pueden escaparse de ahí. Así que una vez que la anfitriona le pone número; eso es lo que darán.

Fue como si me hubieran prendido el foco. El consejo tenía mucho sentido, y me hizo tener ganas de regresar y recaudar una suma de verdad para Ronnie, y para otras candidatas por las que sentía afecto. Esto nos lleva a nuestro siguiente elemento clave para ser un gran líder:

> **Practica la generosidad.**

Cada pedacito que conforma el liderazgo a nivel personal es tan importante como el liderazgo en el nivel de negocios. Hay numerosas maneras de usar tus talentos a tiempo y para buenas causas. Puedes ofrecerte a trabajar como voluntario, colaborar en consejos de instituciones no lucrativas, dar dinero, organizar recaudaciones de fondos. Todas éstas son maneras importantes de mostrar liderazgo. Y también te traerán beneficios complementarios.

Ser voluntario o colaborar en consejos de instituciones no lucrativos, por ejemplo, es una excelente manera de ayudar a la comunidad y devolverle algo de lo que nos ha dado, al mismo tiempo que expandes tus círculos de conocidos. Organizaciones de caridad, museos, colegios y universidades, estaciones de radio y televisión sin fines de lucro, compañías de ballet y teatro; todas estas organizaciones necesitan tiempo, dinero y energía para mantenerse a flote. Cuando das, enriqueces no sólo a quien recibe, sino a ti mismo.

Además, es una gran manera de mantenerte al día en temas que normalmente no hubieras pensado. Estoy en el consejo del fideicomiso de la Universidad de Notre Dame, y al principio, cuando estaba en alguna de las tres reuniones que tenemos al año, me parecía difícil no pensar en lo que necesitaba hacer en ese momento en Hearst. Pero luego, mientras me fui comprometiendo más en las discusiones de esta gran universidad, me sentí mentalmente estimulada y alerta de una manera completamente diferente respecto a mi vida en Hearst. Lo encontraba vigorizante.

Ofrecer tus servicios voluntarios, tu tiempo y tu dinero es una gran manera de conseguir la satisfacción que tu trabajo quizá no necesariamente te da. Y tu ejemplo se filtrará a otros en tu departamento u organización. Sólo asegúrate de que lo que estás haciendo está permitido por tu empleador o por el gobierno; como yo olvidé hacerlo una ocasión memorable en el *USA Today*.

Había decidido ser anfitriona de un recaudación política de fondos para mi querido amigo y mentor, George Hirsch, quien contendía para el Congreso. Quise organizarla en la suite corporativa de Gannett en las Waldorf Towers, uno de los más prestigiosos inmuebles en Nueva York. Con sus elegantísimos interiores, incluido el lobby con piso de mármol y hermosos candiles, las Waldorf Towers han hospedado a numerosos residentes famosos con el paso de los años, incluido Frank Sinatra, Cole Porter, Mamie Eisenhower y la duquesa de Windsor. La suite Gannett era un lugar bastante impresionante —perfecto para ser el marco de una recaudación de fondos— así que hice planes a través de la asistente de Al Neuharth para que la reservara.

Cuando ya se habían entregado las invitaciones, recibí una llamada del director general del *New York Daily News*, a quien había invitado.

—Guau —dijo—, realmente me sorprende que puedas hacer esto.

—¿Hacer qué? —pregunté.

—Ser la anfitriona de una recaudación política de fondos, como directora general del *USA Today* —contestó—. Representas a un periódico y, normalmente, eso se considera un conflicto de intereses.

"Uf", pensé. "Ahí vamos".

El *USA Today* era mi primer trabajo en un periódico, y pasaba lo contrario que con las revistas, en donde ser anfitrión de una recaudación política de fondos pudo no haberse considerado un conflicto. Supe que había metido la pata, así que llamé a Al Neuharth de inmediato para contarle lo que estaba pasando.

Neuharth se puso lívido.

—¿Estás haciendo qué? —ladró—. Cathie, ¿cómo pudiste no darte cuenta de que esto era inapropiado? Esta es una elección local y el *USA Today* no la cubriría, pero aun así, esto no envía el mensaje correcto.

—Lo siento, Al —dije—. Puedo cancelarlo, pero las invitaciones ya se entregaron.

Neuharth lo pensó por un momento, y luego dijo con disgusto:

—Sólo no vuelvas a hacerlo.

Por fortuna, salí ilesa, pero fui mucho más cuidadosa en mis actividades políticas desde ese momento. Y no importa cuánto dinero y energía pudieron haber reunido a lo largo de los años mis actividades filantrópicas y políticas —y definitiva-

mente requirieron trabajo— siempre estaré contenta de haber-
las realizado. Mostrar generosidad y conciencia cívica es una
gran manera de contribuir al legado de quienes han abierto las
puertas para ti y para ayudar a otros. Así que da de regreso:
eso es lo correcto, en los negocios y en la vida. Y puede que tal
vez en tu trabajo te lo reconozcan de una manera en que no lo
hubieran hecho de haber actuado diferente.

Consejos de todos lados

Muchos amigos y colegas ayudaron con este libro al recordar historias y anécdotas de años atrás. Aquí presento algunas de las mejores; un compendio de cosas que hubiera querido saber cuando apenas empezaba.

ERRORES

Puedes cometer un gran error y puedes cometer un error muy feo. Sólo no cometas un gran y muy feo error.
Por primera vez escuché este dicho de un exjefe en Hearst, Frank Bennack. Frank es uno de los ejecutivos más estables que jamás haya conocido, con una historia o una ocurrencia para cada situación, pero incluso así, me siento muy afortunada de nunca haber cometido un gran y muy feo

error bajo su mando. No estoy segura exactamente de lo que hubiera pasado, pero no me hubiera gustado verlo, mucho menos ser la causa de ello.

No entres en pánico. Nunca.
Éste es un excelente consejo, en especial si cometiste un gran y muy feo error. Entrar en pánico es una reacción natural, pero también es la manera más rápida de agravar cualquier problema en el que de pronto te hubieses metido. Si mantienes la calma, restaurarás la calma. Y recuerda, entrar en pánico nunca ha solucionado nada. Sólo prolonga e intensifica la agonía.

También recuerda que tu lenguaje corporal dice tanto como tus palabras. Las personas siempre están observando los cambios en la cara del jefe o la manera en que se conduce. En nuestra nueva Hearst Tower, tenemos una larga escalera que va entre el lobby y el tercer piso. Todos te pueden ver, por lo que, no importa qué tan largo, cansado o malo pudo haber sido mi día, me aseguro de verme amistosa y agradable mientras subo o bajo. Nadie quiere ver a la jefa con una apariencia agria en el rostro.

Creer que tienes todo bajo control es normalmente el primer signo de que no.
A menudo hay en un asunto más aspectos de lo que imaginas, y las situaciones pueden cambiar en un abrir y cerrar de ojos, así que ten cuidado cuando asumas que tienes todos los detalles bajo control.

CRISIS

Puede que lo que sea una crisis para ti, no lo sea para tu jefe.

Un día, una de nuestras editoras me llamó para contarme sobre una situación que se estaba cocinando. Su mensaje decía que era una crisis, pero ya que yo sabía cuál era el problema, y sabía que no era crítico, ni siquiera le devolví la llamada. Le dije a mi esposo, Tom, sobre su último mensaje de voz:

—Cathie, es una crisis —decía, y Tom me dijo:

—Bueno, ésa es otra manera de ver las cosas. Puede que sea una crisis para ella, pero no es una crisis para ti. —Con esa observación, Tom cristalizó el tema. Recuerda que lo que puede parecer una crisis para ti, no necesariamente lo sea para tu jefe. Así que actúa en consecuencia.

Nunca asumas el papel de apoyar el drama de alguien más.

Siempre es tentador involucrarse en el torbellino de un drama en la oficina, pero rara vez produce algo más que un dolor de cabeza. Cuando veas que un melodrama se desarrolla, ése es el mejor momento de salirte y tomarte un largo tiempo para almorzar.

Incluso un chango se cae de un árbol.

Me encanta ese dicho porque es tan cierto y a la vez tan fácil de olvidar. Los changos podrán ser los mejores trepadores del mundo animal, pero a pesar de que tienen un talento natural y están hechos especialmente para eso, incluso *ellos* a veces se caen de los árboles. Es una lección valiosa de recordar cuando falles en algo en lo que eres bueno. Sólo súbete otra vez al árbol.

Responsabilidad

Un buen miembro de un equipo asume una mayor parte de su culpa y una menor parte de su crédito.
No te desbordes con esto; como se discutió antes en este capítulo, no deberías transferir de manera sencilla todo el crédito si algo o todo es tuyo por derecho. Pero ser un buen miembro de un equipo significa acercarte a tus compañeros, y ésta es una excelente manera de hacerlo.

Está bien ignorar el primer gran error y disculpar el segundo. ¿Pero el tercero? Entonces sí que tenemos problemas.
Cuando tienes trato con otros, está bien dar a las personas un poco de libertad de acción. Pero una vez que han demostrado ser propensas a arruinar las cosas, te toca visitarlas y arreglar la situación.

Creatividad y visión

Ofrece a la gente un mapa del camino
En un discurso, una presentación o una junta directiva, ten en mente una regla general simple: Dile a la gente lo que vas a decir, dilo y luego diles lo que acabas de decir. No hay mejor manera de asegurarse de que te hiciste entender.

En el concurso entre estilo y sustancia, la sustancia siempre gana. La única variable es lo oportuno.
El estilo, así como una promoción exagerada, no es algo malo. Pero sólo es valioso si se acompaña de sustancia. De otra manera es algo más que vapor que fluye con la primera brisa.

Crea una visión. A la gente le gusta saber a dónde se dirige, y subirá a bordo si sabe a dónde quieres que vaya.
Establecer una visión clara es una manera de inspirar a un equipo, crear un producto y empezar, en el futuro, en el camino del éxito. Todo fluye desde ahí.

Comunicación

Para que las cosas sean claras para los demás, primero debes tenerlas claras tú.
Me encanta este consejo porque es tan obvio y sin embargo comúnmente se ignora. La mitad de la batalla de la buena comunicación no tiene nada que ver con la comunicación hacia los demás: es tener las cosas bien claras primero en tu cabeza.

Está bien permitir que la gente te vea enojado, pero no está bien que pierdas la calma.
Hay una gran diferencia entre estas dos emociones: perder la calma es una respuesta demasiado personal en un ambiente de trabajo. Es mejor expresar el enojo brevemente, y luego moverse rápido al siguiente paso, que es mucho más importante: arreglar lo que se hubiera roto.

Talento

Cuando busques talento, busca un historial de éxitos, no sólo el éxito más reciente.
Es fácil dejarse atrapar en los últimos y más grandes logros de alguien, pero tanto los negocios como la vida son un maratón, no un *sprint*. Una persona que ha mostrado habilidad

para conseguir logros en el largo recorrido, invariablemente probará ser más valioso que los que lograron los últimos y más grandes éxitos pasajeros.

Como escribió Mark Twain: "El ruido no prueba nada. Con frecuencia una gallina cacarea el huevo como si fuera un asteroide".
Cada lugar de trabajo cuenta con algunas personas que cacarean, pero cuando todo está dicho y hecho, es la producción más que la autopromoción lo que cuenta.

Cada quien debe remar con los remos que tiene.
Como lo dice este viejo proverbio inglés: "Siempre habrá cosas en las que eres bueno por naturaleza, y cosas en las que no". Entre más pronto aprendas a enfocarte en lo primero y no en lo segundo, serás mejor en cada parte de tu vida.

METAS

En un nuevo trabajo, una vez que sepas cómo están las cosas, fíjate tres grandes metas que te gustaría lograr en el primer año.
Si logras dos, se notarán y te verán como alguien que contribuye. Es mucho más fácil lograr metas una vez que te has tomado el tiempo de identificarlas, aunque fijar metas ambiciosas, pero alcanzables, sigue siendo una de las habilidades menos valoradas. Retrocede un paso del agitado trabajo del día con día que amenaza tragarnos a todos y evalúa el panorama más amplio. Imagina tus metas, escríbelas y luego trabaja para conseguirlas. Ésa es la esencia de la productividad.

No te des el lujo de tener comezón donde no te puedes rascar.

Esto suena simple, pero para algunas personas es increíblemente difícil seguir este consejo. Todos nos hemos encontrado con gente que siempre parece querer lo que no puede tener y que se obsesiona con cosas que no puede cambiar. No hay nada malo con tener altas aspiraciones, pero si te fijas metas inalcanzables, sólo terminarás frustrado.

Un no nunca es un no, sólo significa que no has proporcionado suficiente información.

Éste es un viejo dicho famoso en el área de ventas; lo que en verdad significa es que no te des por vencido la primera vez que escuchas la palabra *no*. Muy seguido, se puede convencer a la gente que (incluso desea se convencida). No pierdas la oportunidad de conseguir el *sí* que deseas sólo porque no fuiste suficientemente persistente.

TIEMPO

No dejes que lo urgente le gane a lo importante.

¿Alguna vez te ha pasado esto? Tienes que escribir un gran reporte que debe estar listo para el final del día, pero el teléfono nunca acaba de sonar, los correos electrónicos siguen entrando, tus colegas se siguen apareciendo para pedirte ayuda y, para las 6:00 p.m., has hecho todo *menos* la única tarea que en verdad debías terminar. Dejar que lo urgente le gane a lo importante quiere decir distraerse con tareas secundarias que se acumulan en tu escritorio todos los días. Sólo porque algo tiene una fecha límite inmediata, no quiere decir que es lo más importante sobre tu escritorio. Haz una lista de las cosas que necesitas hacer, ordénalas según su importancia y no te desvíes.

Si quieres que algo se haga, dáselo a una persona ocupada.

Me encanta esta frase porque va tan en contra de la intuición y sin embargo es tan cierta. La gente que tiene poco que hacer con frecuencia termina perdiendo el tiempo, mientras que los que tienen montones de cosas que hacer tienden a trabajar a toda velocidad hasta que todo está hecho. Mira alrededor a tus compañeros de la oficina; es probable que, los que parecen estar más ocupados también sean los más confiables.

No revises tu correo electrónico apenas llegues a la oficina.

Admito que no siempre tengo la fuerza para seguir este consejo, que viene de una experta en dirección, Julie Morgenstern. Pero cuando lo hago, invariablemente estoy contenta de haberlo hecho. Hay un hoyo con arena movediza lleno de correos electrónicos en el que todos caemos al principio de cada día, y es más fácil mantenerse lejos de él durante la primera hora o dos y hacer las cosas importantes, que hundirte en él y luego tratar de salir y tomar de nuevo el paso.

No permitas que un papel pase por tu escritorio más de una vez.

Aquí hay otro pequeño pero muy buen consejo, que no siempre sigo con éxito, emanado de la leyenda de la publicidad David Ogilvy, autor de *Confessions of an Advertising Man*, quien nunca dejó que un memo, una carta o un reporte pasara por su escritorio más de una vez. Él era implacable, ya fuera para pasárselo a alguien más, tomar cartas en el asunto en lo que fuera necesario o simplemente tirar el papel. Si eres de las personas que tiene montones de notas viejas, cartas y memos desordenando tu escritorio, toma a pecho este consejo.

POLÍTICA EN LA OFICINA

Olvídate de los juegos políticos en la oficina antes de que llegues a la mitad de tu día de trabajo y sea contraproducente para la misión de tu compañía.
Los líderes inteligentes y gerentes actúan para controlar los juegos políticos de la oficina antes de que se les salgan de las manos. Asegúrate de que en tu oficina no los haya.

No te involucres en una pelea a menos que tengas 50% de probabilidades de ganar.
Cuando pierdes una pelea, no sólo fallas en alcanzar la meta por la que estabas pelando, también pierdes capital político. Así que si sabes que vas a perder, es mejor quedarte fuera de ella, para empezar, y conservar un capital político para pelear por algo por lo que tienes más posibilidades de ganar.

EL GRAN PANORAMA

La primera mitad de tu vida la pasas persiguiendo el éxito; la segunda, persiguiendo el significado.
Llegará el momento en tu carrera, si es que no ha llegado, que empezarás a pensar sobre el legado que has dejado. Y de repente, todo el trabajo minucioso y el ascenso que has estado haciendo, así como la energía que has gastado para

avanzar, parecerá menos importante que el significado más grande detrás de tu trabajo y de tu vida. Si empiezas a pensar en esos términos ahora, lograrás más, y con mayores satisfacciones, de lo que pensaste. No esperes hasta el final de tu carrera para pensar en el significado de tu trabajo.

CAPÍTULO 9

El futuro es ahora

No hace mucho, estaba con mi hijo de 19 años, Duffy, contratando un plan para su nuevo teléfono celular. Cuando la vendedora dijo:

—¿Quiere asegurarlo, en caso de que pierda el teléfono?

—No, no necesito eso. Siempre traigo el teléfono conmigo —dijo Duffy de inmediato.

Lo pensé un momento y me di cuenta de que Duffy tenía razón; su teléfono literalmente siempre está con él, en su bolsillo, sin importar dónde esté. Lo he visto contestar en tiendas, en el coche, en el elevador, incluso sentados a la mesa (por lo que casi se lo arranco de la mano). Y me di cuenta de que para Duffy y para la mayoría de los de su generación, la noción de estar conectado en todo momento no es nueva ni una idea del otro mundo. Es simplemente su realidad, y lo ha sido durante toda su vida.

Esto puede sonar como una revelación poco importante, pero muestra lo rápido que pueden cambiar las expectativas. Incluso hace diez años, sólo un relativo puñado de gente tenía teléfonos celulares y los usaba con regularidad. Los teléfonos celulares apenas estaban empezando a adoptarse popularmente, así que no abarcaban al grupo de adolescentes y niños. Pero ahora, prácticamente cualquiera con edad suficiente para comunicarse con oraciones completas, tiene uno. Y ése es sólo un pequeño componente de la revolución que se ha vivido en la última década.

Cuando empecé a trabajar en Hearst, a finales de 1995, estaba sorprendida de ver que la mayor parte de la compañía todavía no usaba el correo electrónico. Para ese momento, el personal de nuestra revista estaba disperso en diez o doce edificios diferentes en Manhattan, pero en lugar de aprovechar la eficiencia del correo electrónico, muchos de nuestros más altos ejecutivos de la revista todavía se comunicaban por medio de llamadas telefónicas, faxes e incluso cartas enviadas con un mensajero. Era increíble. Tan pronto como llegué, introdujimos una red de correo electrónico en la compañía, para la consternación de algunos de los veteranos de la vieja escuela y el alivio de muchos. Ahora, por supuesto, nadie podría soñar con tratar de trabajar sin él; aunque mi hija de 15 años, Allison, está enviando constantemente mensajes de texto por el teléfono que dicen: "El correo electrónico es para los viejos".

La revolución de la internet fue una transformación de ésas de una vez en la vida, así que probablemente no veremos otra igual pronto. Pero seguramente veremos otros cambios significativos en la manera como trabajamos, jugamos y vivimos. Como con frecuencia les digo a nuestros editores de la revista: "Dentro de dieciocho meses, todo va a ser diferente. Tal vez no seremos capaces de predecir exactamente cómo, pero sabemos que va a suceder. Así que estén listos".

Es realmente imposible predecir el futuro, así que es importante enfocarse en eso que puedes hacer —y de hecho, debes hacer— para triunfar: aprender a adaptarte a los cambios, cualesquiera que sean. Ir hacia delante: ésta es una habilidad que te ayudará a determinar qué tan exitoso y satisfecho estás en tu trabajo y en tu vida personal. A continuación, presento una historia de mi propia experiencia reciente en el trabajo, para ilustrar lo que quiero decir.

En mis primeros diez años en Hearst tuve una asistente ejecutiva llamada Pamela Murphy. Pamela era todo lo que podías pedir de una asistente: inteligente, confiable y agradable. Parecía que disfrutaba trabajar en Hearst, pero hacía un viaje largo todos los días para llegar al trabajo, así que cuando regresó de su incapacidad por maternidad cuando nació su primer hijo, me pidió tener un horario más flexible: ir al trabajo cuatro días a la semana y trabajar uno en casa.

No me entusiasmaba esa idea, y se lo dije. Pero acordamos que lo intentaríamos por seis meses para ver cómo funcionaba. Al final de ese período, Pamela decidió que le gustaba el horario flexible y me pidió continuar con él. A mí me había costado trabajo ajustarme a que no estuviera en la oficina un día a la semana, así que le dije que no, que la necesitaba los cinco días.

Al año de esa conversación, Pamela tomó un trabajo en una compañía que quedaba más cerca de su casa, lo que le ahorraría mucho tiempo en traslados y le daría más tiempo para estar con su familia. Me sorprendí, me consterné e incluso me sentí un poco lastimada. Habíamos trabajado juntas por diez muy buenos años, ¿cómo podía irse así nada más? Contraté a otra asistente para reemplazarla, pero extrañaba las habilidades de Pamela y su buen humor. Y por primera vez, en verdad tuve que considerar si mi postura en contra del horario flexible: necesitaba ser más, digamos, flexible.

Decidí que sí, y un mes después de que se fue Pamela, le pregunté si estaría dispuesta a volver y trabajar bajo las condiciones que ella había sugerido antes. Por fortuna para mí, ella se había dado cuenta de que su nuevo trabajo no era lo maravilloso que supuestamente sería, así que, en efecto, regresó. Ahora trabaja cuatro días a la semana en Hearst y uno en casa. Todavía no me encanta el acuerdo, pero vale la pena tenerla de regreso.

Este episodio me ilustró varias cosas. Primero, la naturaleza del lugar de trabajo ha cambiado de manera dramática tan sólo en la década reciente. Hasta hace poco, cualquier petición de trabajar un día a la semana en casa se hubiera visto extraña, pero hoy, en ciertas industrias, se ha convertido en algo común. Justo recientemente le pregunté a la directora de una gran asociación industrial por uno de sus abogados y me dijo:

—Trabaja tres días a la semana. —Esto no se hubiera escuchado hace algunos años, pero ni siquiera parpadeó cuando me lo dijo. Es sólo otro acuerdo laboral.

Segundo, hoy para las mujeres en sus treintas el balance del trabajo *versus* su vida personal parece mucho más importante que en décadas pasadas. Cuando estaba en mis treintas, las mujeres trabajadoras sentían que tenían que empujar y empujar y empujar para poder avanzar. Había un adagio que aceptábamos como un hecho: "Como mujer, tienes que ser dos veces tan buena como un hombre para lograr la mitad del reconocimiento". Si queríamos triunfar, no teníamos la opción de balancear nuestra vida personal y laboral. Pero hoy día dicho balance es posible, y mujeres como Pamela quieren tomar ventaja de ello. Éste es uno de los cambios que me hace sentir más orgullosa de haber sido una mujer en la línea del frente durante la era feminista.

Tercero, la tecnología ha progresado hasta el punto que ahora es mucho más fácil para la gente trabajar con eficiencia desde su casa. Las diferencias entre la primera temporada de horario flexible de Pamela y la segunda son profundas, a pesar de que ocurrieron con un par de años de diferencia solamente. Ahora, cuando alguien llama al número de Pamela de Hearst, la llamada de inmediato se enlaza a su computadora en casa y la contesta usando unos audífonos; quien llama nunca sabe que no está ahí frente a su escritorio. El *software* de la computadora de Pamela también le permite ver quién la está llamando y transferir llamadas, justo como si estuviera en Hearst. También está conectada a un horario electrónico, lo que facilita dar seguimiento a las citas cuando ella está fuera de la oficina. De hecho, lo único que Pamela no puede hacer cuando está en casa es echar un vistazo a la sala de juntas para ver si ya se terminó una reunión.

Horario flexible —el arreglo en el que el empleado pasa uno o más días fuera de la oficina en una semana— es sólo una de las muchas opciones que han surgido con el despertar de la ola de la internet. Algunas compañías incluso han instituido una "oficina virtual" donde los empleados no se reúnen en un lugar específico a trabajar, sino que trabajan desde sus hogares y se comunican vía electrónica, y sólo se reúnen en persona cuando lo acuerdan por adelantado. En muchos casos, los empleados ni siquiera están en la misma ciudad o en el mismo estado.

Si miramos hacia delante, bien parece que esta tendencia continuará. Una generación de empleados ya está entrando a la fuerza laboral con la noción de que los horarios flexibles y las oficinas virtuales son elementos normales de todos los días de la vida laboral. La ropa casual y horarios más cortos en verano también son ahora comunes en este ámbito. Como ejecutiva, no soy fanática de todas estas costumbres, porque siempre existe la posibilidad de que la productividad disminuya. Pero como persona que propone una Vida de 360°, sí me gusta ver gente que siga los pasos para lograr un balance entre su vida laboral y personal.

Así que, ¿qué otros cambios podrían aparecer en el camino? No supondré que puedo afirmar alguna visión psíquica, pero aquí hay algunas tendencias que esperaría que evolucionaran con el tiempo.

EL MUNDO DIGITAL

Ya que la conectividad es cada vez más rápida y se encuentra en todas partes, la internet continuará afectando los negocios, y no sólo en la oficina, sino en la manera en que las compañías y las organizaciones distribuyen contenidos. Incluso hace tres o cuatro años, nunca hubieras leído u oído las palabras *social networking, blogging* o YouTube, y ahora difícilmente te escapas de ello. Las nuevas tecnologías continuarán convirtiéndose en rápidas y frenéticas, y las compañías que sobrevivan y prosperen serán las que se adapten rápido a ellas.

Siempre he creído que un lema para adaptarse al cambio tecnológico es: "Ni el primero, ni el último". En Hearst, por ejemplo, no nos apresuramos a ser los primeros en adoptar una nueva tecnología, ya que en especial las primeras versiones con frecuencia tienen imperfecciones y son más difíciles de usar que las últimas. Pero tampoco es bueno ser el último, y esperarse hasta que el resto del mundo ha dado el salto hacia delante.

La tecnología inalámbrica

Después de la invención de la internet, el incremento de la tecnología inalámbrica fue la segunda gran revolución industrial de finales del siglo XX. Los teléfonos celulares, las *BlackBerry*, accesorios de comunicación como el *Treo*, así como cualquier otro artilugio que funcione como asistente digital personal, han cambiado la manera de comunicarse y de trabajar. Se están volviendo más pequeños y más poderosos todo el tiempo y, simultáneamente, nos liberan de nuestros lugares de trabajo y nos atan al trabajo. Me encanta mi *BlackBerry*, porque me permite sacar trabajo durante cualquier rato libre: en un taxi, en el aeropuerto o donde sea. Por otro lado, es realmente difícil, en verdad, tomarse un tiempo libre del trabajo cuando siempre está justo ahí, al tocar un botón, en tu bolsa o bolsillo.

El chiste es aprender cómo usar estas tecnologías sin convertirse en esclavo de ellas (te confieso que siempre triunfo en esto). Si todavía no tienes una *BlackBerry* o un *Treo*, probablemente pronto los tendrás (recuerda: no todos tenían un teléfono celular hasta hace poco, ahora casi no puedes encontrar a alguien que *no* tenga uno). Sólo asegúrate de apartar un tiempo cada día en que estés completamente "desconectado" y sin pensar en el trabajo.

Horarios de trabajo no tradicionales

Como lo mencioné antes, los acuerdos de trabajo no tradicionales —desde horarios flexibles hasta oficinas virtuales u horarios no tradicionales— se convertirán en algo todavía más común. La noción de trabajar de 9:00 a 5 p.m., con todos los empleados empezando a la misma hora, se está convirtiendo rápido en un anacronismo.

Sin embargo, por benéfico que pueda ser para la gente trabajar en su casa o establecer sus propios horarios, sería un error perder los muchos beneficios que conlleva un ambiente de trabajo tradicional. Cuando las personas se reúnen en un lugar común para trabajar por una meta común, todos sacan energía los unos de los otros, y se incrementan la creatividad y la innovación. También hay mayor oportunidad para conversaciones casuales que llevan a grandes ideas, mientras que una persona que trabaja en su casa no tiene el beneficio de las aportaciones cara a cara.

Incluso Google, el paradigma para un nuevo tipo de compañía del siglo XXI, tiene sus oficinas centrales en un campus gigante donde los empleados son motivados a pasar muchas horas juntos en el horario usual de 9:00 a 5 p.m. De hecho, se ofrece cualquier servicio posible para que los empleados de Google no necesiten salir, desde patinetas a motor o motos para moverse internamente, hasta áreas recreativas donde los empleados pueden jugar billar o ping-pong, o botanas y comidas gratis en la cafetería de la compañía. A pesar de que Google está en la vanguardia de la tecnología, los ejecutivos entendían con claridad que motivar a que la gente se reuniera y compartiera ideas es todavía la mejor manera de encender la creatividad.

Así que, mientras la tecnología continúe dándonos nuevas opciones, es mejor no dejarse atrapar demasiado por la idea de situaciones de trabajo nuevas y valientes. A veces la mejor manera sigue siendo la antigua.

LA CULTURA SOCIAL CAMBIANTE

Mientras las nuevas generaciones se integran a la fuerza laboral, ¿cómo afectarán su experiencia y expectativas la vida en la oficina? Siempre trato de pasar tiempo hablando con nuestros practicantes y con los empleados principiantes en Hearst, y en fechas recientes he notado algunas tendencias.

Primero, hay una cultura de expectativa que antes no existía; entre mujeres jóvenes, desde luego (lo que es bueno), pero también en general. Para una generación que creció viendo *reality shows*, la noción de que puedes ganar el concurso de *American Idol*, el estilo virtual del éxito de la noche a la mañana parece profundamente arraigado. Y hoy día, los veinteañeros también crecieron justo cuando el *boom* de la internet demostró que cualquiera, desde secretarias hasta fundadores de compañías, pueden convertirse en millonarios. Parece que las expectativas se han elevado para obtener buenos trabajos, salarios altos y el tipo de ventajas del lugar de trabajo sobre las que hablamos antes, como el horario flexible y períodos vacacionales más largos. La gente más joven al parecer también quiere sentirse verdaderamente satisfecha por su trabajo, más que sólo satisfecha.

Esto puede ser una consecuencia de la segunda tendencia: esta generación es la primera en años en que el verdadero peligro y la crisis están sobre nuestro propio suelo (y al parecer así será algún tiempo). Para los jóvenes que estaban en preparatoria o en la universidad durante los ataques del 11 de septiembre, los siguientes seis años de seguridad elevada y de sustos terroristas han tenido un impacto incalculable en su visión del mundo. Es entendible que muchos están enfocados no sólo en conseguir un buen trabajo o hacer dinero, sino también en trabajar en algo que realmente los satisfaga. Para ir hacia delante, mientras más de estos jóvenes se gradúan de la universidad y se emplean, estas tendencias continuarán influyendo en la fuerza laboral.

Por último, mientras escribía algunas de las páginas anteriores, esta nueva generación de fuerza laboral también está superconectada, por medio de sitios como *MySpace* y *Facebook*, así como con los mensajes de texto y los teléfonos celulares. La idea de lo que constituye una cantidad "normal" de "estar conectado" ha cambiado mucho en la sociedad, y cambiará, en consecuencia, en los lugares de trabajo. La generación de empleados que se apoyaban en notas escritas a mano y en el hecho de "pide a tu gente que llame a mi gente" se está desvaneciendo más temprano que tarde. Y no importa cómo puedas sentirte en lo personal sobre esos cambios, no sólo están aquí sino que son inevitables.

COMO los ejemplos citados arriba, las nuevas tendencias continuarán brotando en el lugar de trabajo; tendencias sobre las que tendrás poco o ningún control. Si eso parece frustrante, sólo reafirma la importancia de enfocarse en las cosas que *puedes* controlar. No necesitas tener una habilidad psíquica para predecir los cambios, sólo necesitas ser capaz de darte cuenta de que ahí vienen y ser lo suficientemente flexible para adaptarte a ellos.

DE muchas maneras, el consejo de arriba destila perfectamente las lecciones en este libro. Después de todo, si sólo hay un rasgo que me ha ayudado a triunfar en mi carrera, es la habilidad de aprender y cambiar con el tiempo, mientras sigo trabajando duro y confío en mis propios instintos. No importa qué tipo de trabajo haces o qué tipo de personalidad tienes, ésta es una habilidad crítica para tu éxito final.

Dicho eso, recuerda que a pesar de que tu "éxito final" es una meta que vale la pena, ciertamente no es la única que debes perseguir; y puede que ni siquiera sea la más importante. Después de todo, cuando dejas tu lugar de trabajo al final del día, si en ese momento no tienes otro lugar significativo a dónde ir, ¿qué es lo que en verdad habrás ganado con todo ese trabajo duro? Es mucho mejor estar satisfecho en todos los ámbitos de tu vida que sacrificar tu felicidad personal en nombre del avance. Y las buenas noticias son que no *tienes* que sacrificarla. Soy suficientemente afortunada de ser un ejemplo viviente de ello.

Mientras caminas hacia el futuro en tu carrera y en tu vida, encontrarás que las lecciones básicas de este libro —confiar en tus instintos, adaptarte al cambio, perseguir tu pasión— serán aplicables tanto a tu vida personal como a tu carrera. Realmente es posible crear una Vida de 360° saludable y feliz para tu persona. Espero que las lecciones de este libro te ayuden a lograrlo.

EPÍLOGO

Más de Black

Mientras escribía este libro sucedieron dos eventos significativos en mi vida. La primera fue la apertura oficial de la Hearst Tower, las nuevas oficinas de nuestra compañía. Para Hearst, esto representaba un brinco tremendo: la construcción del rascacielos más ambientalmente "verde" en la ciudad de Nueva York, un punto de referencia inmediato que finalmente consolidó al personal de nuestra revista que estaba en diez lugares diferentes en el área, así como el primer gran edificio comercial que inició obras después de los ataques del 11 de septiembre.

Me encantan los elevados espacios abiertos y la tecnología de punta de la Hearst Tower. Es un hermoso lugar de trabajo y es perfecto para eventos; de hecho, ya hemos tenido algunas noches sorprendentes, incluida la gran inauguración en la que Stevie Wonder cantó y Mayor Bloomberg, Oprah Winfrey, Katie Couric y Martha Stewart departieron

con cientos de invitados. Esa noche me sentí muy orgullosa
de ser parte de esta compañía, y de trabajar en ese edificio. Me sentí tan emocionada, que brinqué al escenario con
Stevie Wonder, a la mitad de su presentación (para sorpresa
de su banda), a bailar algunas melodías con nuestro director
general, Vic Ganzi.

Sin embargo, los momentos realmente significativos
para mí aquí, han sido los más silenciosos, cuando estoy a
solas en mi oficina en el piso 43 con la vista de Manhattan.
A veces, lo primero que hago en la mañana cuando llego al
trabajo es ver por el ventanal de piso a techo la niebla de la
mañana que cubre Central Park, justo cuando las luces de
la ciudad centellean despiertas. Los momentos que más me
gustan, sin embargo, son en el crepúsculo, cuando veo hacia
afuera y miro los barcos que cruzan el Río Hudson mientras
el sol se pone lentamente a la distancia. Éstos son los momentos en que tengo que pellizcarme y pienso, "¿En verdad
soy yo, Cathie Black del lado sur de Chicago, quien está aquí
en esta hermosa oficina?"

Cuando empecé mi carrera, todo esto hubiera parecido
como un sueño imposible. En esos tiempos, en verdad no
había mujeres que presidieran grandes compañías, y había
muy pocas mujeres poderosas en la política. Durante casi
toda la década de los setenta, no había mujeres trabajando en
el Senado de los Estados Unidos, mientras que ahora hay 16
senadoras. También tenemos a la primera mujer que funge
como vocera de la Casa Blanca, Nancy Pelosi, y a una candidata a la presidencia, Hillary Clinton, por el partido demó-
crata.

Verdaderamente es un mundo diferente, y estoy orgullosa de haber visto parte de este primer grupo de ejecutivas
que ayudaron a iluminar el sendero. Mientras las generaciones siguientes encuentran menos y menos resistencia en el

ámbito ejecutivo, las mujeres algún día se encontrarán en un campo de juego igual al de los hombres. Espero, y creo, que llegará en el transcurso de tu carrera.

El otro acontecimiento en 2006 que en verdad me afectó fue la muerte de mi suegra, Peg Harvey. Murió justo después de Navidad, a la edad de 96 años, habiendo vivido una vida larga y plena que se caracterizó por tener una familia, amigos y una sorprendente generosidad de espíritu.

Peg creció en Clinton, Iowa, en un modesto hogar en tiempos de incertidumbre y agitación financiera. Vivió la Depresión y dos guerras mundiales, y recordaba haber acudido con su madre a dos votaciones después de que las mujeres recibieron su derecho al voto. Como chica de una ciudad pequeña, en una familia de clase media, pudo haber tenido fácilmente una visión del mundo a partir de lo que ocurría en sus alrededores inmediatos. Por el contrario, con una curiosidad natural, inteligencia y buen humor, cultivó una visión de la vida mucho más grande y más remota que sus raíces.

Hace 25 años, mientras ascendía por el escalafón corporativo, me casé con su hijo mayor, Tom. Y cuando Tom y yo adoptamos a nuestros hijos, Duffy y Alison, Peg estaba siempre ahí para ayudar. Siempre nos ofreció su apoyo incondicional y amor, y a pesar de que nunca trabajó en un negocio —aunque pudo haberlo hecho si hubiera nacido en otra época— nunca expresó el más mínimo deseo de que yo pasara más tiempo con mis hijos y menos en la oficina.

Para mí, Peg era la personificación de la Vida de 360°. Entendía cómo lograr el equilibrio entre los diferentes elementos de su vida, y nunca perdió el foco para encontrar la alegría y la realización en donde pudiera. Su vida se extendía mucho más lejos de los límites que pudieron haber frenado a una mujer de la mitad de su edad. Le gustaba tener a amigos y familia alrededor, y le encantaba contarles acerca de las hazañas de sus hijos y de sus nietos. Era una optimista por naturaleza, una mujer que en verdad abrazaba la vida. De hecho, antes de morir, Peg nos hizo saber que no quería un funeral. No quería que se hiciera un gran alboroto de su muerte, cuando el alboroto, creía ella, debía hacerse en vida.

Mis padres murieron cuando yo estaba relativamente joven, mi padre cuando yo tenía 22 y mi mamá cuando yo tenía 35. Fui afortunada de casarme con un hombre con una familia como la de Tom, que me aceptó como parte de ella desde el principio. Peg siempre me decía:

—Qué pena que tu madre y tu padre no vivieron para ver tu éxito. —Soy afortunada de haber tenido una suegra como Peg con quien compartirlo.

NO soy el tipo de persona que pasa mucho tiempo machacando las cosas que ya pasaron. Si los eventos resultaron buenos o malos, ya pasaron y hay que dejarlos pasar; yo por lo regular me encuentro explorando el horizonte para lo que sigue.

Por eso, escribir este libro ha sido un ejercicio fascinante, ya que nunca pasé mucho tiempo viendo hacia atrás en mi carrera y en mi vida. Lo que me ha impactado en ocasiones, y varias veces al recordar historias y al pensar en las experiencias que me han moldeado, es lo afortunada que he sido. Por supuesto, algunas personas dicen que uno mismo forja su suerte, al ubicarte en el lugar correcto y aprovechar las oportunidades cuando se presentan. Creo que he tratado de hacer siempre ambas cosas.

Y ése es el último consejo que quisiera dejarte. Las oportunidades llegarán, siempre llegan. Confía en ti lo suficiente para tomarlas. Nunca tengas miedo de aprovecharlas. Y recuerda, mereces tener la mejor vida posible, y la mejor carrera que puedas.

RECONOCIMIENTOS

Antes en este libro mencioné la frase *It takes a Village*, y es la descripción más adecuada que puedo imaginar para este libro. *Basic Black* por fin se realizó porque mucha gente quería y me ayudó.

Primero, quisiera agradecer a mi esposo, Tom, quien ha sido mi compañero y consejero por más de 25 años. Es la pareja de más ayuda y motivadora que jamás pude haber deseado y me ha permitido desplegar las alas de maneras que nunca imaginé.

La mayor bendición que tuvimos fue la oportunidad de adoptar a nuestros hijos, Duffy y Alison. Ahora son adultos jóvenes, y es de lo más divertido e interesante convivir con ellos. A través de los años, siempre nos han mantenido jóvenes y pensando en el mundo en el que van a vivir. Espero que las ideas y los mensajes en este libro puedan ser de ayuda para ambos.

Tres mujeres me iniciaron en este libro: Pam Janis, quien ha escrito mis discursos y ha sido mi amiga por mucho tiempo y con quien compartí grandes momentos en el *USA Today;* la agente literaria de Nueva York, Frederica Friedman, quien me convenció en primer lugar de que era el momento para poner manos a la obra y empezar a escribir; y nuestra gurú de las relaciones públicas de Hearst, mi colega por más de doce años, Deb Shriver, quien me impulsó durante varios años hasta que por fin el libro quedó terminado.

Gracias también a mi extraordinario abogado, Bob Barnett, por sus sabios consejos y por entender de inmediato que este libro era para la generación de su hija quien recientemente había obtenido su grado de maestría. Fue Bob quien me contactó con Rachel Klayman, la responsable del departamento editorial de Crown, quien, según me dijo Bob desde el principio, era la editora más intuitiva del medio. Hicimos clic de inmediato. Para el resto del maravilloso equipo de Crown Publishing Group, en especial a los directores editoriales, Jenny Frost, Steve Ross y Tina Constable, gracias por su entusiasmo y compromiso con el proyecto.

Lisa Dickey, mi colaboradora, fue la elección perfecta. Se sentó a mi lado por horas y horas, acudió a discursos y juntas, y habló con amigos y colegas, todo el tiempo recabando historias e ideas desde lo más recóndito de mi mente, algunas de las cuales estaban entelarañadas. Pero siempre estuvo ahí con una risa lista o una sacudida de cabeza, y siempre me dijo cuando algo no tenía sentido o cuando no había lección suficiente en alguna historia. Incluso, mantuvo la estabilidad a lo largo de todo el proceso y de alguna manera se las arregló para tener el libro a tiempo, a pesar de un movimiento a Los Ángeles durante el último trabajo de edición.

Si empezara a dar gracias a todos en Hearst, la lista sería interminable. Pero debo un agradecimiento especial a Frank Bennack, por supuesto, quien fue el primero en traerme a Hearst; a Gil Maurer, por su siempre sabio consejo; a Vic

Ganzi, nuestro director ejecutivo, quien es un gran jefe visionario, que siempre brinda apoyo cuando se necesita y que te entiende.

También agradezco a Paul Luthringer, Alexandra Carlin y a Nate Christopher, quienes me ayudaron sin medida en las estrategias de comunicación. A la visión en el diseño que tuvo Judith Bookbinder, lo que ayudó a iluminar el sentido del libro. A Michael Clinton, con quien estoy feliz de haber firmado esa servilleta ese día. Somos almas gemelas y hemos cultivado un gran negocio, y todavía no terminamos. A Valerie Salembier, quien ha sido parte de mi vida desde mis días en *Ms.*; estoy encantada con su éxito en *Harper's Bazaar*. Y a Mark Miller, un hombre con tal integridad e inteligencia que a veces asustaba, y quien sólo tenía en mente los mejores intereses de Hearst.

Estoy tan agradecida con Kate White, Ellen Levine y Amy Gross, estas grandes mujeres de letras. Muchísimas gracias a todos ustedes por sostener mi mano y por el inteligente trabajo de edición mientras el manuscrito tomaba forma. Siempre dijeron que era bueno y yo pensaba: *¿Sólo están diciendo eso porque trabajan para mí?* Gracias, en especial, a Ruth Diem, quien reunió un grupo de mujeres jóvenes en Hearst para que pudiéramos sondearlas en cuanto al equilibrio en sus vidas y el trabajo.

A Oprah Winfrey, gracias por asistir a esa junta con Ellen y conmigo en enero de 1999 y por el regalo de permitirnos crear tu revista, celebrar tu éxito e inspirarnos en ti. Gracias por motivarme a vivir mi mejor vida. Gracias también a Gayle King, sin quien la revista nunca se hubiera convertido en lo que es ahora.

Y también está Helen Gurly Brown. Ella es la primera en bailar en nuestra fiesta anual, en las faldas más cortas y los tacones más altos. Ha sido un icono y la inspiración para mujeres jóvenes y mayores para tener una vida plena, emocionante y cargada de energía.

Cada ejecutivo exitoso les debe en gran medida ese éxito a personas que dirigen la oficina. Muchísimas gracias a Pamela Murphy, quien ha estado conmigo por once años, y a Tomasina Delaney, quien llegó a Hearst hace cinco años. Ambas son expertas en dar a los que llaman y a los que nos visitan la impresión de que estamos en la cima de todo y en hacerlos sentir que cada uno de ellos es el único que importa. Para Pamela y Tomasina, ningún trabajo es demasiado grande, ningún trabajo es demasiado pequeño. Siempre me hacen quedar bien y, por eso, estoy sumamente agradecida.

También gracias a la nanas que nuestra familia ha tenido a lo largo de los años, en particular a Chris Batterton, Michelle McManus y Colleen Eckert, quienes juntaron, engraparon y pegaron nuestras vidas mientras mi carrera iba en ascenso. Han sido unas enviadas de Dios y han ayudado a dar forma a la vida de nuestros hijos, para bien.

A Gloria Steinem y Pat Carbine, gracias por abrir las puertas a las mujeres de mi generación, por motivarnos a soñar en grande y a realizar nuestras aspiraciones. Pat: gracias por convencer a todos esos anunciantes reacios y a veces amenazadores de que el mundo estaría muy bien con mujeres dejando atrás sus papeles tradicionales.

A Rupert Murdoch, nuestros años juntos en la revista *New York* estuvieron llenos de grandes éxitos y mucha diversión. A Joe Armstrong, gracias por ser el amigo y cómplice a lo largo de nuestras carreras en el mundo de las revistas y gracias sobre todo por llevarme al *New York* y nombrarme directora general, la primera en esa época. Sé que debiste haber peleado duro por ello. A George Hirsch, quien hasta hoy es mi mentor y amigo, no sólo fuiste un gran jefe, sino que siempre me diste consejos sensatos. Y antes de que se motivara o se esperara, diste a mujeres jóvenes las oportunidades que nunca hubieran tenido en otras compañías.

Gracias a Al Neuharth, por ser el jefe más exigente para quien jamás trabajé, pero también el más inspirador. Si no fuera por Al, el *USA Today* nunca hubiera sobrepasado los cimientos. Y también es el hombre que abrió oportunidades a mujeres en toda la Gannett Company, porque creía en su habilidad para ser grandes editoras y directoras editoriales.

A Charles Overby, con quien reí millones de veces e hicimos grandes negocios juntos. A Ray Gaulke, gracias a Dios que te uniste a Gannett cuando yo lo hice, no creo que ninguno de los dos hubiera aguantado solo. A George Lois, porque rompieron el molde cuando llegaste al mundo de la publicidad. Eres todo un original.

Espero que las ideas y mensajes en este libro puedan ser de ayuda para mi hijo, ya que finalmente empieza una carrera. Mi más grande deseo es que él tenga un gran sueño y busque una vida que lo satisfaga. A mi hija, quien tal vez piense que la idea de la puerta cerrada para las mujeres es una historia antigua, quiero que sepa que en verdad peleamos fuerte para que las que nos seguían pudieran ascender más rápido la escalera y de manera más justa. Tu generación nació para ser líder. Por último, ya que empecé por agradecer a Tom, permíteme concluir agradeciendo a la familia en la que nací. Mi hermano, Jim, mi hermana Sue, siempre han estado ahí para mí. Orgullosamente me mantuvieron a flote en cada paso.

Sobre la autora

Cathleen Black dirige Hearst Magazines, una división de la Hearst Corporation y es una de las más grandes directoras editoriales de revistas de publicación mensual en el mundo. Está a cargo de la ejecución financiera y del desarrollo de algunas de las más conocidas revistas en la industria: *Cosmopolitan, Esquire, Good Housekeeping, Harper's Bazaar, Marie Claire, O, the Oprah Magazine, Popular Mechanics, Redbook y Town & Country...* veinte revistas en total. También supervisa cerca de doscientas ediciones de esas revistas en más de cien países.

Habiendo empezado una carrera en las ventas de anuncios con varias revistas, incluidas *Holiday* y *Ms.*, hizo historia en 1979 cuando se convirtió en la primera mujer con el puesto de directora general de una revista de publicación semanal: *New York*.

Black es ampliamente reconocida por el éxito del *USA Today*, donde por ocho años, empezando en 1983, fue presidenta, luego directora general, así como miembro del consejo y vicepresidenta ejecutiva y de comercialización de Gannett, su compañía matriz. En 1991 se convirtió en presidenta y directora ejecutiva de la Newspaper Association of America, el grupo comercial más grande de la industria, donde trabajó por cinco años antes de incorporarse a Hearst.

Colabora como miembro del consejo tanto de la IBM como de la Coca-Cola Company, y tuvo el cargo de presidenta del consejo de la Magazine Publishers of America por dos años. También es miembro del Advertising Council, miembro del consejo de administración de la Universidad de Notre Dame y miembro del Council on Foreign Relations.

En 2006, Black estuvo en la lista de la revista *Forbes* de las "100 Mujeres más Poderosas" por segunda ocasión; y fue incluida en la lista de la revista *Fortune* de las "50 Mujeres más Poderosas en los Negocios en Estados Unidos" por séptima ocasión consecutiva. En 2006, fue nombrada "Directora General Corporativa del Año" por el Reporte Delaney.

Black es graduada del Trinity College en Washington, D.C., y cuenta con ocho grados honoríficos.